〔清〕潘永因 编撰　毛宔 毛淑娟 点校

宋稗类钞

下

中国书店

撰曰："惟灵巫山一朵云，阆苑一团雪，桃源一枝花，秋空一轮月。岂期云散雪消，花残月缺。伏惟尚飨。"仁宗大喜其才敏给，有壮国体。洪忠宣公自岭外徙宜春，没于保昌。张子韶致祭，其文但云："维某年月日，具官某。谨以清酌之奠，昭告于某官之灵。呜呼哀哉！伏惟尚飨。"景卢深美其情哀怆，乃过于辞。

谢希深绛，尝作杨秘监启事，有曰："曳铃其空，上念无君子者；解组不顾，公其如苍生何。"大年题于所携扇曰："此文中虎也。"欧阳公尝云："三代以来，文章盛者称西汉。希深于制诰，尤得其体。常杨元白，不足多也。"

五季文章，卑陋极矣。然当时诸僭伪，其国亦颇有人。尝游博白之宴石山号普光禅寺者，为屋数椽而已。其山迥绝，洞穴怪奇。得一碑，乃伪汉时人为寺记，特喜其中两语云："蔬足果足，松寒水寒。"

往岁士人，多尚对偶为文。穆修、张景辈，始为平文，当时谓之古文。穆、张尝同造朝，待旦于东华门外。方论文次，适见有奔马践死一犬。二人各记其事，以较工拙。穆修曰："马逸，有黄犬遇蹄而毙。"张景曰："有犬死奔马之下。"时文体新变，二人语皆拙涩，当时已谓之工。如坡公岭外诗，叙虎饮水潭上，有蛟尾而食之，以十字说尽，云："潜鳞有饥蛟，掉尾取渴虎。"只著"渴"字，便见饮水意，且属对亲切。（一作"有犬卧于通衢，逸马蹄而杀之。"欧文忠公曰："使子修史，万卷未已也。"改为"逸马杀犬于道"。）

宋稗类钞　卷之五

文　苑

书读五车，言成一家。玉琢而楮，笔生而花。排沙拣金，含英咀华。集文苑。（宋兴一代文章，其羽翼经传者，尊张程朱陆；其鼓吹休明者，推晏殊王曾，俱置弗录。寥寥数则，譬之小玑，聊堪握掌，亦同珍味，略一染指云尔。）

杨文公亿欲作文章时，虽有宾客饮博投壶弈棋，笑语喧哗，而不妨构思以待。少焉客去，挥翰如飞，文不加点。每盈一幅，则令门人传录。若遇名胜留题，顷刻成数千言。真一代文豪也。大年七岁时，对客谈论，有老成风。年十一，太宗召对便殿，授秘书省正字，且谓曰："卿离乡里，得无念父母乎？"对曰："臣见陛下，一如臣父母。"上叹赏久之。初入馆时，年甚少。故事初授馆职，必以启谢执政。时公启事，有曰："朝无绛灌，不妨贾谊之少年。坐有邹枚，未害相如之末至。"一时称之。

前辈尝说北朝致祭皇后文，杨大年捧读空纸无一字，随自

宋稗类钞【下】

目 录

钱思公虽生长富贵，而少所嗜好，惟喜读书。坐则读经史，卧则览小说，如厕则阅小词，盖未尝须臾释卷也。谢希深亦言与宋公垂同在史馆，每奏厕，必挟书以往。讽诵之音，琅然闻于远近。其笃学如此。欧文忠公因谓希深曰："余生平所作文章，多在三上：乃马上、枕上、厕上也。"盖惟此尤可以属思尔。公又谓为文有三多：看多、做多、商量多也。（钱惟演初谥思，其子争之，改谥文僖。）

钱思公镇洛，所辟僚属，尽一时俊彦。时河南以陪都之要，驿舍常缺。公大创一馆，榜曰临辕。既成，命谢希深、尹师鲁、欧阳公三人各撰一记。期以三日后宴集赏之。三子相掎角以成。文就，出之相较。希深之文仅五百字，欧公之文五百余字，独师鲁止三百八十余字，而语简事备，复典重有法。欧谢二公缩袖曰："止以师鲁之作纳，吾二人者当匿之。"丞相果召，独师鲁献文。思公曰："何见忽之深？已肴三石奉候。"不得已俱纳之。然欧公终未服在师鲁之下，独载酒往，通夕讲摩。师鲁曰："大抵文字所忌者，格弱字冗。诸君文诚高，然少未至者，格弱字冗尔。"永叔奋然持此说，别作一记，更减师鲁文廿字而成之，尤完粹有法。师鲁谓人曰："欧九真一日千里也。"思公兼将相之位师洛，止以宾友遇三子。创道服筇杖各三。每府园文会，丞相则寿巾紫褐，三人者羽氅携筇而从之。

孙何性落魄，而嗜好古文。为转运使日，政尚苛峻。州县患之，乃求古碑文字磨灭者得数本，钉于馆中。孙至则读其碑，辩识文字，以爪搔发垢而嗅之，遂往往至暮，不复省录文案。

梅询为翰林学士。一日书诏颇多，属思甚苦。操觚循阶而行，忽见一老卒卧于日中，欠伸甚适。梅忽叹曰："畅哉！"徐问之曰："汝识字乎？"曰："不识。"梅曰："更快活也。"

真宗即位之次年，赐李继迁名，复进封西平王。时宋湜、宋白、苏易简、张洎在翰林，俾草诏册，皆不称旨。惟宋公湜深探上意，必欲推先帝欲封之意，因进辞曰："先皇帝早深西顾，欲议真封，属轩鼎之俄迁，建汉坛之未逮，故兹遗命，特付眇躬。尔宜望弓剑以拜恩，守疆垣而效节。"上大喜。不数月，参大政。

夏竦，字子乔。幼学于姚铉，铉使为水赋，限以万字。竦作三千字示铉，铉怒不视，曰："汝何不于水之前后左右广言之？"竦益之，得六千字，铉喜曰："可教矣。"

《五代史》：汉王章不喜文士，尝语人曰："此辈与一把算子，未知颠倒，何益于国？"算子本俗语，欧公据其言书之，有古意。温公《通鉴》改作"授之握算，不知纵横"。不如欧史矣。

嘉祐中，诏宋景文、欧阳文忠诸公重修《唐书》。时有蜀人吴缜者，初登第。因范景仁请于文忠，愿预官属之末，上书文忠，言甚恳切。文忠以其年少轻佻，拒之。缜怏怏而去。逮夫《新书》之成，乃指摘其瑕疵，为《纠谬》一书。至元祐中，缜游宦蹉跎，老为郡守。与《五代史纂误》俱刊行之。绍兴中，福唐吴中实元美为湖州教授，复刻于郡庠，且作后序，以为针膏肓，起废疾。杜预实为左氏之忠臣，然不知缜著书之本意也。

旧传欧阳文忠公虽作一二字小简，亦必属稿，其不轻苟如此。然今集中所见，乃明白显易，若未尝经意者，而自然尔雅。东坡大抵相类，初不过为藻采也。至黄鲁直，始专集取古人才语以叙事，虽造次间必期于工。而世所传宋景文《刀笔集》，虽平文而务为奇险，至或作三字韵语，近世盖未之见。傅崧卿给事尝盛暑中以冰馈同舍，其简云："蓬莱道山，群仙所游。清异人境，不风自凉。火云腾空，莫之能炎。饷以水雪，是谓附益。"读者大笑，而不知其渊源亦有自也。

欧阳公为韩魏公昼锦堂记云："仕宦至将相，富贵归故乡。"韩公得之爱赏。后数日，欧复遣介别以本至。云："前有未是，可换此本。"韩再三玩之，无异前者。但于"仕宦、富贵"下各添一"而"字，文义尤畅。前辈为文不易如此。

传云："良工不示人以朴。"盖恐见其斧凿痕迹也。黄鲁直尝于相国寺得宋子京《唐史稿》一束，归而熟观之，自是文章日进。此无他，但见其窜易字句，与初造意不同，而悟入炉韝之妙耳。

宋景文修《唐史》，好以艰深之辞，文浅易之说。欧公思所以讽之。一日大书其壁曰："宵寐非祯，扎闼洪休。"宋见之曰："非夜梦不祥，题门大吉耶？何必求异如此。"欧公曰："李靖传云'震霆无暇掩聪'，亦是类也。"宋惭而退。

范蜀公少时，与宋子京同赋长啸却敌骑。蜀公先成，破题云："制动以静，善胜不争。"景文见之，不复出其所作，潜于袖中毁之。因谓蜀公曰："公赋甚佳。更当添以二者字。"景文赋虽不逮蜀公，然破题云："月满边塞，人登戍楼。"亦奇语也。

宋宣献公绶、夏英公竦，同试童行诵经。有一行者诵《法华经》不过，问其习业几年矣，曰："十年。"二公笑且悯之，因各取《法华经》一部诵之。夏公七日，宋公五日，不复遗一字。

王舒王性酷嗜书，虽寝食间手不释卷。或燕居默坐，研究经旨。知常州日，对客语未尝有笑容。一日大会宾佐，倡优在庭，公忽大笑，人颇怪之，乃共呼优人厚遗之，曰："汝能使太守开颜可赏也。"有一人窃疑公笑不由此，因乘间启公。公曰："畴日席上偶思咸恒二卦，豁悟微旨。自喜有得，故不觉发笑耳。"

王荆公作《字说》时，用意良苦。置石莲百许枚几案上，咀嚼以运其思。遇尽未及益，即啮其指，至流血不觉。世传公初生，家人见有獾入其产室，有顷公生，故小字獾郎。

荆公在蒋山时，以近制示苏子瞻，中有骚语云："积李兮缟夜，崇桃兮炫昼。"子瞻曰："自屈宋没后，无复离骚句法，乃今见之。"荆公曰："非子瞻见谀，某自负亦如此。"

刘贡甫旧与王荆公游甚款，每相过必终日。荆公为参知政事。一日贡甫访之，值其方饭。使吏延入书室中，见有稿草一幅在砚下。取视之，则论兵之文也。贡甫性强记，一过目辄不忘。既读复置故处。独念吾以庶僚谒执政，径入其便坐非是，因复趋出，侍于庑下。荆公饭毕而出，始复邀入。坐语久之，问贡甫近颇为文乎？贡甫曰："近作《兵论》一篇，草创未就。"荆公问所论大概如何？则以所见稿草为己意以对。荆公不悟其窥见己作也，默然良久，徐取研下稿草裂之。盖荆公平日论议，必欲出人意表。苟有能同之者，则以为流俗之见也。

《国史》云："庆历以前学者尚文辞，多守章句注疏之学。至刘原父为七经小传，始异诸儒之说。王荆公修经义，盖本于原父云。"英宗尝语及原父，韩魏公对以有文学。欧阳文忠公曰："刘敞文章未甚佳，博学可称也。"

胡武平尝奉敕撰温成皇后哀册。当时受旨，以温成尝因禁卒窃发，捍卫有功，而秉笔者不能文其实。公乃用西汉何罗触瑟、冯媛当熊二事以状其意。曰："在昔禁闱，谁何弛卫。触瑟方警，当熊已属。"览者无不叹服。（胡宿，字武平，常州晋陵人，谥文恭。）

孝宗受禅赦文云："凡今发政施仁之日，皆得之问安。视膳之余，天下诵之。洪景严笔也。

孙甫，字之翰。博学强记，尤善言唐事，能详其君臣行事本末，以推见当世治乱。每为人说，如其身履其间，而听者晓然如目见。故学者以为终岁读史，不如一日闻公论也。所著《唐史记》七十五卷，论议闳赡。书未及成而卒，诏取其书藏秘府。司马温公书其后云："孙公昔著此书，甚自重惜。常别缄其稿于笥，必盥手启之。谓家人曰：'万一有水火刀兵之急，他财货尽弃之，此笥不可失也。'每公私少间，则增损改易，未尝去手。其在江东为转运使，出行部，亦以自随。过亭传休止，辄取修之。会宣州有急变，乘驿遽往，不暇挈以俱，既行。其后金陵大火，延及转运廨舍。弟子察亲负其笥避于沼中岛上。公在宣州闻之，亟还。入问曰：'《唐书》在乎？'察对曰：'在。'乃悦，余无所问。自壮年至于白首乃成，亦未以示人。文潞公执政，尝就公借之，公不与，但录《姚宋论》以与之。"

温公修历代君臣事迹，辟范淳甫祖禹同编修。公在书局，分职《唐史》，考其成败治乱得失之迹，撮其机要，论次成书，名曰《唐鉴》。元祐中，客有见伊川先生者，几案无他书，唯印行《唐鉴》一部。先生谓客曰："近方见此书，自三代以后无此议论。"崇宁中有见栾城先生于颍昌，先生曰："老来不欲泛观他书，近日且看《唐鉴》。"

东坡云："子由作《栖贤僧堂记》，读之便如在堂中。见水石阴森，草木胶葛也。仆当为书之刻石堂上，且欲与庐山结缘。予他日入山，不为生客也。"

昔有以诗投东坡者，朗诵之而请曰："此诗有分数否？"坡曰："十分。"其人大喜。坡徐曰："三分诗，七分读耳。"此虽一时戏语，然涪翁所谓"南窗读书吾伊声"。盖读书者，其声正自可听耳。王沔，字楚望，端拱初参大政。上每试举人，多令沔读试卷。沔素善读，纵文格下者，能抑扬高下，迎其辞而读之，听者忘厌。凡经读者每在高选，举子凡纳卷者必祝之曰："得王楚望读之，幸也。"若然，则善于读者，不为无助焉。

苏子由尝云："予少作文，要使心如旋床。大事大圆成，小事小圆转，每句如珠圆。"

徐师川俯，是山谷外甥。晚年欲自立名。客有称其源自山谷者，公读之不乐。答以小启曰："涪翁之妙天下，君其问诸水滨。斯道之大域中，我独知之濠上。”

曾南丰表中语有云：“钩陈太微，星纬咸若；昆仑渤澥，波涛不惊。”陈履常甚爱之，尝曰：“此语信为奇伟。”

有谓曾子固《南齐书序》，是一部十七史序，不可不熟看。其要处云：“所谓良史者，其明必足以周万事之理，道必足以适天下之用，智必足以通难知之意，文必足以发难显之情，然后其任可得而称也。昔者唐虞有神明之性，有微妙之德。使由之者不能知，知之者不能名。其言至约，其体至备，而为之二典者，推而明之。所记者岂独其迹，并与其深微之意，而传之无不尽也。至于后世诸史，事迹扰昧。虽有随世以就功名之君，相与合谋之臣，未有得赫然倾动天下之耳目，而一时偷夺悖理之人，亦幸而不暴著于世。岂非所托不得其人故耶？”

曾子固初为太平州司户，时张伯玉作守，欧阳公与王荆公诸人咸荐之，伯玉殊不为礼。一日就厅作大排设，召子固。惟宾主二人，亦不交一谈。既而召子固于书室，谓曰：“人以公为曾夫子，必无所不学也。”子固辞逊而退。一日请子固作《六经阁记》，子固为作，终不可其意，乃谓子固曰：“吾试为之。”即令子固代书曰：“六经阁者，诸子百家皆在焉。”不书，尊经也。伯玉，字公达，范文正公客。子固年少有才名，私以不识字诋之。伯玉有所闻，故揭示之如此。

魏昌世衍，从陈无己游最久。言无己平生恶人节书，以为苟能尽记不忘固善，不然，徒废目力而已。夜与诸生会宿，忽思一事，必明烛翻阅，得之乃已。或以为可待旦者，无己曰：

"不然。人情乐因循，一放过则不复省矣。"故其学甚博而精，尤好经术。非如唐之诸子，作诗之外，他无所知也。

肃王枢与沈元用同使金，馆于燕山愍忠寺。暇日无聊，同行寺中。偶有一唐人碑，辞皆偶丽，凡三千余言。元用素强记，即朗诵一再。肃王不视，且听且行，若不经意。元用归，欲矜其敏，取纸追书之，不能记者缺之，凡十四字。书毕，肃王视之，即取笔尽补其缺无遗者，又改元用谬误四五处。置笔他语，略无矜色。元用不觉为之骇服。

尹少稷稹强记，日能诵麻沙板本书厚一寸。尝与吕居仁舍人坐上记历日。酒一行，记两月，不差一字。

胡澹庵见杨龟山，龟山举两肘示之曰："吾此肘不离案三十年，然后于道有进。"张无垢谪横浦，寓城西宝界寺。其寝室有短窗。每日昧爽，辄抱书立窗下，就明而读。如是者十四年。洎北归，窗下石上双趺之迹隐然。前辈为学勤苦如此。然龟山盖少年事，无垢在晚年尤难也。

童汪锜能执干戈以卫社稷，本谓幼而能赴国难耳，非姓童也。翟公巽作童贯诰词云："尔祖汪锜，误也。"或云故以戏之。

寓言以贻训诫，若柳子厚《三戒》《鞭贾》之类，颇似以文为戏。如朱希真敦儒《东方智士说》，萧东夫德藻《吴伍百》二文，亦不无补于世道。朱之文曰："东方有人，自号智士。才多而心狂。凡古昔圣贤，与当世公乡长者，皆摘其短缺而非笑之。然地寒力薄，终身不免饥冻。里有富人建第宅甲其国中，车马奴婢，钟鼓帷幄悉备。一旦富人召智士语之曰：'吾将远游，今以居第贷子。凡室中金宝资生之具，动用什物器皿，皆听子用不计。期年还则归我。'富人即登车而出。智士杖策而入。僮仆婢妾，大小男妇，罗拜堂下，各效其所典簿籍以听命。号智士曰假公。智士因遍观居第，富实靡丽，胜如王者，喜甚。忽更衣东走圃，仰视其舍卑狭，俯阅其基湫隘，心郁然不乐。召纲纪仆让之曰：'此第高广而圃不称。'仆曰：'惟假公教。'智士因令撤旧营新，狭者广之，卑者增之。曰：'如此以当寒暑，如此以蔽风雨。'既藻其梲，又丹其楹。至于聚筹积灰，扇蝇攘蛆，皆有法度。事或未当，朝移夕改，必善必奇。智士躬执苆帚，与役夫杂作。手足疮茧，头蓬面垢，昼夜忘食。切切焉惟恐圃之未美也。不觉阅岁未落成，忽阍者奔告曰：'阿郎至矣。'智士仓皇弃帚而趋迎，富人劳之曰：'子居吾第乐乎？'智士恍然自失曰：'自君之出，吾惟圃是务。初不知中堂之温密，别馆之虚凉。北榭之风，南楼之月，西园花竹之胜，吾未尝经目。后房歌舞之妙，吾未尝举觞。蛛网琴瑟，尘栖钟鼎，不知岁月之及。子复归而吾当去也。'富人揖而出之。智士还于故庐，且悲且叹，悒悒而死。"南宜僚闻而笑之。以告北山愚公，愚公曰："子奚笑哉？世之治圃者多矣，奚笑哉？"萧东夫寓言曰："淮右浮屠客日饮于吴市，醉而狂，攘臂突市人，行者皆避。市卒以闻吴牧，牧录而械之。为符移授伍百，使护而返之淮右。伍百诟浮屠曰：'狂，坐尔乃有千里役。吾且尔苦也。'每未晨而即起，执朴驱其后，不得休。夜则縶其足，至奔牛埭，浮屠出腰间金市斗酒，夜醉伍百而其首，解墨衣衣之，且加之械而系焉。颓壁而逃。明日既晓，伍百乃醒。寂不见浮屠，顾壁已颓，曰：'嘻，其遁矣。'既而视其身之衣则墨，惊循其首则不发，又械且系縶不能出户。大呼逆旅中曰：'狂在此，独失我耳！'客每见吴人辄道此，吴人亦自笑也。"千岩老人曰："是殆非寓言也。世之失我者，岂独吴伍百哉！生而有此我也，均也。是不为荣悴有加损焉者也。所寄以见荣悴，乃皆外物。非所谓倘来者耶！曩悴而今荣，倘来集其身者日以盛，而顾揖步趋，亦日随所寄而改。曩与之处者，今视之良非昔人，而其自视亦殆非复故我也。是其与吴伍百果有间哉？吾故人或骎骎华要。当书此遗之。"

姚镕，字乾父，号秋圃，合沙儒者也。记诵甚精，著述不苟。潦倒余六旬，仅以晚科主天台黄岩学，期年而殂。杂著数篇，议论皆有思致。其《喻白蚁文》云："物之不灵，告以话言而弗听。俗所谓对牛马而诵经是已。虽然，群生之类，皆含佛性。况夫蝼蚁至微，微而有知。人但见其往来憧憧，而不知其市声讧讧。固自有大小长幼之序，前呼后唱之响，默传于寂然无哗之中。一种俱白，号曰蛇虎。族类蕃昌，其来自古。赋性至巧，累土为室。有嘴至刚，啮木为粮。遂使修廊为之空洞，广厦为之颓圮。夫人营创，亦云艰矣。上栋下宇，欲维安土。尔乃鸠居之而不恤，蚕食之而无耻。余备历险阻，拙事生涯。苟作数椽，不择美材。既杉桴之无有，惟梓松之是裁。正尔辈之所慕，逐馨香而俱来。虽然，尔形至微，性具五常。其居亲亲，无阋门同气之斗，近于仁。其行济济，有君子逊畔之风，近于礼。有事则同心协力，不约而竞集，号令信也。未雨则含沙负土，先事而绸缪，智识灵也，其徒羽化，则空穴钱之于外，有同室之义也。既灵性之不泯，宜善言之可施。余之缔创尔所见，余之艰难尔宜知。今与尔画池为界，请迁种类以他适，毋入范围而肆窥。苟谆谆而莫听，是对牛马而诵经。以酒酹地，尔其知之。"又效柳河东《三戒》作《三说》。其一曰《福之马嘉》云："海有鱼曰马嘉，银肤燕尾。大者视晬儿，脔而火烌之可致远，常渊潜不可捕。春夏乳子，则随潮出波上。渔者用此时帘而取之。帘为疏目，广袤数十寻。两舟引张之，锤以铁，下垂水底。鱼过者必钻触求进，愈触愈束。愈怒，则颊张鬣舒。钩着其目，致不可脱。向使触网而能退却，则悠然逝矣。知进而不知退，用罹烹醢之酷。悲夫！"其二《江淮之蜂蟹》云："淮北蜂毒，尾能杀人；江南蟹雄，螯堪敌虎。然取蜂儿者不论斗，而捕蟹者未闻血指也。蜂窟于土，或木石。人踪迹得其处，则夜炳烈炬临之，蜂空群赴焰尽殪，然后连房刳取。蟹处蒲苇间。一灯水浒，莫不郭索而来，悉可俯拾。惟知趋进而不安其所，其陨也。固宜。"其三《蜀封溪之猩猩》云："猩猩人面能言笑。出蜀封溪山，或曰交趾。血以赭罽，色终始不渝。嗜酒喜屐。人以所嗜陈野外而联络之，伏伺其猱。猩猩见之，知为饵己，遂斥詈其人姓名若父祖姓名，且相戒毋堕奴辈计中，携侪唾骂而去。去后复顾，因相谓曰：'盍尝试之。'既而染指知味，则冥然忘夙戒，相与沾濡径醉。相喜笑，取屐加足。伏发，往往颠连倾仆，掩群无遗。呜呼！明知而明犯之，其愚又益甚矣。"

百岁寓翁家所藏《燕丹子》一序甚奇，附载于此："目无秦，技无人，然后可学燕丹子。有言不信，有剑不神，不可不读《燕丹子》。从太虚置恩怨，以名教衡意气，便可焚却燕丹子。此荆轲事也。有燕丹而后有荆轲也。秦威太赫，燕怨太激，威怨相轧。所为白虹贯日，和歌变徵，我固知其事之不成。倚柱一笑，所谓报太子而成其为荆卿者乎？余本屠夫，不能学，亦不须读。第不忍付之宵烛，而录之以副予家卷轴。"惜无作者姓名耳。

周申父之翰，寒夜拥炉爇火。见瓶内所插折枝梅花，冰冻而枯，因取投火中。戏作下火文云："寒勒铜瓶冻未开，南枝春断不归来。这回勿入梨云梦，却把芳心作死灰。恭惟地炉中处士梅公之灵，生自罗浮，流分庾岭。形若稿木，棱棱山泽之癯；肤如凝脂，凛凛雪霜之操。春魁占百花头上，岁寒居三友图中。玉堂茅舍总无心，金鼎商羹期结果。不料道人见挽，便离有色之根；夫何冰氏相凌，遽返华胥之国。玉骨拥炉烘不醒，冰魂剪纸竟难招。纸帐夜长，犹作寻香之梦；筠窗月淡，尚疑弄影之时。虽宋广平铁石心肠，忘情未得；使华光老丹青手假，摸索难真。却愁冷落一枝春，好与茶毗三昧火。惜花君子，还道这一点香魂，今在何处。咦，炯然不逐东风散，只在孤山水月中。"

元儒郝文忠经，字伯常。有与友人论文法书曰："古之为文，法在文成之后。辞由理出，文自辞生，法以文著，相因而成也，非先求法而作之也。后世之为文也则不然，先求法度，然后措辞以求理。若握杼轴，求人之丝枲而织之。经营比次，络绎接续以求端绪。未措一辞，钤制天阙，惟恐其不工而无法。故后之为文，法在文成之前。以理从辞，以辞从文，以文从法。资于人而无我，是以愈工而愈不工，愈有法而愈无法。只为近世之文，弗逮乎古矣。"

博 识

千世上下，万轴插架。几于山海尔雅之间，岂特北堂初学之亚。集博识。

僧录赞宁，洞古博物，著书数百卷。王元之禹偁，徐骑省铉，有疑则就而质焉。二公皆拜之。柳仲涂开因曰："余顷守维扬，郡堂后菜圃，才阴雨则青焰夕起，触近则散，何也？"宁曰："此燐火也。兵战血或牛马血着土，则凝结为此气，虽千载不散。"柳遽拜之曰："掘之皆断枪折镞，乃古战地也。"因赠以诗，中有"空门今日见张华"之句。

太宗时，一日后苑象毙，上令取胆，剖腹不获，上异之。以问徐铉，铉奏曰："请于前足求之。"如言果得以进。亟召铉问，对曰："象胆随四时在足。今方二月，故臣知在左足也。"朝廷皆叹其博识。

徐常侍铉仕江南日，尝直澄心堂。复被入直，至飞虹桥，马辄不进，裂鞍断辔。棰之血流，掣缰却立。铉遗书问于余杭沙门赞宁，答曰："下必有海马骨。水火俱不能毁，惟沤以腐糟随毁者乃是。"铉屦之，去土丈余，果得巨兽骨。上胫可长一丈，膝而下长三尺，脑骨若股柱，积薪焚三日不动，以腐糟才沤之遂烂。

江南徐锴，尝奉命撰文，与其兄铉共论猫事。铉疏得二十事，锴曰："未也，适已忆七十余事。"铉曰："楚金大能记。"明旦云："夜来复得数事。"铉抚掌称美。

宣和中，蔡居安攸提举秘书省。夏日会馆职于道山食瓜。居安令坐客征瓜事，各疏所忆，每一条食一片。坐客不敢尽言。居安所征为优，欲毕。校书郎董彦远连征数事，皆所未尝闻，坐客咸叹服之。识者谓彦远必不能安，后数日果补外。

吕徽之与陈刚中治中遇于道。治中策蹇驴，时犹布衣。见先生风神高简，问曰："得非吕徽之乎？"曰："然。足下非陈刚中乎？"曰："然。"握手若平生欢。共论驴故事。先生言一事，治中答一事，互至四十余事。治中止矣，先生曰："我尚记得有某出某书，某出某传。"又三十余事。治中深敬之。

江南徐知谔尝得画牛一轴，昼则啮草栏外，夜则归卧栏中。知谔献后主煜，煜持贡阙下。太宗张后苑以示群臣，俱无知者。僧录赞宁曰："南倭海水或减，则滩碛微露。倭人拾方诸蚌腊中有余泪数滴，得之和色着物，则昼隐而夜显。沃焦山时，或风挠飘击，有石落海岸，得之滴水磨色染物，则昼显而夜晦。"诸学士皆以为无稽。宁曰："见张骞《海外异物记》。"后杜镐检三馆书目，果于六朝旧本书中载之。一言用大蚌含胎结珠未就如泪者，沥取和色，欲日见者，于日中画，欲夜见者，于月下画。盖珠蚌乃日精月华所成，今以未就之泪，布于日月之下，则受此之精于色，各以时见。理或有之也。

李建勋罢相江南，出镇豫章。一日与宾僚游东山，各事宽履轻衫，携酒肴，引步于渔溪樵坞间，遇佳处则饮。忽平田间一茆舍，有儿童读书声。相君携策就之，乃一老叟教数村童。

叟惊悚离席，改容趋谢，而翔雅有体，气调潇洒。丞相爱之，遂觞于其庐，置之客右，叟亦不敢辄谈。李以晚渴，连食数梨。宾僚有曰："此不宜多食，号为五脏刀斧。"叟窃笑。丞相曰："先生之哂，必有异闻?"叟谢曰："小子愚贱，偶失容于钧重，然实无所闻。"李坚质之，仍胁以巨觥曰："无说则沃之。"叟不得已，问说者曰："敢问刀斧之说有稽乎?"曰："举世尽云，必有其稽。"叟曰："见《鹖冠子》，所谓五脏刀斧者，非所食之梨，乃离别之离尔。盖言人之别离，戕伐胸怀，甚若刀斧。"遂就架取一小册，振拂以呈丞相，乃《鹖冠子》也。检之如其说。李特加重。

宋制科题有尧舜禹汤所举如何，乃汉时宫中谒者：赵尧举春、李舜举夏、儿汤举秋、贡禹举冬，各职天子所服也。又汤周福祚，乃张汤杜周也。当时士子以唐虞三代为对，遂无一人合者。

宋子京用伏奉手毕。南人谓笔曰毕，因效之以为手毕手简。宋谓《尔雅》简谓之毕。《学记》曰：呻其估毕。

宋景文博学多闻，著名当世。《诗正义》曰："络纬鸣，懒妇惊。"子京诗云："西风已飘上林叶，北斗直挂建章城。人间底事最堪恨，络纬啼时无妇惊。"其用事如此。又诗云："蟹美持螯日，鲂甘抑鲊天。"用杨渊《五湖赋》云："连瓶抑鲊。"又诗云："何但鱼知丙，非徒字识丁。"唐张宏靖云："天下无事，汝辈挽两石弓，不如识一丁字。"丙者，左太冲《蜀都赋》云："嘉鱼出于丙穴。"注："丙穴在汉中沔阳北。有鱼穴二所，常以二八月取之。丙，地名也。"或云："鱼以丙日出穴。丙者向阳，穴多生鱼。"郦善长云："穴口向丙。又引柏枝山中有丙穴，穴大数丈，有嘉鱼尝以春末游渚，冬入穴，故知丙穴之鱼，不独汉有也。"老杜诗云："鱼知丙穴由来美。"

江西俚俗骂人曰客作儿。陈从易寄荔枝与盛参政诗云："樱桃真小子，龙眼是凡姿。橄榄为下辈，枇杷客作儿。"盛问其说，云："樱桃味酸，小子也。龙眼无文采，凡姿也。橄榄初涩后甘，下辈也。枇杷肉少核大，客作儿也。凡言客作儿者，佣夫也。"

夏英公镇襄阳，遇大赦，赐酺宴。诏中有："致仕高年，各赐束帛。"时胡大监旦，瞀废在襄。英公依诏旨，选精缣十匹赠之。胡得缣以手扪之，笑曰："寄语舍人，何寡闻至此？奉还五匹。请检《韩诗外传》，及服虔贾谊诸儒所解：'束帛戋戋，贲于丘园'之义，自可见证。"英公检之，果见三代束帛束脩之制。若束脩，则十挺之脯，其实一束也。若束帛，则卷其帛，屈为二端，五匹遂见十端。表王者屈折于隐沦之道也。夏有惭色。

杜学士镐博闻强记，凡有检阅，先戒小吏，某事在某书第几行，取视无差。士大夫有所著撰，多以古事询之，无不知者。虽末学卑品，应对不倦。时人号为杜万卷。性和易有懿行，士论推之。

余杭能万卷者，浮图之真儒，介然持古人风节，有奥学。王冀公深所礼重。一时儒者，皆抱经授业。师尝喜读《唐韵》，诸生长窃笑。一日出题于法堂曰：枫为虎赋。其韵曰：

脂入于地，千年成虎。诸生皆不谕。固请之，不说。凡月余，检经史百家小说俱无见者，阁笔以听教。师曰："闻诸君笑老僧酷嗜《唐韵》，兹事止在东字韵第二板，请详阅。"诸生检之，果见枫字注中云："黄帝杀蚩尤，弃其桎梏，变为枫。木脂入地千年，化为虎魄。"后诸生始敬此书。又有云："松液入地为虎魄者。"唐李峤《咏魄诗》云："曾为老伏苓，本是寒松液。蚊蚋落其中，千年犹可觌。"未知孰是。然每见虎魄中，蚊蚋数枚凝结在内，信峤诗不诬。

魏收有"庸峭难为"之语，人多不知其义。文潞公以问苏子容。子容曰："向闻之宋元宪云，事见《木经》。盖梁上小柱，取其有曲折峻峭之势耳。言人之仪矩可喜者，曰庸峭就。"乃用此事作诗为谢曰："高晏初陪听鼓鼙，清谈仍许奏挥犀。自知伯起难庸峭，不及淳于善滑稽。舞奏未终花十八，酒行先困玉东西。荷公德度容狂简，故敢忘怀去町畦。"

文潞公为相日，赴秘书省曝书晏。令堂吏视阁下芸草，乃公往守蜀日，以此草寄植馆中也。因问芸草之辟蠹出何书，一坐默然，苏子容对以《鱼豢典略》。公甚喜，即借以归。

欧阳文忠公寄荆公诗云："翰林风月三千首，吏部文章二百年。"吏部，盖谓南史谢朓，于宋明帝朝为尚书郎，长五言诗。沈约尝云："二百年来无此诗也。"而荆公答之云："他日若能窥孟子，终身安敢望韩公。"则竟指吏部为退之矣。（吏部文章日月光，自然以吏部为退之。但二百年不切耳。）

庆历后，欧阳文忠以文章擅天下，世莫敢有抗衡者。刘原父虽出其后，以博学通经自许，文忠亦以是推之。作《五代史》《新唐书》凡例，多问《春秋》于原父。及书梁入阁事之类，原父即为剖析，辞辨风生。文忠论《春秋》多取平易，而原父每深言经旨。文忠有不同，原父间以谑语酬之，文忠久或不能平。原父复忤韩魏公，终不得为翰林学士。将死，戒其子弟，无得遽出其集。曰："后百余年世好定，当有知我者。"故贡父次其集藏之，不肯出。私谥曰公是先生。贡父亦好谐谑，慢侮公卿。与王荆公素厚，坐是亦相失。及死，子弟次其文。亦私谥曰公非先生。人言是其所是易，非其所非难。

刘原父在词掖，欧阳文忠公尝折简问："入阁起于何年，阁是何殿？开延英起何年？五日一起居遂废正衙不坐起何年？"三者孤陋所不详，乞示本末。原父方与客对食，曰："明当为答。"已而复追回，令立俟报。原父就坐中疏入阁事，详尽无遗。原父私谓所亲曰："好个欧九！极有文章，可惜不甚读书。"东坡后闻此言，笑曰："轼辈将如之何！"

欧阳公《五代史·李琪传》曰："自唐末丧乱，朝廷之礼坏。天子未尝视朝，而入阁之制亦废。常参之官日至正衙者，传闻不坐即退。独大臣奏事日，一见便殿，而侍从内诸司，日再朝而已。明宗初即位，乃诏群臣五日一随宰相入见便殿，谓之起居。琪以为非唐故事，请罢五日起居，而复朔望入阁。明宗曰：'五日起居，吾思所以数见群臣也。不可罢，而朔望入阁可复。'然唐故事，天子日御殿见群臣，曰常参。朔望荐食诸陵寝，有思慕之心。不能临前殿，则御便殿见群臣，曰入阁。宣政，前殿也，谓之衙。衙有仗。紫宸，便殿也，谓之阁。其不御前殿而御紫宸也。乃自正衙唤仗，由阁门而入，百官俟朝于衙者，因随以入见，故谓之入阁。然衙，朝也，其礼尊。阁，晏见也，其事杀。自乾符以后，因乱礼阙，天子不能日见群臣而见朔望，故正衙常日废仗，而朔望入阁有仗。其后习见，遂以入阁为重。至出御前殿犹谓之入阁，其后亦废。至是而复，然有司不能讲正其事。凡群臣五日一入见中兴殿，便殿也。此入阁之遗制，而谓之起居。朔望一出御文明殿，前殿也，反谓之入阁。琪皆不能正也。"

刘原父博物多闻，前世无及。在长安日，有得古铁刃以献。制作极巧，下为大环，以缠龙为之，而其首类鸟，人莫能识。原父曰："此赫连勃勃所铸龙雀刀，所谓大夏龙雀者也。鸟首盖雀云。"问之，乃种世衡筑青涧城掘地所得，正夏故疆也。又有获玉印遗之者，其文曰："周恶夫印。"原父曰："此汉侯印，尚存于今耶？"或疑而问之，曰："古亚恶二字通用。《史记》卢绾之孙他人封亚谷侯，而《汉书》作恶谷是矣。"闻者始大服。长安李士衡观察家藏一端研，当时以为宝。下有刻字云："天宝八年冬。端州东溪石。刺史李元书。"刘原父知长安，取视之，大笑曰："天宝安得有年？自改元即称载矣。且是时州皆称郡，刺史皆称太守，至德后始易。今安得独尔耶？"取《唐书》示之，无不惊叹，李氏研遂不敢复出。

郦道元《水经注》曰："赫连龙升七年，于黑水之南，遣将作大匠梁公叱千阿梨改筑大城，名曰统万城。蒸土加功，雉堞虽久，崇墉若新。并造五兵，乃咸百炼，为龙雀大环，号曰大夏龙雀。铭其背曰："古之利器，吴楚湛卢。大夏龙雀，名冠神都。可以怀远，可以柔迩。如风靡草，威服九区。"世甚珍之。

韩持国谢邵尧夫九日远寄新酒诗云："有客忽传龙坂至，开樽如对马军尝。"自注云："锦屏山题名有记，河南府使马军送新酒。乃知杜诗有'洗盏开尝对马军'。"

东坡尝诵鬼诗,有"织乌西飞客还家",不解织乌何义。王铚性之少年博学。问之,乃云:"织乌,日也。往来如梳之义。"

《酉阳杂俎》曰:"于襄阳在镇时,选人刘某入京。逢一举人,年二十许,言语明悟。同行数里,意甚相得,因藉草。刘有酒,倾数杯。日暮,举人指支径曰:'某敝止从此数里,能左顾乎?'刘辞以程期迫。举人因赋诗曰:'流水涓涓芹努牙,织乌西飞客还家。荒村无人作寒食,殡宫空对棠梨花。'至明年,刘归襄州,寻访举人,则殡宫存焉。"

打撰字,《见闻录》云:"须当打撰,先往排辨。"东坡与潘彦明书云:"雪堂如要偃息,且与打撰相伴。"皆使"撰"字。今俗只使"迭"字,误也。

元丰中,高丽使朴寅亮至,明州象山尉张中以诗送之。寅亮答诗序,有"花面艳吹,愧邻妇青唇之动。桑间陌曲,续郢人白雪之音"之语。事闻,神宗询左右以青唇事,皆不能对。乃问赵元老,元老奏不经之语,不敢以闻。再三谕之,元老诵《太平广记》云:"有睹邻夫见妇吹火,赠诗云:'吹火朱唇动,添薪玉腕斜。遥看烟里面,恰似雾中花。'其妻告其夫曰:'君岂不能学耶?'夫曰:'君当吹火,吾亦效之。'夫乃为诗云:'吹火青唇动,添薪墨腕斜。遥看烟里面,恰似鸠盘荼。'"元老之强记。虽怪僻小说,无不该览。

杜诗云:"江莲摇白羽,天棘梦青丝。"下句殊不可晓。说者曰:"天棘,柳也。"或曰:天门冬也。梦当作弄,既无考据，意亦短浅。谭浚明尝言此出佛书。终南长老入定，梦天帝赐以青棘之香，盖言江莲之香，如所梦天棘之香尔。此诗为僧齐己赋，故引此事。叶石林《过庭录》亦言此句出佛书，则浚明之言宜可信，但未知果出何经耳。

和胜执礼，宣和初为给事中。与时相王黼论事不合，改礼部待郎，遂黜守蕲，复落职责守滁。黼罢相，复职知镇江。靖康初，以翰林学士召。其谢表有曰："喜照壁间而见蝎，乍离枫下而闻钟。"盖照壁喜见蝎，此韩退之诗句也。离枫下闻钟事，则刘梦得自武陵例召赴京诗曰："云雨湘江起卧龙，武陵樵客蹑仙踪。十年楚水枫林下，今日乍闻长乐钟。"盖用梦得诗语也。和胜，浦江人。方未冠时，家极贫而亲老。无以为养，大雪中以诗谒邑宰云："有令可干难闭户，无人堪访懒移舟。"邑令延之令训其子弟。方应举未捷，有诗自遣云："天之未丧斯文也，吾亦何为不豫哉！"后蔡薿榜登科，终户部尚书，死于靖康之难。

西汉诸儒，杨子云独称识字。韩文公云："凡为文者，宜略识字。"则识字岂易哉？晁景迁晚年，日课识十五字。杨诚斋云："无事好看韵书。"

杨诚斋在馆中，与同舍谈及晋于宝。一吏进曰："乃干宝，非于也。"问何以知之？吏取韵书以呈。"干"字下注云："晋有干宝。"诚斋大喜曰："汝乃吾一字之师。"

包逊，字敏道。有六子，名皆从心。其间各协者，舍人指曰："此非从心，乃是从十。"有馆客李肩，留心字学，特叩之。云："其义有二：从十乃众人之和，是谓协和万邦之协。从心乃此心之和，是谓三后协心之协。"

宋人送使臣使契丹诗，以"青琐对紫蒙"，多不知其出处。按《晋书》，慕容氏自云："有熊氏之裔，邑于紫蒙之野。"盖以慕容比辽，是时南北方结好，故虽送别纪行之语，略不涉讥刺之言。此用紫蒙字，亦隐而妙。方虚谷以为契丹馆名，妄猜之言尔。

《道藏》经云："蝶交则粉退，蜂交则黄退。"周美成词云："蝶粉蜂黄浑退了。"正用此也。而说者以为宫妆，且以退为褪，误矣。

少卿章岵尝官于蜀。持吴绫湖罗至官，与川帛同染红。后还京师，经霉润，吴湖帛色皆渝变，惟蜀产者如旧。后询蜀人之由，云："蜀地畜蚕，与他邦异。当其眠将起时，以桑灰煨之，故帛成宜色。然世之重川红，以为染之良，盖不知由蚕所致也。"

世谓太守为五马，人罕知其故事，或言诗云："孑孑干旄，在浚之都。素丝组之，良马五之。"郑注："谓周礼州长建旟，汉太守比州长法御五马。故云。"后见庞几《先朝奉》云："古乘驷马车。至汉时太守出则增一马。"事见《汉官仪》也。

《左传》：晋使子贡谓郑人曰："君有楚命，亦不使一介行李，告于寡人。"注："行李谓行人也。"今人乃谓行李为行装，非也。

长安故宫阙前，有唐肺石尚在。其制如佛寺所击响石，而甚大，可长八九尺，形如垂肺。亦有款志，但漶剥不可读。按秋官大司寇以肺石达穷民，原其义，乃伸冤者击之，立其下。然后士听其词，如今之挝登闻鼓也。所以肺形者，便于垂。又肺主声，声所以达其冤也。

东南之美，有会稽之竹箭，竹为竹，箭为箭，盖二物也。今采箭以为矢，而通谓矢为箭者，因其材名之也。至于用木为矢而谓之箭，则谬矣。

人之年壮而发斑白者，俗曰筭发，以为心多思虑所致。盖发乃血之余，心主血，血为心役，不能上荫乎发也。然《本草》云："芜菁子压油涂头，能变蒜发。"则亦可作蒜。易说卦，巽为寡发。陆德明曰："寡本作宣，黑白杂曰宣发。"据此则当用宣字为是。

卫山斋云："凡字皆有对，如饥之对饱，寒之对暖，悲之对欢之类是也。独有渴字，无不渴一字对之。此虽戏言，亦似有理。"又云："向见乡先生言《关雎》后妃之德，注家皆指后为太姒，非也。盖后即君耳，妃乃夫人。以夫人为后，乃自秦始耳。"

生曰名，死曰讳。载之《礼经》，可覆。礼部韵载先帝庙讳曰讳，称今上皇帝御名只曰名。生人名乃曰讳，不祥之甚也。

支干原作枝幹，后人省文，以幹为干，以枝为支，非也。

钱塘陈鉴如以写神见推一时。尝持赵文敏公真像来呈，公援笔改其所未然者。因谓曰："唇之上何以谓之人中？若曰人身之中半，则当在脐腹间。盖自此而上，眼耳鼻皆双窍；自此而下，口暨二便皆单窍。三画阴，三画阳，成泰卦也。"

钱穆父试贤良对策日，东坡晚往迓其归，置酒相劳。各举令为文，穆父得傀儡除镇南军节度使制，首句云："某官勤劳王家，出入幕府。"东坡见此两句，大加嗟赏。盖世以傀儡起于王家也。

东坡诗："留我同行木上坐，赠君无语竹夫人。"昔慧日至夹山，夹山问与甚么人同行，慧日云："有个木上坐。"盖谓拄杖也。

山谷送曹子方赴闽漕诗："子鱼过印蚝破山，不但蕉黄荔子丹。"子鱼出于兴化军通应庙前，字讹以应为印。或曰："子鱼以容印者为佳。"故王荆公诗云："长鱼俎上通三印，新茗斋中试一旗。"则此说容可信也。东坡诗亦云："通印子鱼犹带骨。"然山谷于蚝而云破山，理不可晓。蚝有高四五尺者，水底见之如崖岸然，故呼为山。山谷谓之破山，岂取蚝肉之谓耶？

京师东华门外景明坊有酒楼，人谓之攀楼。或以为楼主之姓，非也。本商贾鬻攀于此，后为酒楼，本名攀楼。

物才数年不用便忘之。祖宗时，升朝官出入有柱斧。其制是水晶小斧，头子在轿前。至宣政间方罢之，后人遂不识此物，亦不闻其名矣。前人画像有执者。

今人呼墓前地为明堂，伊川书为券台，南轩欲改之，后见唐人文字中，言某朝诏改为券台。

王者各以其行盛日为祖，衰日为腊。故汉火德，以午日为祖，戌日为腊。魏土德，以辰日为腊。晋金德，以丑日为腊。祭日虽同而祭日则异。祖，长生也。终，墓库也。

道家有五腊：正月一日天腊，五月五日地腊，七月七日道德腊，十月一日民岁腊，十二月正腊日为王侯腊。

陆士衡兄弟产于昆山，后人因称兄弟为昆玉，言其如昆山之玉也。

诗　话

善易不言易，知诗非此诗。鸳针既度，蛙鼓堪嗤。偶披珠玉，闲听钳椎。春草池塘，托言神助；微云河汉，路绝思惟。千篇易读，一字难师。集诗话。

作诗要健字撑拄，要活字斡旋。如"红入桃花嫩，青归柳叶新。弟子贫原宪，诸生老伏虔。"入与归字，贫与老字，乃撑拄也。"生理何颜面，忧端且岁时。名岂文章著，官应老病休。"何与且字，岂与应字，乃斡旋也。撑拄如屋之有柱，斡旋如车之有轴，文亦然。诗以字，文以句。

世讥冯瀛王道依阿诡随，不能死节。尝考质其生平行事，亦多侃侃不顾避处。王荆公雅爱道，谓其能屈身以安人，如诸佛菩萨行。富文忠公称以为孟子之所谓大人。其所作诗，虽浅近而多谙理，今附录之。诗曰："穷达皆由命，何劳发叹声。但知行好事，莫要问前程。冬去冰须泮，春来草自生。请君观此理，天道甚分明。"又云："莫为危时便怆神，前程往往有期因。须知海岳归明主，未省乾坤陷吉人。道德几时曾去世，舟车何处不通津。但教方寸无诸恶，狼虎丛中也立身。"

《古今诗话》云："太祖采听明远，每边事纤悉必知。有使者自蜀还，上问剑外有何事，使者曰：但闻成都满城诵朱山长《苦热诗》曰：'烦暑郁蒸无避处，凉风清冷几时来。'上曰：

'蜀民望王师也。'"又考《勺台符岷山异事》云:"梓潼山人李尧夫,吟咏尤尚讥刺。谒蜀相李昊,昊戏曰:'何名之背时耶?'尧夫厉色对曰:'甘作尧时夫,不乐蜀中相。'因是尧夫为昊所摈。知蜀主国柄隳紊,生民肆扰,吟《苦热诗》云:'炎暑郁蒸无处避,凉风消息几时来。'"以是知此诗乃尧夫,非朱山长也。清冷二字,不逮消息远甚。

曹衍,衡阳人。太平兴国初,石熙宁出守长沙,以衍所著《野史》缴荐之,因得召对。袖诗三十章上进,首篇乃《鹭鸶》《贫女》两绝句,盖托意也。《鹭鸶》云:"波澜静处立身孤,瓶雪攒霜腹转虚。尽日滩头延颈望,能消大海几多鱼。"《贫女》云:"自恨无媒出嫁迟,老来方始遇佳期。满头白发为新妇,笑杀豪华年少儿。"太宗大喜,召试学士院,除东宫洗马。

杨侍读徽之以能诗闻。太宗知其名,索其所著。以百篇献上。卒章曰:"少年牢落今何幸,叨遇君王问姓名。"太宗和赐,且语近臣曰:"徽之文雅可尚,操履端正。"拜礼部侍郎。选十联写于御屏。梁周翰之诗曰:"谁似金华杨学士,十联诗在御屏风。"《江行》云:"犬吠竹篱沽酒客,鹤随苔岸洗衣僧。"《寒食》云:"天寒酒薄难成醉,地迥楼高易断魂。"《塞上》云:"戍楼烟自直,战地雨长腥。"《嘉阳川》云:"青帝已教春不老,素娥何惜月长圆。"又云:"浮花水入瞿塘峡,带雨云归越巂州。"《哭江为》云:"废宅寒塘水,荒坟宿草烟。"《花夜》云:"春归万年树,月满九重城。"《僧舍》云:"偶题岩石云生笔,闲绕松庭露湿衣。"《湘江舟行》云:"新霜染枫叶,皓月借芦花。"《宿东林》云:"开尽菊花秋色老,落迟桐叶雨声寒。"

杨朴、魏野，皆咸平景德间隐士。朴居郑州，野居陕，皆号能诗。朴性僻，常骑驴往来郑圃。每欲作诗，即伏草中冥搜。或得之，则跃出。适遇之者无不惊。

蜀人魏野，隐居不仕宦。喜为诗，以诗著名。卜居陕州东门之外。有《陕州平陆县》诗云："寒食花藏县，重阳菊绕湾。一声离岸橹，数点别州山。"最为警句。所居颇潇洒，当世显人多与之游。寇忠愍尤爱之，尝有《赠忠愍》诗云："好向上天辞富贵，却来平地作神仙。"后忠愍镇北都，召野坐门下。北都有妓女，美貌而举止生硬，士人谓之生张八。因府会，忠愍令乞诗于野。野赠之诗曰："君为北道生张八，我是西州熟魏三。莫怪樽前无笑语，半生半熟未相谙。"吴正宪《忆陕郊》诗云："南郭迎天使，东郊招隐人。"隐人谓野，野有子名闲，亦有清誉。

魏野尝从寇莱公游陕府僧舍，各有留题。后复同游，见莱公之诗已用碧纱笼护，而野诗尘昏满壁。时有从行官妓颇慧黠，即以袂就拂之。野徐曰："若得常将红袖拂，也应胜似碧纱笼。"莱公大笑。野赠公诗有："何时生上相，明日是中元。"以公七月十四日生故也。又曰："有官居鼎鼐，无地起楼台。"

寇莱公诗"野水无人渡，孤舟尽日横"之句，深入唐人风格。初授归州巴东令，人皆以寇巴东呼之，以比前赵渭南、韦苏州之类。然富贵之时所作诗，皆凄楚愁怨。尝为《江南春》二绝云："波渺渺，柳依依。孤村芳草远，斜日杏花飞。江南春尽离肠断，蘋满汀洲人未归。"又曰："杳杳烟波隔千里，白蘋香散东风起。日落汀洲一望时，愁情不断如春水。"余尝谓深于诗者，尽欲慕骚人清悲怨感，以主其格。语意清切，脱洒孤迈则不无。殊不知清极则志飘，感深则气谢。莱公富贵时《送人使岭南》云："到南只十里，过山应万重。"人以为警绝。晚窜海康，至境首，雷吏呈图经，迎拜于道。公问州去海近远，曰："只可十里。"憔悴奔窜，已兆于此矣。

李虚己侍郎字公受。少从江南先达学为诗。后与曾致尧倡酬。曾每曰："公受之诗虽工，恨哑耳。"虚己初未悟，后得沈休文所谓前有浮声，后有切响，遂精于格律。以其法授晏元献，元献以授二宋，自是遂不传。然江西诸人每谓五言第三字，七言第五字要响，亦此意也。

晏元献公虽起田里，而文章富贵，出于天然。尝览李庆孙《富贵曲》云："轴装曲谱金书字，树记花名玉篆碑。"公曰："此乃乞儿相，未尝谙富贵者。故余每咏吟富贵，不言金玉锦绣，而唯说其气象。若'楼台侧畔杨花过，帘幕中间燕子飞。''梨花院落溶溶月，柳絮池塘淡淡风。'之类是也。"公尝自以此句语人曰："穷儿家有此景致也无。"公之佳句，宋莒公皆题于斋壁。若"无可奈何花落去，似曾相识燕归来""静寻啄木藏身处，闲见游丝到地时""楼台冷落收灯夜，门巷萧条扫雪天""已定复摇春水色，似红如白野棠花"之类。莒公尝谓此数条，使后之诗人无复措词也。

晏元献公赴杭州，道过洛阳，憩大明寺。瞑目徐行，使侍史诵壁间诗板，戒其勿言爵里姓名，终篇无几。又使别诵一诗云："水调隋宫曲，当年亦九成。哀音已亡国，废沼尚留名。仪凤终无迹，鸣蛙只废声。凄凉不可问，落日下芜城。"徐问之，江都尉王琪诗也。召至同饭，又同步游池上。时春晚，已有落花。晏云："每得句书墙壁间，或弥年未尝强对，且如'无可奈何花落去'，至今未能对也。"王应声曰："似曾相识燕归来。"自此辟置。又荐馆职，遂跻侍从。山谷南还，至南华竹轩，令侍史诵诗板，亦戒勿言爵里姓名。久之有一绝云："不用山僧供帐迎，世间无此竹风清。独拳一手支颐卧，偷眼看云生未生。"徐观姓名，曰："果吾学士葛敏修也。"

祥符天禧中，杨大年、钱文僖、晏元献、刘子仪以文章立朝。为诗皆宗尚李义山，号西昆体。后进多窃义山语句。赐宴，优人有为义山者，衣服败弊。告人曰："吾为诸馆职捭撧至此。"闻者欢笑。大年《汉武》诗曰："力通青海求龙种，死讳文成食马肝。待诏先生齿编贝，忍令索米向长安。"义山不能过也。子仪画义山像，写其诗句列左右，贵重之如此。

宋莒公兄弟，皆以高名擢用仁宗朝。本朝文章多人，未有二公比者。少时作《落花》诗，为时脍炙。莒公诗云："一夜东风拂苑墙，归来无处剩凄凉。汉皇佩冷临江湿，金谷楼危到地香。泪脸补痕劳獭髓，舞台收影费鸾肠。南朝乐府休赓曲，桃叶桃根尽可伤。"景文诗云："坠素翻红各自伤，青楼烟雨忍相忘。欲飞更作回风舞，已落犹成半面妆。沧海客归珠迸泪，章台人去骨微香。可怜无意传双蝶，尽委花心与蜜房。"

欧阳文忠公《诗话》：国朝浮图以诗名者九人，剑南希昼、金华保暹、南粤文兆、天台行肇、洋州简长、青成惟凤、江东宇昭、峨眉怀古、淮南惠崇，九僧诗极不多。崇到长安，有"人游曲江少，草入未央深"之句，为时所称。崇非但能诗，画亦有名。世谓惠崇小景者是也。"画史纷纷何足数，惠崇晚出吾最许。"荆公诗云尔。

僧惠崇不但绘事精妙，诗句亦清远，有冰雪松霞之韵。尝作句图，书其所最得意。如："岭暮春猿急，江寒白鸟稀。""掩门清桂老，出定白髭长。""鸟归杉堕雪，僧定石沉云。""空潭闻鹿饮，疏树见僧行。""磬断虫声出，峰回雁影沉。""繁霜衣上积，残月马前低。""移家临丑石，租地得灵泉。""残月楚山晓，孤烟江庙春。""松风吹发乱，岩溜溅棋寒。""云残僧扫石，风动鹤归林。""禽寒时动竹，露重忽翻荷。""野人传相鹤，山吏学弹琴。""地遥群马小，天阔一雕平。""河分岗势断，春日烧痕青。""地形吞蜀尽，江势抱峦回。""露下牛羊静，河明桑柘空。""霜多秦木迥，云尽汉山孤。""夜闲潮动舸，秋迥月临城。""叶落风中尽，虫声月下多。""扇声犹泛暑，井气忽生秋。""湘云随雁断，楚路背人遥。""关河双鬓白，风月一灯青。""松风传夕磬，溪雾拥春灯。""圭窦先知晓，盆池别见天。""孤云还静境，远籁发秋空。""古戍生烟直，平沙落日迟。""来时云拥衲，别夜月随笻。""古木风烟尽，寒潭星斗深。"

梅尧臣以诗名家。欧阳修与为诗友，自谓不及尧臣，语人曰："凡诗意新语工，得前人所未道者，斯为善矣。必能状难写之景如在目前，含不尽之意见于言外，然后为至也。"

欧阳文忠公尝爱林逋诗"草泥行郭索，云木叫钩辀"之句，以为语新而属对亲切。郭索，蟹行貌也。扬雄《太玄》曰："蟹之郭索，用心躁也。"钩辀，鹧鸪声也。李群玉诗云："方穿诘曲崎岖路，又听钩辀格磔声。"

荆公《金陵》诗云:"红梨无叶庇华身,黄菊分香委路尘。岁晚苍官才自保,日高青女尚横陈。"苍官,松也。青女,霜也。《楞严经》云:"当横陈时,味如嚼蜡。以言道人处世间,虽有欲而无味也。"盖荆公自谓如苍官自保,但青女横陈,不能已耳。此言近于雅谑,殊有深意。(又云:"木落冈峦因自献,水归洲渚得横陈。")

王荆公尝题一绝于旽扇云:"白马津头驿路边,阴森乔木带漪涟。斜阳一马匆匆过,梦寐如今十五年。"本集不载。

王荆公见道旁大松,人取以代灯,因赋诗云:"虬角龙髯不可攀,亭亭千丈荫南山。应嗟无地逃斤斧,岂愿争明爝火间。"公自注云:"松意尚不愿采于匠石充栋梁之用,况肯区区与萤爝争明于顷刻间耶?"

王荆公诗:"萧萧抟黍声中日,漠漠春锄影外天。"抟黍,莺。春锄,鹭也。

郭祥正,字功甫。有逸才,诗多新意。丞相荆公过金山寺,于壁间得长篇,读之。反复讽咏间,知功甫所为。由此见重。最爱其两句云:"鸟飞不尽暮天碧,渔歌忽断芦花风。"又曾题人山居一联云:"谢家庄上无多景,只有黄鹂三两声。"公乃命工绘为图,自题其上云:"此是功甫题山居诗处。"即遣人以金酒钟并图遗之。

王禹玉寄程公辟诗云:"舞急锦腰迎十八,酒酣玉盏照东西。"乐府六么曲有花十八,古有玉东西杯,其对甚新。

"香泛钓筒萍雨夜，绿摇花坞柳风春。"舒亶信道诗也。信道清才，而诗刻削有如此者。又有云："空外水光风动月，暗中花气雪藏梅。"又云："宿雨阁云千嶂碧，野花弄日一村香。"又云："万壑水澄知月白，千林霜重见松高。"皆警句也。

刘莘老丞相，和王定国雪中绝句云："袁安只有高眠兴，谢朓空余后会难。十万健儿春瘴近，飞花宜过海南山。"定国云："公无乃学欧阳公耶？"盖晏元献为枢密使时，西师未解严，会天雪，陆子履与欧阳公同谒之。晏置酒西园，欧即席赋雪诗，有："主人与国同休戚，不惟喜悦将丰登。须怜铁甲冷彻骨，四十余万屯边兵。"晏由是衔之，语人曰："韩愈亦能作言语。"赴裴令公宴集，但云："园林穷胜事，钟鼓乐清时。"刘和诗时，正元丰间。朝廷方问罪安南，故定国援以为戏。

东坡在黄日，每有燕集，醉墨淋漓，不惜与人。至于营妓供侍，扇题带画，亦时有之。有李琪者，小而慧，颇知书。坡亦每顾之，终未尝获公赐。至公移汝，将祖行，酒酣。琪奉觞再拜，取领巾乞书。公熟视久之，令其磨研墨浓，取笔大书云："东坡七载黄州住，何事无言及李琪。"即掷笔袖手，与客笑谭。坐客相谓："语似凡易，又不终篇，何也？"至将撤具，琪复拜请。坡大笑曰："几忘出场。"继书云："恰似西川杜工部，海棠虽好不留诗。"一座击节，尽醉而散。

韩退之诗云："水作青罗带，山为碧玉簪。"柳子厚诗云："海上群山似剑铓，秋来处处割愁肠。"东坡为之对曰："系闷岂无罗带水，割愁还有剑铓山。"

子瞻渡江，和介甫《游蒋山》诗。介甫指"峰多巧障日，江远欲浮天"。抚几叹曰："老夫一生作诗，无此两句。"陈传道尝于彭门壁间见书一联："一鸠鸣午寂，双燕话春愁。"后以语东坡："世谓公作，然否？"坡笑曰："此乃唐人得意句，仆安能道此？"

东坡熙宁十年知徐州。李邦直因沂山龙祠祈雨有应，作诗寄东坡。东坡和之，末云："半年不雨坐龙慵，但怨天公不怨龙。今来一雨何足道，龙神社鬼各无功。无功日盗大仓粟，嗟我与龙同此责。劝农使者不汝容，因君作诗先自劾。"邦直来谒东坡，因戏笑言承示此诗，只是劝农使者不管恁地事。元丰三年，东坡下御史狱。尝供此诗云："本为龙神慵惰，不为天行雨，却使人心怨天公。"以讥讽大臣不任职，不能燮理阴阳，却使人心怨天子。以天公比天子，以龙神社鬼比执政大臣，及百职事也。

"吟哦傲兀，仰晤岩月。遇巘迎崖，银刌玉龁。鼃黾唅喁，雁鹜嵚屹。卧玩我语，聱牙炭蘖。"右《江行见月》四言也。"江郊璁珑，云水蒨绚。碕岸斗入，洄潭轮转。先生悦之，布席开宴。初日下照，潜鳞俯见。意钓忘鱼，乐此竿线。优哉游哉，玩物之变。"右《江郊》四言诗也，皆东坡作，而本集不载。

东坡元祐末为礼部尚书，梦人送《喜雪诗》，云："是王仲至所与。"觉后，惟记一联。仲至因足以成章云："晓雪谁惊是后时，土膏方得助甘滋。岁功已觉三元近，春事何忧一觉迟。（此一联乃得于梦中者。）不着寒梅容触冒，半留红杏惜离披。

神交彼此无旁辨，更为公题述梦诗。"

"动地隋兵至，君王尚晏安。须知天下窄，不及井中宽。楼外峰交白，溪边血染丹。无情是残月，依旧恁栏干。"庐山王元甫，绍圣间救赐高尚处士所作《景阳井》诗也。东坡尝跋云："予闻江南王元甫、郭功甫皆有诗名。子南归过九江，因道士胡羽邀求谒之。元甫云：'吾不见士大夫五十年矣。'竟不可见。"

山谷云："诗意无穷，而人之才有限。以有限之才，追无穷之意，虽渊明、少陵不得工也。然不易其意而造其语，谓之换骨法。窥入其意而形容之，谓之夺胎法。如郑谷《十月菊》曰：'自缘今日人心别，未必秋香一夜衰。'此意甚佳，而病在气不长。西汉文章雄深雅健者，其气长故也。曾子固曰：'诗当使人一览语尽而意有余，乃古人用心处。'所以荆公《菊》诗曰：'千花万卉凋零后，始见闲人把一枝。'又如李翰林诗曰：'鸟飞不尽暮天碧。'又曰：'青天尽处没孤鸿。'其病如前所论。山谷作《登达观台》诗曰：'瘦藤挂到风烟上，乞与闲人眼界开。不知眼界阔多少，白鸟去尽青天回。'凡此之类皆换骨法也。顾况诗曰：'一别二十年，人堪几回别。'其诗简拔，而立意精确。如荆公作《与故人》诗云：'一日君家把酒杯，六年波浪与尘埃。不知乌石江边路，到老相逢得几回。'乐天诗曰：'临风杪秋树，对酒长年身。醉貌如霜叶，虽红不是春。'如东坡《南中作》诗云：'儿童误喜朱颜在，一笑那知是醉红。'凡此之类，皆夺胎法也。学者不可不知。"

山谷黔中晚年诗句得意未及成者。有云："人得遨游是风月，天开图画即江山。"以为尤所珍爱者，不肯轻足成之。更有"山围燕坐图画出，水作夜窗风雨来"之句，亦不让前联也。

退之有诗赠同游者："唤起窗全曙，催归日未西。无心花里鸟，更与尽情啼。"鲁直曰："余儿时便哦此诗，而了不解其意。自出陕右，吾年五十八矣。时春晚，偶忆此诗，方悟唤起、催归，三禽名也。古人于小诗，用意精深如此，况其大者乎？盖其学问渊源，有五石六鹢之旨。催归，子规也。唤起，声如络纬，圆转清亮，偏于春晚鸣，江南谓之春唤。"

晁说之以道作感事诗云："干戈虽作墙东客，疾病犹存研北身。"上句用避世墙东王君公事，而研北身乃汉上题襟集。段成式书云："杯宴之余，常居研北。"又云："长疏研北，天机素少。"又云："笔下词人，研北诸生。盖言几案面南，人坐砚之北也。"

晏叔原聚书甚多。每有迁徙，其妻厌之，谓有类乞儿搬漆碗。叔原戏作诗曰："生计唯兹碗，一擎岂惮劳。造虽从假合，成不自埏陶。阮杓非同调，颜瓢庶共操。朝盛负余米，暮贮藉残糟。幸免墦间乞，终甘泽畔逃。挑宜筇作杖，捧称葛为袍。傥受桑间饷，何堪井上螬。绰然真自许，呼尔未应饕。世久轻原宪，人方逐子敖。愿君同此器，珍重到霜毛。"

王仲至与秦少游谒恭敏李公，饭于闲燕堂，即席联句云："黄叶山头初带雪，绿波尊里暂回春（钦臣）。已闻璧月琼枝句，更着朝云暮雨人（观）。老愧红妆翻而妙，喜逢佳客放怀新（钦臣）。天明又出桃源去，仙境何时再问津（观）。"仲至使辽回谒李公，席中赋诗云："穷庐三月已淹留，白草黄云见即愁。满袖尘埃何处洗，李家池上海棠洲。"

李方叔尝作《寒食》诗云："千株密炬出严闉，走马天街赐近臣。我亦茅檐自钻燧，煨针烧艾检铜人。"

徐思叔题《贫乐图》，首句云："乃翁画灰教儿书，娇儿赤骭玉雪肤。厥妻曝日补破襦，弊箧何有金十奴。"杨伯子和云："三间破屋一床书，锦心绣口冰肌肤。自纫枯叶作裤襦，此君便是长须奴。"王才臣和云："大儿阻饥颇废书，小儿忍寒粟生肤。妇纵有裈无一襦，不敢缘此相庸奴。"三诗皆佳，而后出者尤奇。

李彭商老有建除体赠韩子苍云："满朝以诗鸣，何独遗大雅。平生黄叶句，摸索便知价。"盖子苍自馆职斥宰分宁县时也。子苍有馆中诗，最为时所推，故商老有黄叶之句云。其全篇云："朔风吹雪昼多阴，日暮拥阶黄叶深。倦鹊绕枝翻冻影，征鸿摩月堕孤音。推愁不去还相觅（王荆公诗：闭户欲推愁，愁终不肯去），与老无期稍见侵（刘宾客诗：与老无期约，到来如等闲）。游宦衣冠少时事，病来无复一分心。"

东坡谪居于黄五年。赤壁有巨鹊巢于乔木之巅，后赋所谓"攀栖鹘之危巢，俯冯夷之幽宫"是也。韩子苍靖康中守黄州，三月而罢。因游赤壁而鹊已去。作诗示何次仲迁叟云："缓寻碧竹白沙游，更挽藤梢上上头。岂有危巢尚栖鹊，亦无尘迹但飞鸥。经营二顷将归去，眷恋群山为少留。百日使君何足道，空余诗句满江楼。"次仲和答云："儿时宗伯寄吾州，讽诵高文至白头。二赋人闲真吐凤，五年溪上不惊鸥。蟹尝见水人犹怒，鹳有危巢孰敢留。珍重使君寻故迹，西风怅望古城楼。"二诗皆及鹳巢，皆推赋而言也。

"农桑不扰岁常登，边将无功吏不能。四十二年如梦觉，春风吹泪过昭陵。"此诗题于仁宗寝宫，不著名氏。韩子苍表出之。

赵明诚在建康日，其妻李易安，每值天大雪，必戴笠披蓑，循城远览，以寻诗为事。得句必邀其夫赓和，明诚每苦之。

徽庙一日幸来夫人阁，就洒翰于小白团扇。书七言十四字，而天思稍倦，顾在侧侍珰云："如有能吟之客，可令续之。"乃荐邻居太学生。既宣入内侍省，恭读宸制。不知睿裁云何，乞为取旨。或续句呈，或就书扇左。上曰："朝来不喜餐，必恶阻也。当缘此意足句，以续于扇。"续进，上大喜。会将策士，生于未奏名下径使造廷，赐以第焉。上御诗曰："选饭朝来不喜餐，御厨空费八珍盘。"生续曰："人间有味俱尝遍，只许江南一点酸。"

康与之在高皇朝，以诗章应制。与左珰狎，适睿思殿有徽庙御画扇，绘事特为卓绝。上时持玩流涕，以起羹墙之悲。珰偶下直，窃携至家，而康适来，留之燕饮，漫出以示。康绐珰入取肴核，辄洒笔几间，书一绝于上曰："玉辇宸游事已空，尚余奎藻绘春风。年年花鸟无穷恨，尽在苍梧夕照中。"珰有顷出，见之，大恐，而康已醉。无可奈何，明日伺间叩头请死。上大怒，亟取视之，天威顿霁，但一恸而已。

建炎中驾驻维扬，康伯可与之上中兴十策，名振一时。后秦桧当国，伯可乃传会求进，擢为台郎。尝与桧对局格天阁下。

宋稗类钞

040

桧戏曰：“此卒渡河，是尔将军之疥癞。”伯可徐应曰：“今皇御极，视公宰相如腹心。”桧大喜，撤棋酣饮终日而罢。桧死，伯可亦贬五羊。

陆士规布衣工诗，秦桧喜之。尝挟秦书干临川守，馈遗不满意，升堂嫚骂。守惧，以书白秦自解。秦怒甚，陆请见不出，犹令其子小相者见之。问其近作，陆诵其《黄陵庙》一绝云：“东风吹草陆离离，路入黄陵古庙西。帝子不知春又去，乱山无主鹧鸪啼。”小相入诵之。秦吟赏再四，即命相见，待之如初。

谏议大夫宋文渊齐愈宫词云：“禁城春水碧溶溶，流出桃花万片红。叶上细看无一字，始知玉女怨春风。”《睢阳道中》云：“竹溪噎绝雨才通，无数深红间浅红。山店落英春寂寂，青旗吹尽柳花风。向来松桧喜无恙，坐久忽闻南涧钟。隐隐修廊人语绝，四山滴沥雪鸣风。”（靖康末，金人欲立异姓，齐愈书张邦昌姓名示人，后为李纲所诛。）

辛稼轩觞客滕王阁，诗人胡时可通谒，阍人辞焉，呵詈愈甚。辛使前曰：“既称诗人，先赋滕王阁，有佳句则预坐。”即题曰“滕王高阁临江渚”，众大笑。再书云：“帝子不来春已暮。莺啼红树柳摇风，犹似当年旧歌舞。”乃相与宴而厚赒之。

山阴陆放翁务观之出也，韩平原实招致之。所作《南园》《阅古泉》二记，时虽称颂，而有规劝之忠焉。故平原败而犹得免祸。其《题武林》诗：“皇舆久驻武林宫，汴洛当时未易同。广陌有风尘不起，长江如练水常通。楼台飞舞祥烟外，鼓吹喧呼明月中。六十年间几来往，都人谁解记衰翁。”《临安春霁》诗:"世味年来薄似纱,谁怜骑马客京华。小楼昨夜听春雨,深巷今朝卖杏花。矮纸斜行闲作草,晴窗细乳戏分茶。布衣莫动风尘叹,犹及清明可到家。"

刘漫塘先生与客燕坐,指窗外樱桃唯一实,共以为笑。忽一客来访,自言能诗,因命赋之。云:"烧丹道士药炉红,枉费先生九转功。一粒丹砂寻不见,晓来枝上弄春风。"众咸喜之。

刘山翁汝进,漫塘幼子。学问宏深,文字典雅。与客九日游龙山,以尘世难逢开口笑分韵。山翁得口字云:"纵步龙山巅,放舟龙荡口。群然雁鹜行,杂之牛马走。我拙不能诗,我病不能酒。试问赏花人,还有菊花否。"众服其工。(漫塘,润州金坛人。)

山溪李南金登第后,画师以冠裳写其真。南金题诗云:"落魄江湖二十年,布衫阔袖裹风烟。如今各样新装束,典却清狂卖却颠。"

有良家女流落可叹者,南金赠以词曰:"流落今如许。我亦三生杜牧,为秋娘着句。先自多愁多感慨,更值江南春暮。君看取落花飞絮,也有吹来穿绣幌,有因风飘堕随尘土。〇人世事,总无据。佳人命薄君休诉。若说与英雄心事,一生更苦。且尽尊前今日意,休记绿窗眉妩。但春到儿家庭户。幽恨一帘烟月晓,恐明年雁亦无寻处。浑欲倩,莺留住。"

驿路有白塔桥,印卖朝京里程图。士大夫往临安,必买以披阅。有一人题诗于壁曰:"白塔桥边卖地经,长亭短驿甚分明。如何只说临安路,不较中原有几程。"

汉阳《郎官湖春日》四绝句,其一:"两山收雨暗平沙,遮断溪梅隔水花。留得烟林作图画,依稀松磴有人家。"其二:"空山玉蕊照琼瑰,到处寻花共往回。欲识春风最奇处,试来同看雨中梅。"其三:"朦胧花影月黄昏,着意春风入酒痕。知是江梅喜佳客,倒垂花蕊照清尊。"其四:"十日春阴到水亭,水边杨柳一时青。梅花过尽桃花恶,乞取山矾入净瓶。"尚书郎李祁萧远谪汉阳酒税时所作也。

辛卯岁,北来人数百,皆寓于襄阳府光孝寺。有一人题诗于壁云:"干戈未定欲何之,一事无成两鬓丝。踪迹大纲王粲传,情怀小样杜陵诗。春令信断云千里,乌鹊惊飞月一枝。安得中山千日酒,陶然直到太平时。"虽未为绝唱,读之亦使人增感也。

范石湖诗云:"朝霞不出门,暮霞行千里。今晨日未出,晓氛散如绮。心疑雨再作,眼转云四起。我岂知天道,吴侬谚云尔。古来占滂沱,说者类恢诡。飞云走群羊,停云浴三稀。月当天毕宿,风自少女起。烂石烧成香,汗础润如洗。逐妇鸠能拙,穴居狸有智。蜉蝣强知时,蜥蜴与闻计。垤鸣东山鹳,堂审南柯蚁。或加阴石鞭,或议阳门闭。或云逢庚变,或自换甲始。刑鹅与象龙,聚讼非一理。不如老农谚,影响捷于鬼。哦诗敢夸博,聊用醒午睡。"此诗引用占雨事甚详可喜。谚有云:"日出早,雨淋脑。日出晏,晒杀雁。"又云:"月如悬弓,少雨多风。月如仰瓦,不求自下。"二说尚遗,为增补二句云:"日占出海时,月验仰瓦体。"(谚云:"乾星照湿土,来日依旧雨。")

王全玉作宫体十忆诗，李元膺重见之，爱其词意宛转，且曰："读之动人老狂，聊复效尤。"亦作十绝。《忆行》曰："屏帐腰支出洞房，花枝窣地领巾长。裙边遮定双鸳小，只有金莲步步香。"《忆坐》曰："椅上藤花阑面平，绣裙斜绰茜罗轻。踏青姊妹频来唤，鸳履贪工不肯行。"《忆饮》曰："绿蚁频催未厌多，帕罗香软衬金荷。从教弄酒春衫浣，别有风流上眼波。"《忆歌》曰："一串红牙碎玉敲，碧云无力驻晴霄。也知唱到关情处，缓按余声眼色招。"《忆书》曰："纤玉参差象管轻，蜀笺小研碧窗明。袖纱密掩嗔郎看，学写鸳鸯字未成。"《忆博》曰："小阁争筹画烛低，锦茵围坐玉相敲。娇羞惯被诸郎戏，袖映春葱出注迟。"《忆颦》曰："漫注横波无语处，轻拢小板欲歌时。千愁万恨关心曲，却使眉尖学别离。"《忆笑》曰："从来题目值千金，无事羞多始见心。乍向客前犹掩敛，不知已觉钿窝深。"《忆睡》曰："泥娇成困日初长，暂卸轻裙玉簟凉。漠漠帐烟笼玉枕，粉肌生汗自莲香。"《忆妆》曰："宫样梳儿金缕犀，钗梁冰玉刻蛟螭。眉间要点双心事，不管萧郎只画眉。"其情致殊妍丽，自非风流才思者不能作也。

　　政和中大臣有不能诗者，因进言诗为元祐学术，不可行。时李彦章为中丞，承望风旨，遂上章论渊明、李、杜而下皆贬之，因诋黄、张、晁、秦等，请为科禁。何清源至修入令式，诸士庶习诗赋者杖一百。

　　毗陵士人姓李氏，家有一女，年十六能诗，甚有佳句。有《拾得破钱》诗云："半轮残月掩尘埃，依稀犹有开元字。想见清光未破时，买尽人间不平事。"又有《弹琴》诗云："昔年刚笑卓文君，岂信丝桐解误身。今日未弹心已乱，此心原自不由人。"

杨察侍郎谪信州，及召还，有士子十二人送于境上。临别，察即席赋诗，皆用十二事，而引用精切。士子无能属和者。其诗曰："十二天之数，今宵席客盈。位如星占野，人若月分卿。极醉巫山侧，联吟嶰管清。他年为舜牧，叶力济苍生。"

题古有绝唱者。谏议钱公昆《题淮阴侯庙》曰："筑坛拜日恩虽厚，蹑足封时虑已深。隆准早知同鸟喙，将军应起五湖心。"尚书张公方平《题徐州歌风台》二绝曰："纵酒疏狂不治生，中央有土不归耕。偶因乱世成功业，更向翁前与仲争。""落魄刘郎作帝归，尊前一曲大风辞。才如信越犹菹醢，安用思他猛士为。"陈文惠公《题华清宫朝元阁》云："朝元高阁迥，秋毫无隐情。浮云忽以蔽，不见渔阳城。"杨至质《题茅山》诗曰："玉肺空浮已字山，五门不锁洞天宽。紫花可饵秋寻木，红焰难埋夜见丹。画得一牛方水草，飞来三鹄各峰峦。仙踪寂寞高风远，谁为先生指额瘢。"杨诚斋《题淮阴侯庙壁》二首，其一曰："来时月黑过淮阴，归路天花舞故城。一剑光寒千古泪，三家市出万人英。少年跨下安无忤，老父圯边愕不平。人物若非观岁暮，淮阴何必减文成。"其二曰："鸿沟只道万夫雄，云梦何销武士功。九死不分天下鼎，一生还负室前钟。古来犬毙愁无盖，此后禽空悔作弓。兵火空余非旧庙，三间破屋两株松。"

晁伯禹载之，学问精确，少见其比。尝作《昭灵夫人祠》诗云："杀翁分我一杯羹，龙种由来事杳冥。安用生儿作刘季，暮年无骨葬昭灵。"

《陈留风俗传》云："小黄县者，沛地之黄乡也。沛公起兵野战，丧皇姚于黄乡。天下平定，乃使使者以梓宫招魂幽野。于是有丹蛇在水自洒濯，入于梓宫。其浴处有遗髻，故谥曰昭灵夫人。"

严州乌石寺在高山之上。有岳武穆飞、张循王俊、刘太尉光世题名。刘不能书，令侍儿意真代书。姜尧章题诗曰："诸老凋零极可哀，尚留名姓压崔嵬。刘郎可是疏文墨，几点燕支涴绿苔。"

苏州僧仲殊，本文士也。因事出家。有《润州》诗云："北固楼前一笛风，断云飞出建昌宫。江南二月多芳草，春在蒙蒙细雨中。"

"瑞麟香暖玉芙蓉，画蜡凝辉到晓红。数点漏移衙仗北，一翻雨滴甲楼东。梦游黄阙鸾巢外，身卧彤帏虎帐中。报道谯门初日上，起来帘幕杏花风。"此僧仲殊之诗也。王左丞安中守平江日，会客，仲殊与焉。继以疲倦，先起熟寐于黄堂中，不知客散。及觉，日已瞳眬矣。王因罚以此诗始放去。瑞麟香，安中家所造也。

姑苏女子沈清友能诗，如"晚天移棹泊垂虹，闲倚蓬窗问钓翁。为底鲈鱼低价卖，年来朝市怕秋风。"得风人之体。《咏渔父》云："起家红蓼岸，传世绿蓑衣。"《咏牧童》云："自便牛背稳，却笑马蹄忙。"得下字之工。

唐路德延有《孩儿诗》五十韵，盛传于世。近代洛中致政侍郎张公师锡，追次其韵，和成《老儿诗》亦五十韵。其诗曰：

"鬓发尽皤然，眉分白雪鲜。周遮延客话，伛偻抱孙怜。无病常供粥，非寒亦倚绵。假温推拥背，借力杖搘肩。貌比三峰客，年过四皓仙。唤方离枕上，扶始到门前。每爱烹山茗，常嫌钉石莲。耳聋如塞纩，眼暗似笼烟。宴坐羸凭几，乘骑困弹鞭。头摇如转旋，唇动若抽牵。骨冷愁离火，牙疼却漱泉。形骸将就木，囊橐尚贪钱。胶睫干眵缀，粘髭冷涕悬。披裘腰懒系，濯手袖慵揎。抬举衣频换，扶持药屡煎。坐多茵易破，行少履难穿。喜婢裁裙布，嗔妻买粉钿。房教深下幕，床遣厚铺毡。琴听怜三乐，图张笑七贤。看嫌经字小，敲喜磬声圆。食罢羹流袂，杯余酒带涎。乐来须遣罢，医到久相延。裹帽纵横掠，梳头取次缠。长吁思往事，多感听哀弦。气注腰还重，风牵口便偏。墓松先遣种，志石预教镌。客到唯求药，僧来忽问禅。养茶悬灶壁，晒艾曝檐橼。怒仆空睁眼，嗔儿谩握拳。心惊嫌蹴踘，脚软怕秋千。局缩同寒狖，摧颓似饱鸢。观瞻多目眩，牵动即头旋。女嫁求红烛，男婚乞彩钱。已闻捐几杖，宁更佩韦弦。宾客身非与，儿孙事已传。养和屏作伴，如意拂相连。久弃登山屐，惟存负郭田。呻吟朝不乐，展转夜无眠。呼稚临床畔，看书就枕边。冷疑怀贮水，虚讶耳闻蝉。束帛非无分，安车信有缘。伏生甘坐末，绛老让行先。拘急将风夜，昏沉欲雨天。鸡皮尘渐渍，觊齿食频填。每忆居郎署，常思钓渭川。喜逢迎佛会，羞赴赏花筵。径狭容移槛，阶危索减砖。好生焚鸟网，恶杀析渔船。既感桑榆日，常嗟蒲柳年。长思当弱冠，悔不剩狂颠。"

路德延，儋州岩相犹子也。为朱友谦书记，友谦礼待不优，作孩儿诗以刺之，友谦大怒，沉之黄河。其诗云："情态任天然，桃红两颊鲜。乍行人共看，初语客多怜。臂膊肥如瓠，肌肤软胜绵。长头才覆额，分角渐垂肩。散诞无尘虑，逍遥占地仙。排衙朱榻上，喝道画堂前。合调歌杨柳，齐声踏采

莲。走堤冲细雨，奔巷趁轻烟。嫩竹乘为马，新蒲掉作鞭。莺
雏金镞系，猧子彩丝牵。拥鹤归晴岛，驱鹅入暖泉。杨花争弄
雪，榆叶共收钱。锡镜当胸挂，银珠对耳悬。头依苍鹘裹，袖
学柘枝揎。酒殢丹砂暖，茶催小玉煎。频邀寿花插，时乞绣针
穿。宝匣擎红豆，妆奁拾翠钿。短袍披案褥，劣帽戴靴毡。展
画趋三圣，开屏笑七贤。贮怀青杏小，垂额绿荷圆。惊滴沾罗
泪，娇流污锦涎。倦书饶娅姹，憎药巧迁延。弄帐鸾绡映，藏
衾凤结缠。指敲迎使鼓，箸拨赛神弦。帘拂鱼钩动，筝摧雁柱
偏。棋图添路画，笛管欠声镌。恼客初酣睡，惊僧半入禅。寻
蛛穷屋瓦，探雀遍楼椽。抛果忙开口，藏钩乱出拳。夜分围椤
柵，朝聚打秋千。折竹装泥燕，添丝放纸鸢。互夸轮水硙，相
效放风旋。旗小裁红绢，书幽截碧笺。远铺张鸽网，低控射蝉
弦。吉语时时道，谣歌处处传。匿窗肩乍曲，遮路臂相连。斗
草当春径，争球出晚田。柳旁慵独坐，花底困横眠。等鹊潜篱
畔，听蛩伏砌边。傍枝拈舞蝶，隈树捉鸣蝉。平岛跨跷上，层
崖逞捷缘。嫩苔车迹小，深雪履痕金。竞指云生岫，齐呼月上
天。蚁窠寻径劚，蜂穴绕阶填。樵唱回深港，笙歌下远川。垒
林为屋木，和土作盘筵。险砌高台石，危挑峻塔砖。忽升邻屋
树，偷上后池船。项橐称师日，甘罗作相年。明时方在德，劝
尔减狂颠。”

长安南山下书生作小圃，时莳花木，以待游子。一日有金
犊车从数女奴，皆玉色丽人。车中人下饮于庭，邀书生同坐。
生意当时贵人家，不出。既见款甚。将别，出小碧笺书诗为赠
云：“相思无路莫相思，风里杨花只片时。惆怅深闺独归处，晓
莺啼断绿杨枝。”

李汉老，建炎末，自签枢密迁右辖，未几迁知院。前后二三月而罢。因为《梅》诗以托意云："经霜历雪忿开迟，风笛无情抵死吹。鼎实未成心尚苦，不甘桃李傍疏篱。"

词 品

词虽不古，亦原于诗赋，而通于乐府。作者笔飞，听者眉舞；若其曲之有误，吾亦不顾而唾。集词品。

孙何帅钱塘，柳耆卿作《望江潮》词赠之。曰："东南形胜，三吴都会，钱塘自古繁华。烟柳画桥，风帘翠幕，参差十万人家。云树绕堤沙，怒涛卷霜雪，天堑无涯。市列珠玑，户盈罗绮，竞豪奢。〇重湖叠𪩘清佳。有三秋桂子，十里荷花。羌管弄晴，菱歌泛夜，嬉嬉钓叟莲娃。千骑拥高牙。乘醉听箫鼓，吟赏烟霞。异日图将好景，归去凤池夸。"此词流播。金主亮闻歌，欣然有慕于"三秋桂子，十里荷花"，遂起投鞭渡江之志。近时谢处厚诗云："闲把杭州曲子讴，荷花十里桂三秋。那知卉木无情物，牵动长江万里愁。"卢陵罗大经谓："此词虽牵动长江之愁，然卒为金主致死之媒，未足恨也。至于荷艳桂香，妆点湖山之清丽，使士大夫流连于歌舞嬉游之乐，遂忘中原，是则深可恨耳。"此论甚快。

柳耆卿、苏长公各以填词名，而二家不同，当时士论各有所主。东坡一日问一优人曰："我词何如柳学士？"优曰："学士那比得相公？"坡惊曰："如何？"优曰："公词须用丈二将军，铜琵琶，铁绰板，唱相公'大江东去'。柳学士却着十七、十八女郎，唱'杨柳外晓风残月'。"坡为之抚掌。优人之言，便具褒弹。（胡致堂之论则曰："词曲至于眉山苏氏，一洗绮罗香泽之态，摆脱绸缪脱转之度。使人登高望远，举首高歌，而逸怀浩气，超乎尘垢之外。于是花间为皂隶，而柳耆卿为舆台矣。然世必有知言者。"）

柳永，字耆卿。为举子时，多游狭邪。善为歌辞。教坊乐工，每得新腔，必求永为辞。始行于世，声传一时。举进士登科，为睦州掾。永初为《上元辞》，有"乐府两籍神仙，梨园四部弦管"之句。传禁中，多称之。后因秋晚张乐，使作《醉蓬莱》以献。语不称旨。永亦善为他文词，而偶先以是得名。始悔为己累，后改名三变，而终不能救。尝见一西夏归明官云："凡有井水饮处，即能歌柳词。"永终屯田员外郎。死，旅殡润州僧寺。王和甫为守时，求其后不得，乃为出钱葬之。

辛稼轩以词名。守南徐日，每燕必命侍伎歌其所作，尤得意《贺新郎》一词。自诵其警句曰："我见青山多妩媚，青山见我应如是。"又曰："不恨古人吾不见，恨古人不见吾狂耳。"每至此，辄拊髀自笑，顾问坐客何如，皆叹誉如出一口。既而又作一《永遇乐》，序北府事。首章曰："千古江山，英雄无觅孙仲谋处。"又曰："寻常巷陌，人道寄奴曾住。"其寓感慨者，则曰："不堪回首，佛狸祠下，一片神鸦社鼓。凭谁问，廉颇老矣，尚能饭否。"特置酒召数客，使妓迭歌，益自击节。遍问客，必使摘其疵。孙谢不可。客或措一二辞，不契其意，又弗答，然挥羽四视不止。时相台岳珂预坐，年少勇于言，率然对曰："待制词句，脱去古今轸辙。每见集中有解道此句，真宰上诉，天应嗔耳之序。尝以为其言不诬。童子何知而敢有议，然必欲如范文正，以千金求严陵祠记一字之易，则晚进尚窃有疑也。"稼轩喜，促膝亟使毕其说。岳曰："前篇豪视一世，独首尾二腔警语差相似。新作微觉用事多耳。"于是大喜，酌酒谓坐中曰："夫君实中余痼。"乃改其语，日数十易，屡月犹未竟。其刻意如此。

辛幼安《摸鱼儿·晚春》词云："更能消几番风雨，匆匆春又归去。惜春长怕花开早，何况落红无数。春且住，见说道天涯芳草迷归路。怨春不语，算只有殷勤，画檐蛛网，尽日惹飞絮。〇长门事，准拟佳期又误。蛾眉曾有人妒。千金纵买相如赋，脉脉此情谁诉。君莫舞，君不见玉环飞燕皆尘土。闲愁最苦。休去倚危栏。斜阳正在烟柳断肠处。"词意殊怨。"斜阳""烟柳"之句，其与"未须愁日暮，天际乍轻阴"者异矣。使在汉唐时，宁不贾种豆种桃之祸哉！然闻寿皇见此词颇不悦，终不加以罪，可谓盛德也矣。其《题江西造口》词云："郁孤亭下清江水，中间多少行人泪。西北是长安，可怜无数山。〇青山遮不住，毕竟东流去。江晚正愁予，山深闻鹧鸪。"盖南渡之初，金人追隆祐太后御舟至造口，不及而还。幼安自此起兴，"闻鹧鸪"之句，谓恢复之事行不得也。又《北固亭怀古·永遇乐》词寄丘宗卿云："千古江山，英雄无觅孙仲谋处。舞榭歌台，风流总被雨打风吹去。斜阳草树，寻常巷陌，人道寄奴曾住。想当年金戈铁马，气吞万里如虎。〇元嘉草草，封狼居胥，赢得仓皇北顾。四十三年，望中犹记烽火扬州路。可堪回首，佛狸寺下，一片神鸦社鼓。凭谁问，廉颇老矣，尚能饭否。"又《自述·贺新郎》云："甚矣吾衰矣。怅平生，交游零落，只今余几。白发空垂三千丈，一笑人间万事。问何物能令公喜。我见青山多妩媚，料青山见我应如是。情与貌，略相似。〇一尊搔首东窗里。想渊明、停云诗就，此时风味。江左沉酣求名者，岂识浊醪妙理。回首叫云飞风起。不恨古人吾不见，恨古人不见吾狂耳。知我者，二三子。"自序云："邑中园亭，皆为赋此调。一日，独坐停云，水色山声，竞来相娱，意溪山欲援例者，遂作数语，庶几仿佛渊明思亲友之意云。"数词俱隽壮可喜。朱文公云:"辛幼安、陈同甫,若朝廷赏罚明,此等人皆可用。"

刘过,字改之,庐陵人。能诗词。酒酣耳热,出语豪纵。嘉泰癸酉寓中都。时辛稼轩帅越,闻其名,遣介招之,适以事不及行,作书归辂者。因效辛体《沁园春》一词并缄往,下笔便逼真。其词曰:"斗酒彘肩,醉渡浙江,岂不快哉。被香山居士,约林和靖,与苏公等,驾勒吾回。坡谓西湖,正如西子,浓抹淡妆临照台。诸人者,都掉头不顾,只管传杯。○自云天竺去来,图画里峥嵘楼观开。看纵横一涧,东西水绕;两山南北,高下云堆。逋曰不然,暗香疏影,只可孤山先探梅。蓬莱阁,访稼轩未晚,且此徘徊。"辛得之大喜,竟邀之去。馆燕弥月,贶赠千缗,改之竟荡于酒,不问也。尝以此词语岳侍郎倦翁,掀髯有得色。岳曰:"词句固佳,但恨无刀圭药,疗君白日见鬼症耳。"一座为之噱。改之尤好作《沁园春》。黄子由帅蜀,中阁乃胡给事晋臣之女。过雪堂,行书赤壁二赋于壁间。改之从后题一阕云:"按辔徐驱,儿童聚观,神仙画图。正芹塘雨过,泥香路软;金莲自折,小小篮舆。傍柳题诗,穿花觅句,嗅蕊攀条得自如。经行处,有苍松夹道,不用传呼。○清泉怪石盘纡,信风景江淮各异殊。想东坡赋就,纱笼素壁;西山句好,帘卷晴珠。白玉堂深,黄金印大。无此文君载后车。挥毫处,看淋漓雪壁,真草行书。"后黄知为刘所作,厚有馈贶。寿皇锐意亲征,大阅禁旅,军容肃甚。郭杲为殿岩从驾还内,都人喜见一时之盛。改之赋一阕与郭云:"玉带猩袍,遥望翠华,马去似龙。拥千官鳞集,貂蝉争出;貔貅不断,万骑云从。细柳营开,团花袍窄,人指汾阳郭令公。山西将,筹韬钤有种,五世元戎。○旌旗蔽满寒空,鱼阵整从容虎帐中。想刀明似雪,纵横按鞘；箭飞如雨，霹雳鸣弓。威撼边城，气吞漠北，惨淡尘沙吹落日。中兴事，看君王神武，驾驭英雄。"郭饷刘亦逾数十万钱。又《寄孙季和》云："问信竹湖（孙自号），竹如子何，如何不归。道吴山越水，无非住处；来无定止，去亦何为。莫是秋来，未能忘耳，心与孤云相伴飞。关情处，向南山寄傲，北涧题诗。〇人生了事成痴，算世上终无真是非。看云台突兀，无君子者；雪堂零落，有美人兮。疏雨梧桐，微云河汉，钟鼎山林无限悲。山阳县，问昌黎负汝，汝负昌黎。"又尝赋《贺新郎》与一老娼云："老去相如倦，向文君说似，而今如何消遣。衣袂京尘曾染处，空有香红尚软。料彼此魂消肠断。一枕新凉眠客舍，听梧桐疏雨秋风战。灯晕冷，记重见。〇楼低不放珠帘卷。晚妆残，翠蛾狼藉，泪痕留脸。人道愁来须殢酒，无奈愁多酒浅。但托意焦桐纨扇。莫鼓琵琶江上曲，怕荻花枫叶俱凄怨。云万迭，寸心远。"

刘改之赴试，别妾《天仙子》云："别酒醺醺浑易醉，回过头来三十里。马儿不住去如飞，行一憩，牵一憩，断送杀人山共水。〇是则是功名终可喜，不道恩情抛得未。梅村雪店酒旗斜，去也是，住也是，烦恼自家烦恼你。"曹东畒赴试步行，戏作《红窗迥》慰其足云："春闱期近也，望帝乡迢迢，犹在天际。懊恨这一双脚底，一日厮赶上五六十里。〇争气扶持我上转。得官归时，赏你穿对朝靴，安排你在轿儿里。更选对官样鞋儿，夜睡间伴你。"东畒，名幽，字西士。

徐渊子有诗云："俸余拟办买山钱，却买端州古研砖。依旧被渠驱使在，买山之事竟何年。"徐除直院，刘改之贺启云："以载鹤之船载书，入觐之清标如此。以买山之钱买研，平生之雅好可知。"渊子复有《夜泊庐山》词云:"风紧浪花生,蛟吼鼍鸣。家人睡着怕人惊。只有一翁扪虱坐,依约三更。雪又打残灯,欲暗还明。有谁知我此时情。独对梅花倾一盏,却又诗成。"

枢相张公升,字杲卿,阳翟人。大中祥符八年,蔡齐下及第。仕亦晚达,作枢相。退归阳翟,生计不丰。短毡轻绦,翛然自适。乃结庵于嵩阳紫虚谷。每晨起焚香读《华严》。庵中无长物,荻帘纸帐,布被革履而已。年八十余。自撰《满江红》一首,闻者莫不慕其旷达。词曰:"无利无名,无荣无辱,无烦无恼。夜灯前独歌独酌,独吟独笑。况值群山初雪满,又明月交光好。假饶百岁拟如何,从他老。○知富贵,谁能保。知功业,何时了。算箪瓢金玉,所争多少。一瞬光阴何足道,但思行乐常不早。待春来携酒瓣东风,眠芳草。"东坡《满庭芳》词曰:"蜗角虚名,蝇头微利,算来着甚干忙。事皆前定,谁弱又谁强。且趁闲身未老,尽教我、些子疏狂。百年里,浑教是醉,三万六千场。○思量能几许,忧愁风雨,一半相妨。又何须抵死,校短论长。幸对清风朗月,苔葱满云幕言张。江南好,千钟美酒,一曲满庭芳。"此二词,使竞进之徒读之,可以解体;恬淡之士歌之,可以娱生。

张康节公居江南,有词云:"一带江山如画,风物向秋潇洒。水浸碧天何处断,翠色令光相射。蓼岸荻花中,隐映竹篱茅舍。○天际客帆高挂,门外酒旗低迓。多少六朝兴废事,尽入渔樵闲话。怅望倚危栏,红日无言西下。"公晚年鳏居,有侍妾晏康,奉公甚谨,未尝少违意。公薨,妾亦相继以死。

钱塘周美成邦彦，疏隽少检，不为州里推重，而博涉百家。元丰初游京师，献《汴都赋》，神宗奇之。累官徽猷阁侍制提举。能自度曲，制乐府长短句，词韵清蔚。名其居曰顾曲堂。其所制《意难忘》云："衣染莺黄，爱停歌驻拍，劝酒持觞。低鬟蝉影动，私语口脂香。檐露滴，竹风凉，判剧饮淋浪。夜渐深，笼灯就月，子细端详。〇知音见说无双。解移宫换羽，未怕周郎。长颦知有恨，贪耍不成妆。些个事，恼人肠，试说与何妨。又恐伊寻消问息，瘦减容光。"其词格大率类此。

周美成晚归钱塘。梦中得《瑞鹤仙》词一阕云："悄郊原带郭。行路永，客去车尘漠漠。斜阳映山落，敛余红犹恋孤城栏角。凌波步弱。过短亭何用素约，有流莺劝我。重解绣鞍，缓引春酌。〇不记归时早暮，上马谁扶，醒眠朱阁。惊飙动幕，犹残醉绕红药。叹西园已是花深无地，东风何事又恶。任流光过却，归来洞天自乐。"未几，方腊乱，自桐庐入杭。时美成方宴客，仓皇出奔，趋于西湖坟庵。适际残冬，落日在山。忽逢故人之妾，奔逃而来，乃与小饮于道旁旗亭。闻莺声于木杪，少焉分背，抵庵尚有余醺，困卧小阁之上，恍如词中所云。逾月入城，故居皆遭焚毁矣。后得请提举洞霄宫而终老焉。

张志和《渔父》词曰："青箬笠，绿蓑衣，斜风细雨不须归。"顾况《渔父》词曰："新妇矶边月明，女儿浦口潮平。"黄鲁直取二词合为《浣溪沙》曰："新妇矶边眉黛愁，女儿浦口眼波秋。惊鱼错认月沉钩。〇青箬笠前无限事，绿蓑衣底一时休。斜阳细雨转船头。"东坡云："鲁直此词清新婉丽，其最得意处，以山光水色，赞玉肌花貌，真得渔父家风。然才出新妇矶，便入女儿浦，此渔父无乃太阔浪乎？"

政和中，中贵人使越州，得词于古碑阴。录进御，命大晟府填腔。因词中语，赐名《鱼游春水》。云："秦楼东风里，燕子还来寻旧垒。余寒犹褪，红日薄侵罗绮。嫩草方抽碧玉茵，媚柳轻窣黄金缕。莺啭上林，鱼游春水。○几回栏干遍倚，又是一番新桃李。佳人应怪归迟，梅妆泪洗。凤箫声绝无孤雁，望断清波沉双鲤。云山万重，寸心千里。"

王逐客送鲍浩然游浙东，作长短句云："水是眼波横，山是眉峰聚。欲问行人去那边，眉眼盈盈处。○才始送春归，又送君归去。若到江东赶上春，千万留春住。"

"日月无根天不老，浮生总被消磨了。陌上红尘常扰扰。昏复晓，一场大梦谁先觉。○洛水东流山四绕，路旁几个新华表。见说在身官职好。争信道，冷烟寒雨埋荒草。"王辅道侍郎《渔家傲》词，歌之使人有遗世之意。王在徽宗朝，常奏天神降其家。徽宗欲出幸，左右奏以恐有不测，宜有以审其真伪。既中使至其家，无有也，因坐诬以死。世谓辅道乃晓人，不应尔。盖辅道韶之子，韶熙河用兵，其滥杀者多，故冤以致其祸耳。又有《浣溪纱》两词。一云："扇影轻摇一线香，斜红匀过晚来妆。娇多无事做凄凉。○借问谁家春易老，几时能够夜何长。旧欢新恨总思量。"二云："珠箔临檐一向垂，绣屏遮枕四边移。春归人静日迟迟。○旧事只将云入梦，新欢重借月为期。晚来花动隔墙枝。"又《玉楼春》两词。一云："秋归思入江南远，帘幕低垂闲不卷。玉珂声断晓屏空，好梦惊回还起懒。○风轻只觉香烟短，阴重不知天色晚。隔窗人语趁朝归，旋整宿妆匀睡眼。"二云:"绣屏晓梦鸳鸯被,可惜夜来欢记取。几声低语却曾闻,一段新愁看怎觑。○繁红流尽胭脂雨,春被杨花勾引去。多情只有旧时香,衣上经年留得住。"

绍兴戊辰,信州铅山驿壁,有题《玉楼春》,不著姓氏。云:"东风杨柳关前路,毕竟雕鞍留不住。柔情胜似岭头云,别泪多如花上雨。○青楼画幕无重数,听得楼边车马去。若将眉黛染情深,直到丹青难画处。"

金沙潘武子文虎,少有俊才,善赋。尝作《四禽言》词云:"交交桑扈,交交桑扈,桑满墙阴三月暮。去年蚕时处深闺,今年蚕时涉远路。路旁忽闻人采桑,恨不相与携倾筐。一身不蚕甘冻死,只忆儿女无衣裳。""不如归去,不如归去,家在浙江东畔住。离家一程远一程,饮食不同言语异。今之眷聚皆寇仇,开口强笑心怀忧。家乡欲归归未得,不如狐死犹首丘。""泥滑滑,泥滑滑,脱了绣鞋脱罗袜。前营上马忙起行,后队搭驼疾催发。行来数里日已低,北望燕京在天末。朝来传令更可怪,落后行迟都斫杀。""鹁鸪鸪,鹁鸪鸪,帐房遍野常前呼。阿姊含羞对阿妹,大嫂挥涕看小姑。一家不幸俱被掳,犹幸同处为妻孥。愿言相怜莫相妒,这个不是亲丈夫。"梁栋隆吉亦作《四禽言》云:"不如归去,锦官宫殿迷烟树。天津桥边叫一声,叫破中原无住处。不如归去!""脱却布裤,贫家能有几尺布。寒机织尽无得裁,可人不来廉叔度。脱却布裤!""提葫芦,近来酒贱频频沽。众人皆醉我亦醉。湘江唤起醒三闾。提葫芦!""行不得也哥哥。湖南湖北春意多。九嶷山前叫虞舜,奈此乾坤无路何。行不得也哥哥!"

汪彦章在京师，尝作小阕云："新月涓涓，夜寒江静山涵斗。起来搔首，梅影横窗瘦。〇好个霜天，闲却传杯手。君知否，乱鸦啼后，归兴浓如酒。"绍兴中，彦章知徽州，仍令席间声之。坐客有挟怨者，亟纳桧相，指为新制以讥桧。桧怒，讽言者迁之于永州。

陆放翁在蜀日，曾有所盼。尝赋诗云："碧玉当年未破瓜，学成歌舞入侯家。如今憔悴蓬窗底，飞上青天妒落花。"出蜀后，每怀旧游，多见之题咏。有云："金鞭珠弹忆佳游，万里桥西寙画楼。梦倩晓风吹不断，书凭归雁寄无由。镜中颜发今如此，席上宾朋好在否。箧有吴笺三百个，拟将细字写春愁。"又云："裘马清狂锦水滨，最繁华地作闲人。金壶投箭销长日，翠袖传杯领好春。幽鸟语随歌处拍，落花铺作舞时茵。悠然自适君知否，身与浮名孰是亲。"仍以前诗概括作《风入松》云："十年裘马锦江滨，酒隐红尘。黄金选胜莺花海，倚疏狂驱使青春。吹笛鱼龙尽出，题诗风月俱新。〇自怜华发满纱巾，犹是官身。凤楼曾记当年语，问浮名何似身亲。欲写吴笺说与，这回真个闲人。"

蜀娟类能文，盖薛涛遗风也。放翁有客自蜀挟一妓归，蓄之别室，率数日一往。偶以病少疏，妓颇疑之。客作词自解，妓即韵答之云："说盟说誓，说情说意，动便春愁满纸。多应念得脱空经，是那个、先生教底。〇不茶不饭，不言不语，一味供他憔悴。相思已是不曾闲，又那得、工夫咒你。"或谤翁尝挟蜀尼以归，即此妓也。

放翁少时尝游禹迹寺南之沈园，为《钗头凤》一词题壁间，以寓意云："红酥手，黄藤酒，满城春色宫墙柳。东风恶，欢情薄。一怀愁绪，几年离索。错，错，错。○春如旧，人空瘦。泪痕红揾鲛鲛透。桃花落，闲池阁。山盟犹在，锦书难托。莫，莫，莫。"

陆娶唐氏闳之女，于其母夫人为姑侄。伉俪相得，而弗获于姑。既出而未忍绝之，则为之别馆，时时往焉。其姑知而掩之。虽先知挈去，然事不得隐，竟绝之。亦人伦之大变也。唐后改适同郡宗子士程。尝以春日出游，相遇于禹迹寺南之沈氏园。唐以语赵，遣致酒肴。陆怅然久之，为赋此词。其后尚有律诗绝句数首。

光尧一日御舟经断桥，桥旁有小酒肆颇雅洁，中设素屏风，书《风入松》一词。上驻目称赏久之，宣问何人所作，乃太学生俞国宝醉笔也。其词云："一春长费买花钱，日日醉湖边。玉骢惯识西湖路，骄嘶过、沽酒楼前。红杏香中歌舞，绿杨影里秋千。○暖风十里丽人天，花压鬓云偏。画船载取春归去，余情付、湖水湖烟。明日重携残酒，来寻陌上花钿。"上笑曰："此词甚好，但末句未免儒酸。"因为改云："明日重扶残醉。"即日命解褐云。

文及翁登第后，期集游西湖。一同年戏之曰："西蜀有此景否？"及翁即席赋《贺新郎》云："一勺西湖水，渡江来、百年醋醉。回首洛阳花世界，烟渺黍离之地。更不复、新亭堕泪。簇乐红妆摇画舫。问中流击楫何人是。千古恨，几时洗。○余生自负澄清志。更有谁、磻溪未遇，傅岩未起。国事如今谁倚仗，衣带一江而已。便都道、江神堪恃。借问孤山林处士，但掉头笑指梅花蕊。天下事，可知矣。"

三山萧轸登第，榜下娶再婚之妇。同舍张任国以《柳梢青》词戏之曰："挂起招牌，一声喝采，旧店新开。熟事孩儿，家怀老子，毕竟招财。○当初合下安排，又不豪门买呆。自古道、正身替代，见任添差。"一人娶妻无原红，袁可潜赠之《如梦令》云："今夜盛排筵宴，准拟寻芳一遍。春去已多时，问甚红深红浅。不见，不见，还你一方白绢。"

四明倪君奭临终，赋《夜行船》词云："年少疏狂今已老，筵席散，杂剧打了。生向空来，死从空去。有何喜，有何烦恼。○说与无常二鬼道。福亦不作，祸亦不造。地狱阎王，天堂玉帝，看你去、那里押到。"

有赋《长相思》词云："晴也行，雨也行，雨也行时不似晴。天晴终快人。○名也成，利也成，利也成时不似名。名成天下惊。"有心为名，名亦利也，可警矣。

一户曹之妻与太守有私，府学一士子知其事。户曹任满将去，守招其夫妇饮。士子作《祝英台近》，付妓令歌之。其词云："抱琵琶，临别语，把酒泪如洗。似恁春时，仓卒去何意。牡丹恰则开园，荼蘼厮勾，便下得一帆千里。○好无谓。复道明年行呵，如何恋得你。一叶船儿，休要更沉醉。后梅子青时，杨花飞絮，侧耳听喜鹊哩。"守与此妇俱堕泪。其夫不悟。

云间酒淡，有作《行香子》云："浙右华亭，物价廉平。一道会买过三斤。打开瓶后，滑辣光馨。教君霎时饮，霎时醉，霎时醒。○听得渊明，说与刘伶。这一瓶约迭三斤。君还不信，把秤来秤。恰有一斤酒，一斤水，一斤瓶。"

今世乐府传《沁园春》词，按《后汉书》窦宪女弟立为皇后。宪恃宫掖声势，遂以贱直夺沁水公主园。然则沁园春者，公主之园也，唐人类用之。

丰城南禅寺，壁间有《秋社·点绛唇》云："燕子依依，晓来总为谁归去。淡云生处，已觉宾鸿度。○浅笑深颦，便面机中素。乘鸾女，琐窗琼女，会有明年暑。"

蔡州瓜陂铺，有用篦刀，刻青泥为《浣溪纱》词云："剪碎香罗浥泪痕，鹧鸪声断不堪闻。马嘶人去近黄昏。○整整斜斜杨柳陌，疏疏密密杏花村。一番风月更消魂。"

俪 语

骈四俪六，抽黄对白。技小虫雕，文同虎春；欲试金锵，可从地掷。片羽吉光，宝如拱璧。集俪语。

宋人制诰章表，四六骈俪，多用经书句，谓之天生自然对。如：天惟显思，民亦劳止。惟女一德，于今三年。有能奋庸，爰立作相。行此四德，弼予一人。文王之德之纯，周公之才之美。皇极锡五福，大臣虑四方。闲暇而明政刑，会通以行典礼。礼乐自天子出，笾豆则有司存。于缉熙殚厥心，念终始典于学。欣欣然有喜色，荡荡乎无能名。睦族以和万邦，明伦以察庶物。率百官若帝之初，于万年受天之佑。发号施令罔不臧，陈善闭邪谓之敬。知微知彰，不俟终日；有严有翼，以奏肤功。上帝临女，无贰无虞；三事就公，不留不处。闻俎豆未学军旅之事，听鼓鼙则思将帅之臣。兵于五材，谁能去之；臣无二心，天之制也。亶聪明而有作，不作聪明；由仁义以安行，非行仁义。玉帛万国，干舞已格于七旬；箫韶九成，肉味遽忘于三月。夙夜浚明，入则宣其三德；文武是宪，出则柔此万邦。五百里采，五百里卫，外包有截之区；八千岁春，八千岁秋，上祝无疆之寿。君子有酒多且旨，得尽群心；化国之日舒以长，对扬万寿。黛耜载耕于帝籍，广十千维耦之疆；青圭往被于高禖，兆则百斯男之庆。皆脍炙人口。

对偶之绝佳者，曰：九州四海，悉主悉臣；亿载万年，为父为母。平生能着几緉屐，长日惟消一局棋。有文事，有武备，与神为谋；无智名，无勇功，惟圣时若。数点雨声风约在，一枝花影月移来。柳摇台榭东风软，花压栏干春昼长。劝君更尽一杯酒，与尔同消万古愁。梨园弟子白发新，江州司马青衫湿。临邛道士鸿都客，锦里先生乌角巾。屋檐下天灯，楼板上地下。丈夫不学曹孟德，生子当如孙仲谋。人言卢杞是奸邪，我觉魏徵更妩媚。三代夏商周，四诗风雅颂。二十四考中书令，八千万户冠军侯。无可奈何花落去，似曾相识燕归来。天若有情天亦老，月如无恨月长圆。公独未知其趣耳，臣今时复一中之。天之未丧斯文也，我独何为不豫哉。风定花犹落，鸟鸣山更幽。槐花黄，举子忙；促织鸣，懒妇惊。

真宗圣性好学，尤爱文士。即位之初，王禹偁为知制诰，坐事责守黄州。谢上表有"宣室鬼神之问，岂望生还；茂陵封禅之书，唯期身后"之语。上览表，惊其词之悲。方欲内徙，会黄州有二虎斗而食其一。占者以为咎在守土之臣，遽有旨移守蕲州以避其变。敕下而禹偁死矣，年四十八，遗表云："岂知游岱之魂，遂协生桑之梦。"

元之精四六。有同时与之在翰林而大拜者，以启贺之曰："三神山上，曾陪鹤驾之游；六学士中，独有渔翁之叹。"自乐天有诗云"元和六学士，五相一渔翁"故也。

杨文公为执政所忌，母病谒告，不俟朝旨，径归韩城。与弟倚居，逾年不调。公有启谢朝中亲友曰："介推母子，愿归绵上之田；伯夷弟兄，甘受首阳之饿。"后除知汝州，而希旨言事者攻击不已。公又启曰："已挤沟壑，犹下石而弗休；方因蒺藜，尚关弓而相射。"

范文正公幼孤，随母适朱氏，因冒朱姓，又说，后复本姓。以启谢时宰曰："志在投秦，入境遂称于张禄；名非霸越，乘舟乃效于陶朱。"以范雎、范蠡，亦尝改姓名故也。又伪蜀翰林学士范禹偁，亦尝冒张姓。谢启云："昔年上第，误标张禄之名；今日故园，复作范雎之裔。"然不若文正之精切。

文本心典淮郡，萧条过甚。谢贾相启有云："人家如破寺，十室九空；太守若头陀，两粥一饭。"

为帅守而踵父祖尝所居位，自昔衣冠以为盛事。李文饶献替记，称开成二年自浙西观察授淮西节度，国朝二百年，未尝有自润迁扬者，况两地皆是旧封，倍怀荣感。盖其父亦并领扬润故也。本朝如此比者，亦时有之。多见于谢上表启。欧阳叔弼知蔡州，其父文忠公之旧治也。其谢宰执启曰："惟近辅之名邦，实先人之往迹。高城不改，自疑华表之归；老吏几希，尚守朱门之旧。追怀今曩，倍剧悲欢。"靖康中，翟公巽自翰苑出守会稽，亦其父思之旧治也。其谢表曰："惟昔先臣，再临东粤；岂期暮齿，乃踵前修。朱邑世祠，犹有蒸尝之奉；石侯家法，自怜孝谨之衰。敢不慰问耆年，览观谣俗。"无忘遗爱之厚，永念教忠之余。皆谓是也。

滕达道未遇时，读书僧舍。盗其犬烹之，僧闻于郡守。守素闻其能赋，因谕之曰："汝能作盗犬赋则释之。"即口占曰："僧既无状，犬诚可偷。辍梵宫之夜吠，充绛帐之晨羞。搏饭引来，喜掉续貂之尾；索绹牵去，惊回顾兔之头。"守大笑，即置不问。

吕惠卿之谪。词头始下，刘贡父当草制。东坡呼曰："贡父平生作刽子，今日才杀人也。"贡父引疾谒告，东坡一挥而就。传写都下，纸为之贵。其中警句云："始以帝尧之明，姑试伯鲧；终焉孔子之圣，不信宰予。"

李易安贺人孪生启，中有云："无午未二时之分，有伯仲两楷之似。既系臂而系足，实难弟而难兄。玉刻双璋，锦挑对褓。"注曰："任文二子孪生，德卿生于午，道卿生于未。张伯楷、仲楷兄弟，形状无二。白汲兄弟，母不能辨，以五彩绳一系于臂，一系于足。"

陆佃谢吏部尚书表："六燕相停，试铨衡其轻重；乙鸿辽远，欲审别其飞翔。"《九章算术》："五雀六燕飞集于衡。衡适平，一雀一燕而异处，则雀重而燕轻。张融曰：'鸿飞天首，辽远难明。楚人以为凫，越人以为乙。鸿常乙耳。'"

崇宁中，高丽自明州海道入贡，偶乘风自江路至豫章。其申状云："泛槎驭以寻河，远朝天阙；望桃源而迷路，误入仙乡。自惊漂泊之余，获奉笑谈之雅。"

李光祖元亮，野夫学士之孙，少有俊声。与蔡薿同学舍。薿既贵，元亮犹蹉跎场屋。薿在金陵，以同舍故先谒之。元亮谢以启事云："洗足而见长者，古犹非之；轻身以先匹夫，今无是事。"

翟公巽宣和末，蔡约之攸用事，外召从官七人，公巽再以琐闼召，力辞之。未至阙，有旨落职宫祠，继而复还待制。公巽作谢表有云："弹贡禹之冠，诚非本志；夺伯氏之邑，其又何言。"又云："惟一与一夺之命，无有二三；而三仕三已之心，敢怀喜愠。"人多称之。又谢赐衣金带鞍马表云："顾臣非缁衣之宜，敝予又改；以臣从大夫之后，不可徒行。"叶少蕴谢赐历日表云："岂特千岁之日，可坐而致；将使百亩之田，勿夺其时。"汪彦章贺进筑隆兑二州及城塞表云："我陵我阿，不以山溪之险；有民有社，在吾邦域之中。"皆用经书全语而工者。

汪彦章工于四六。崇宁三年，霍端友榜下及第，琼林苑宴颁冰。彦章作谢表有云："既漱润而吮清，得除烦而解秒。顺时致养，俯同幽雅之春开；受命知荣，固异卫人之夕饮。"又云："深防履薄之危，不昧至坚之渐。子孙传诵，记御林金碗之香；生死不忘，效宫井玉壶之洁。"

靖康之乱元祐皇后手诏曰："汉家之厄十世，宜光武之中兴；献公之子九人，唯重耳之独在。"事词的切，读之感动，盖中兴之一助也。建炎登极之诏曰："亹亹万机，难以一日而旷位；皇皇四海，讵可三月而无君。"又曰："圣人何以加孝，朕每怀问寝之思；天子必有所尊，朕欲救在原之急。嗟我文武之列，若时忠义之家。不食而哭秦庭，士当勇于报国。左袒而为刘氏，人咸乐于爱君。期一德而一心，伫立功而立事。同俟两宫之复，终图万世之安。"其词明白，亦占地步。

甄龙友尝游僧舍，具馔延款。僧有雌鸡久畜，请烹为供。僧曰："公能作鸡颂，当不靳也。"甄援笔题云："头上无冠，不报四时之晓；脚根欠距，难全五德之名。不解雄飞，但能雌伏。汝生卵，卵复生子，种种无穷；人食畜，畜又食人，冤冤何已。若要解除业障，必须先去本根。大众先取波罗密水，推去头面皮毛；次运菩萨慧刀，割去心肠肝胆。咄，香水源源化为雾，镬汤滚滚成甘露。引此甘露成此雾，直入佛牙深处去，化生彼国极乐土。"僧笑曰："鸡死无憾矣。"即烹以侑酒，尽欢而去。

李公甫谒真西山，西山留之小饮，指竹夫人为题曰："蕲春县君姓竹氏，可封卫国夫人。"公甫援笔立成，其中颂德云："常居大厦之间，多为凉德之助。剖心析肝，陈数条之风刺；摩顶放踵，无一节之瑕疵。"末联云："于戏，保抱携持，朕不忘五夜之寝；展转反侧，尔尚形四方之风。"西山击节，盖八字用诗书全语。皆妇人事，而形四方之风，又见竹夫人玲珑。

尝得一诰词云："朕眷礼勋臣，既极异姓王之贵；疏恩私室，并侈如夫人之荣。以尔修态横生，芳性和适；会膺无恤之庆，终隆络秀之家，爰锡命书，靡拘常典。用肇封于大郡，俾正位于小君。往服宠光，益循柔履。绍兴间权外制某人行。"（陆伯麟侧室生子，友人陆象翁以启戏贺曰："犯帘前禁，寻灶下盟。玉虽种于蓝田，珠将还于合浦。移夜半鹭鹚之步，几度惊惶；得天上麒麟之儿，这回喝采。既可续诗书礼乐之脉，深嗅得油盐酱醋之香。"）

"白屋同愁，已失凤鸣之侣；朱门自乐，难容乌合之人。"唐郑光镇河中，宣宗欲封其妾为郡夫人，上表辞焉。书记田绚之辞也。此表视前诰，则受者多愧矣。

邓安惠自翰苑出守成都，谢表云："扪参历井，方知蜀道之难；就日望云，已觉长安之远。"又尝有启云："三山已到，辄为风引而还；九阙神游，不觉梦惊而失。"前辈风流文采蕴藉如此。

薛制机言有贺自长沙移镇南昌者启云："夜醉长沙，晓行湘水，难教樯燕之留（杜诗）；朝飞南浦，暮卷西山，来听佩鸾之舞（王勃）。"上巳请客云："三月三日，长安水边多丽人；一觞一咏，会稽山阴修禊事。"又云："良晨美景，赏心乐事，四者难并；崇山峻岭，茂林修竹，群贤毕至。"

宝祐甲申，江东多虎，有司行祓禳之典。青词末联云："虽曰寅年之足，或有数存；去其乙字之威，尚祈神力。"盖古诗有"寅年足虎狼"之句。传谓虎威如乙字，对属甚切。

杨诚斋答周益公惠鸠兔橘酒小简云："锦羽在桑，翩翩二七；褐衣缺口，跃跃一双。挟欢伯以俱来，与木奴而偕至。恭惟某官，文章羹酒。儒学凤麟，游梁王之兔园；凤推能赋，赐汉庭之鸠杖。晚冠耆英，橘颂续骚。酒箴饱德，填然四美，萃此一翁。"观此具见善于体物者。

景炎末造，狼狈海上，固无暇文物典章矣。然诏语亦或有可观。如云："虽鸟兽之迹，不无交于中国之时；然马牛其风，何尝及诸南海之远。"又云："今南方已定，兵甲已足。岂今岁不战，来年不征。"不知为何人笔也。

辞　命

言语一科，岂尽悬河。清谈差胜，专对无多。词正鲁连，能排西帝；语新陆贾，可服南佗。或取金华之殿，或霏玉屑之瑳。与其嚻夫嗫嗫，无宁蹇叔番番。集辞命。

太祖幸相国寺，至佛像前烧香，问当拜与不拜，僧录赞宁奏曰："不拜。"问其何故，曰："现在佛不拜过去佛。"遂以为定制。议者以为得体。

雷德骧判大理寺，便殿奏事。太祖方燕服见之，因问曰："古者以官奴婢赐臣下，遂与本家姓，其意安在？"对曰："古人制贵贱之分，使不可渎。恐后世谱牒不明，有以奴主为婚者。"太祖大喜曰："卿深得古人立法意。"由是叹重久之。自后每德骧奏事，虽在燕处，必御袍带以见。（德骧深于《易》，酷嗜吟咏。王元之由其门下。同子有邻、有终俱为名臣。）

张仆射齐贤，以吏部尚书知青州六年。其治安静，民甚怀之。好事者或谤其居官弛慢，朝廷召还。公语人曰："向作宰相，幸无大过；今典一郡，乃招物议。正是监御厨三十年，临老反煮粥不了。"

寇莱公镇大名，北使至。语寇曰："相公望重，何故不在中书？"寇曰："主上以朝廷无事，北门锁钥，非准不可耳。"

丁崖州虽险诈，然亦有长者言。真宗尝怒一朝士，再三语之，丁辄逡巡不答。上作色曰："如此叵测，问辄不应。"丁进曰："雷霆之下，臣何容更进一言。"上怒顿霁。

真宗朝，每岁赏花钓鱼，群臣应制。偶一日，垂纶久之，而御饵不食。时丁晋公诗云："莺惊凤辇穿花去，鱼畏龙颜上钓迟。"上既激赏。群臣亦自叹不及。

南唐元宗钓鱼不上，优人李嘉明进诗云："玉甃垂钩兴正浓，碧池春暖水溶溶。凡鱼不敢吞香饵，知是君王合钓龙。"谓换骨更佳。

丁晋公之南迁也，路过潭州。自作斋僧疏云："补仲山之衮，虽曲尽于我心；和傅说之羹，实难调于众口。"公少以文称。晚年诗笔尤精。在海外篇咏甚多，如"草解忘忧忧底事，花名含笑笑何人"，尤为人所传诵。

世传王文穆钦若，遭遇章圣，本由一言之寤。章圣践祚之初，天下宿逋数百万计。时文穆判三司理欠司。一日抗疏，请尽蠲放以惠民。上遽召诘之曰："此若可以惠民，曷为先帝不行？"公对曰："先帝所以不行者，欲以遗陛下，使结天下人心。"于是上戚然颔之。不数年遂大拜。

有水先生者，颇能前知祸福。王子野待制甚敬信之。子野正食，罗列珍品甚盛，水生适至。子野指谓生曰："试观之，何物可以下饭？"生遍视良久曰："此皆未可，惟饥可以下饭尔。"

李资政邦直，有与韩魏公书云："前书戏问玉梳金篦者，侍白发翁几欲淡死矣。然常山颇多老伶人，吹弹甚熟。日使教此五六人，近者稍便串。异时当令传饮，期一醨觞也。"玉梳金篦，盖邦直侍姬。人或问命名之意，邦直笑曰："此俗所谓沙门置梳篦尔。"

洪驹父集《侍儿小名录》三卷，王性之续一卷。好事者复益所未备，颇足为樽俎谐谑之助。士大夫昵裙裾之乐，每苦侍巾栉辈得之维难。或得一焉，不问色艺如何。虽资至凡下，必极加以美称，名浮于实，类有可笑者。岂故为是矜衒，特偿平日妄想，不足则夸尔。

文潞公帅长安，见石才叔苍舒所藏《褚河南圣教序》墨迹，爱玩不已，令子弟临一本。休日宴僚属，出二本令坐客别之。客盛称公临本为真，才叔不出一语辩答。启潞公云："今日方知苍舒孤寒。"

王荆公作相，裁损宗室恩数。宗子相率马首陈状云："均是宗庙子孙，那得不看祖宗面？"荆公厉声曰："祖宗亲尽亦须祧，何况贤辈！"于是皆散去。

王荆公居钟山日，与金华俞秀老紫芝过故人家饮，饮罢小憩水亭。顾水际沙间有馔器数件，皆黄白物，意吏卒所窃。使人问之，乃小儿适聚于此食枣栗，尽弃之而去。荆公谓秀老曰："士欲任人事，阅富贵如群儿作息乃可耳。"

嘉祐初，李仲昌议开六漯河。王荆公时为馆职，颇右之，既而功不成，仲昌以赃败。刘侍读原甫戏荆公曰："要当如宗人彝甫，不与世事可也。"荆公答曰："天下之事，所以易坏而难合者，正以诸贤无意如鄙宗彝甫也。但神圣在上，故公家元海，未敢跋扈耳。"

东坡性不忍事，尝云："如食中有蝇，吐之乃已。"又公尝自言："性不慎言语。与人无亲疏，辄输泻肝胆。有所不尽，如茹物不下，必吐尽乃已。"而世或记疏以为怨咨。

东坡在儋耳，因试笔，尝自书云："吾始至南海，环视天水无际，凄然伤之曰：'何时得出此岛耶？'已而思之，天地在积水中，九州在大瀛海中，中国在少海中，有生孰不在岛者？覆盆水于地，芥浮于水，蚁附于芥，茫然不知所济。少焉水涸，蚁即径去。见其类，出涕曰'几不复与子相见'，岂知俯仰之间，有方轨八达之路乎？念此可为一笑。"

苏长公自黄移汝，道出金陵，见介甫甚欢。长公曰："某欲有言于公。"介甫色动，意长公辩前日事。长公曰："某所言天下事。"介甫色定。长公曰："大兵大狱，汉唐灭亡之兆。祖宗以仁厚治天下，正欲革此。今西方用兵，东南数起大狱。公独无一言乎？"介甫举两指示长公曰："二事皆惠卿启之，某在外安敢言？"长公曰："在朝则言，在外则不言，事上之常礼耳。上所以待公者非常礼，公岂得以常礼自处？"介甫厉声曰："某须说。"又言："出在安石口，入在子瞻耳。"盖介甫畏惠卿，恐长公泄之也。介甫又语长公："人须是知行一不义，杀一不辜，而得天下弗为，乃可。"长公曰："今之君子，争减半年磨勘，虽杀人亦为之。"介甫笑而不言。

苏长公云："元丰六年十月二日夜，解衣欲睡，月色入户，欣然起行。念无与乐者，遂至承天寺寻张怀民。怀民亦未寝，相与步于中庭。庭中如积水空明，水中藻荇横交，盖竹柏影也。何夜无月，何处无竹柏，但少闲人如吾两人耳。"

苏子瞻云："岁行尽矣，风雨凄然。纸窗竹屋，灯青荧荧。时于此间，得少佳趣。"一日举以似刘贡父。贡父曰："前数句是夜行迷路，误入田螺精家中来。"

苏长公云："久在江湖，不见伟人。前在金山，见滕元发乘小舟破巨浪来相访。出船巍然，使人神耸。"

元祐中，辽使刘霄入贺。苏公与狄咏馆伴。锡燕回始行，公马小蹶，刘即前询云："马惊无苦否？"公应曰："衔勒在御，虽小失无伤也。"

咏，武襄子也，颇美丰姿。神宗大长公主，哲宗朝重于求配，遍士族中求之，莫中圣意。近臣奏曰："不知要如何人物？"哲宗曰："人物要如狄咏者。"天下谓咏为人样子。班行李质，人材魁岸磊落甚伟。徽庙朝，欲求一人相称者为对，竟无可俪。当时同列目为察只子。京师俚语谓无对曰察只。

刘壮舆羲仲，尝摘欧阳公《五代史》之讹误，为《纠谬》以示东坡。东坡曰："往岁欧阳著此书初成，王荆公谓余曰：'欧阳公修《五代史》而不修《三国志》，非也。子盍为之？'余固辞不敢当。夫为史者，网罗数十百年之事以成一书。其间岂能无小得失？余所以不敢当荆公之托者，正畏如公之徒，掇拾其后耳。"（壮舆父刘恕，字道原，以史学自名。壮舆世其家学。）

东坡谓刘壮舆曰:"《三国志》注中好事甚多,道原欲修之而不果。君不可辞也!"壮舆曰:"端明曷不为之?"坡曰:"某虽工于语言,亦不是当行家。"

王定国寄诗于东坡,坡答书云:"新诗篇篇皆奇,老拙此回真不及矣。穷人之具,辄欲交割与公。"魏道辅泰见而笑曰:"定国亦难作交代,只是且权摄耳。"

蒋颖叔之奇既贵,项上大赘,每忌人视之。为六路大漕,至金山寺。僧了元(即佛印)与蒋相善。一日见蒋,即手扪其赘,蒋心恶之。了元徐曰:"冲卿在前,颖叔在后。"蒋大喜。

慈圣皇后尝梦神人语云:"太平宰相项安节。"神宗密求诸朝臣,无有此人。久之,吴冲卿为上相,瘰疬生颈间。一日立朝,项上肿如拳。后见之告上曰:"此真项安疖也。"

岳武穆尝入见,帝从容问曰:"卿得良马不?"武穆答曰:"臣有二马,日啖刍豆数斗,饮泉一斛,然非精洁即不受。介而驰,初不甚疾,比行百里始奋迅。自午至酉,犹可二百里。褫鞍甲而不息不汗。此其受大而不苟取,力裕而不求逞,致远之材也。不幸相继以死。今所乘者,日不过数升,而秣不择粟,饮不择泉。揽辔未安,踊跃疾驱。甫百里,力竭汗喘,殆欲毙然。此其寡取易盈,好逞易穷,驽钝之材也。"帝称善,曰:"卿今议论极进。"

孝宗留心经术,无所不涉。奏对官被顾问者,每致失措。有王过者,蜀人,上殿,上骤问曰:"李融字若川谓何?"过即对曰:"天地之气,融而为川,结而为山。李融之字若川,如元结之字次山也。"上大喜。遂诏改官密院编修。

甄龙友，字云卿，永嘉人。滑稽辩捷，为近世之冠。楼宣献自西掖出守，以首春觞客。甄预坐席间，谓公曰："今年春气一何太甚！"公问其故，甄曰："以果食甘蔗知之。根在公前，而末已至此。"公为罚长吏，众訾其猥率。尝游天竺寺，集诗句赞大士，大书于壁云："巧笑倩兮，美目盼兮。彼美人兮，西方之人兮。"孝宗临幸，一见赏之，诏侍臣物色其人。或以甄姓名闻。曰："是温州狂生，用之恐败风俗。"上曰："惟此一人朕举之。"甄时为邑宰，趋召登殿。上迎问曰："卿何故名龙友？"甄罔然不知所对。既退乃得之，曰："君为尧舜之君，故臣得与夔龙为友。"由是不称旨。

淳熙中，孝宗及皇太子朝上皇于德寿宫，置酒赋诗为乐。从臣皆和。周益公诗云："一丁扶火德，三合巩皇基。"盖高宗生于大观丁亥，孝宗生于建炎丁未，光宗生于绍兴丁卯故也。阴阳家以亥卯未为三合，一时用事可为切当。其后杨诚斋为光宗宫僚，时宁宗方在平阳邸。其贺寿诗云："祖尧父舜真千载，禹子汤孙更一家。"又云："天意分明昌火德，诞辰三世总丁年。"盖祖益公语也。嘉熙己亥四月，诞皇子，告庙祝文。学士李刘功甫当制，内用四柱作一联云："亥年己月，无长蛇封豕之虞；午日丑时，有归马放牛之意。"盖当时方有蜀警，其用事可谓中的。

丁常任，毗陵人。淳熙间为郎，冬至日上殿奏对。玉音曰："晚来云物甚奇，卿曾见否？"常任实不曾见，即对曰："岂惟臣见之，四海万姓皆见之。"孝宗大喜曰："卿对甚伟。"命除淮漕。

温阳之山有老人，行年一百二十二矣。淳熙登号之三年，朝廷举行旷世之典。有采樵者进而问之曰："今天子朝太上皇德寿宫，奉玉卮上千万岁寿，肆大赦，加恩区内。无问于已仕未仕之父母，第其年之如诏者而授之官，叟何为而弗与？"老人对曰："吾未及其年。"樵者曰："叟年逾期颐，若为而未及？"对曰："天有二日，人有二年。有富贵之年，有贫贱之年。富贵之年舒以长，贫贱之年促以短。吾自幼至老，未尝识富贵之事。身不具毛褐，不知冰绡雾縠之为丽服也；口不厌藜藿，不知熊蹯豹胎之为珍羞也；目不睹靡曼之色，而蓬头龇唇之与居；耳不听丝竹之音，而菱歌牧啸之为乐。今吾虽阅一百二十二年之寒暑，而不离贫贱。若以二当一，则吾之年始六十有一，与诏不相应，是以为未及，又何敢冒其官？"曰："今之世有年未及，益其数，求以应诏者，朝廷亦官之何也？"对曰："彼富贵者也。吾固言之矣，是所谓以一而当二者也。其学宁越之徒欤！吾侪小人，不敢求其比。"樵者笑而退。

潘良贵，字子贱。自少有气节，数忤权贵。自少至老，出入三朝，而前后在官不过八百六十余日。所居仅蔽风雨，郭外无寸尺之田。有《磨镜帖》行于世，言读书者将以治心养性，如用药以磨镜也。若积药镜上而不加磨治，未必不反为镜累。张禹孔光是已。其大意如此，世以为名言。子贱自号默成居士。

金国与西夏议和，翰林待制冯延登为使。时李献甫以书表官从行。夏使有口辩，延登不能折，往复数日。至以岁币为言，献甫不能平，从旁进曰："夏国与我和好百年，今易君臣之名，为兄弟之国。兄输弟币，宁有据耶？"使者曰："兄弟且不论。宋岁输吾国币二十五万匹，典故具在。金朝必欲修旧好，非此例不可。"献甫作色曰:"使者尚忍言耶?宋以岁币饵君家而赐之姓,岸然以君父自居。夏国君臣无一悟者,诚谓使者当以为讳,乃今公言之。使者果能主此议以从赐姓之例,弊邑虽岁捐五十万,献甫请以身任之。"夏使语塞,和议乃定。

中书丞相史忠武王天泽髭髯已白,一朝忽尽黑。世皇见之,惊问曰:"史拔都,汝之髯何乃更黑耶?"对曰:"臣用药染之故也。"上曰:"染之欲何如?"曰:"臣览镜见髭髯白,窃伤年且暮,尽忠于陛下之日短矣。因染之使玄,而报效之心,不异畴昔耳。"上大喜。人皆以王捷于奏对。(汉人赐称拔都者,惟王与张宏范及张兴祖耳。)

元文敏公明善,参议中书日,副蒙古大臣使交趾。将还,国主赍以金,蒙古受之。公固辞。国主曰:"彼使臣已受矣,公独何为?"公曰:"彼所以受者,安小国之心;我所以不受者,全大国之体。"国主叹服。

许鲁斋衡,中统元年应召赴都,道谒刘静修,因谓曰:"公一聘而起,毋乃太速乎!"答曰:"不如此则道不行。"至元二十年,征刘公至,以为赞善大夫,未几辞去。又召为集贤学士,复以疾辞。或问之,曰:"不如此则道不尊。"

尚　论

家擅春秋，里纷月旦。沿袭史林，非乱即散。独秉鉴衡，不循煦畔。发潜德之幽光，驳前人之旧案。佳士名成，老吏狱断。庶撮品评，可补论赞。集尚论。

柳开少好任气，大言凌物。应举时以文章投主司于帘前，多至千轴，载以独轮车。引试日，衣襕自拥车入，欲以此骇众取名。时张景能文有名，惟袖一书帘前献之。主司大称赏，擢景优等。时人为之语曰："柳开千轴，不如张景一书。"

寇忠愍拜相，白麻杨大年之词，其间四句曰："能断大事。不拘小节。有千将之器，不露锋铓。怀照物之明，而能包纳。"寇得之甚喜曰："正得我胸中事。"例外别赠白金百两。

张乖崖尝称使寇公治蜀，未必如咏。至于澶渊一掷，咏不敢为。

夏英公言杨文公文，如锦绣屏风，但无骨耳。议者谓英公之文譬诸泉水，迅急湍悍。至于浩荡汪洋，不如文公。

六一居士曰："圣俞、子美，齐名于一时，而二家诗体特异。子美笔力豪俊，以超迈横绝为奇；圣俞覃思精微，以深远闲淡为意。各极其长，虽善论者不能优劣也。"

李文叔尝有杂书论左、马、班、范、韩之才。云："司马迁之视左丘明，如丽倡黠妇，长歌缓舞，间以谐笑。倾盖立至，亦可喜矣。然而不如绝代之女，方且却铅黛，曳缟纻，施帷帐，花洞微吟于高堂之上。使淫夫穴隙而见之，虽失气疾归，不食以死，而终不敢意其一启齿而笑也。班固之视马迁，如韩魏之壮马，短鬣大腹，服千钧之重。以策随之，日夜不休，则亦无所不至矣。而曾不如骎裹之马，方且脱骧逸驾，骄嘶顾影，俄而纵辔，一骋千里即至也。范晔之视班固，如勤师劳政，手胝簿版，口倦呼叱，毫举缕诘，自以为工，不可复加，而仅足为治。曾不如武健之吏，不动声色，提一二纲目群吏为之趋走，而境内晏如也。韩愈之视范晔，如千室之邑，百家之聚，有儒生崛起于蓬荜之下。诗书传记，锵锵然常欲鸣于齿颊间。忽遇夫奕世公卿，不学无术之子弟，乘高车，从虎士而至，数顾其左右，偃蹇侮笑，无少敬其主之容，虽鄙恶而体已下之矣。（文叔，易安之父。）

萧注，字岩夫，临川新喻人。熙宁中上殿奏对。上问："今臣僚中孰贵？"曰："文彦博。"又问其次，曰："韩琦。"上曰："文彦博跛履，韩琦嘶声，何为皆贵？"注曰："两人若不跛履嘶声，陛下将不得而臣。"又问韩绛、王安石、冯京。曰："安石牛耳虎头，视物如射。意往直行，敢当天下大事，然不如绛得和气多，惟和气能养万物。京得五行之秀，远之若可爱，近之则廉隅。"

韩魏公声雌，文潞公步碎。相者以为二公无此二事，皆非人臣之相。庆历中，河北道士贾众妙善相，以为曾鲁公脊骨如龙，王荆公目睛如龙。盖人能得龙之一体者，皆贵极人爵。见豫章黄庠手曰："左手得龙爪，虽当魁天下而不仕。若右手得之，则贵矣。"庠果为南省第一，不及廷对而死。黄鲁直尝言，人心动则目动，王介甫终日目不停转。

大凡应大变处大事，须是定静凝重，如周公之赤舄几几是也。汉武帝因不移步识霍光，因不转盼识金日磾，亦是窥见他定静凝重处，故逆知其可以托孤寄命。韩魏公之凝立，亦此意也。欧阳公谓其垂绅正笏，不动声色，而措天下于泰山之安，形容得最好。

苏端明平生寝卧时，已就枕，则安然不复翻动。刘元城对宾客，或晏居，虽暗室尝端坐，略无欹仄，至于终日。

苏叔党尝读《南史》，东坡卧听之，因语叔党曰："王僧虔居建康禁中里马粪巷，子孙贤实谦和，时人称马粪诸王为长者。东汉赞论李固云：'观胡广赵戒如粪土。'粪之秽也，一经僧虔，便为佳话，而以比胡赵，则粪土有时而不幸。汝可不知乎？"

吴子经，临川人，荆公之舅。《欧阳文忠公集》所载五言古诗《送吴生》，即子经也。尝著《语录》数卷。其论孟子、杨雄、荀卿论性不同曰："稚子夜啼，拊背以哀之而不止，取果以与之而不止，许之以早市物而不止。于是其母灭烛，其父伏户下为鬼啸，出垣后为狐鸣，则其口如窒。此事所以贵乎权也。"韩子苍云："此等语绝似庄子。"

王平甫阅韩退之《送石洪温造二处士诗序》，言退之善与处士作牙。

吕晦叔、王介甫同为馆职，当时阁中皆名士，每评论古今人物治丧。众人之论，必止于介甫。介甫之论，又为晦叔止也。一日论刘向当汉末，言天下事反复不休。或以为知忠义，或以为不达时变。议未决，介甫来，众问之。介甫卒对曰："刘向强聒人耳。"众意未满。晦叔来，又问之，则曰："同姓之卿欤！"众乃服。

　　晁秘监美叔以集句示刘贡父。贡父曰："君高明之识，辅以家世文学，何至作此等伎俩？殊非我素所期也。吾尝谓集古人句，譬如蓬荜之士，适有佳客，既无自己庖厨，而器皿肴蔌，悉假贷于人。收拾饾饤，意欲强学豪奢，而寒酸之气，终是不去。何如贵公供帐不移，水陆之珍，咄嗟而办。"

　　昔人云："腹不饱诗书，甚于馁。目不接前辈，谓之瞽。身不远声利，甚于阱。骨不脱俗气，甚于痼。"杨敬仲先生曰："仕宦以孤寒为安身，读书以饥饿为进道，居家以无事为平安，朋友以相见疏为久要。理到之言也。"

　　刘器之待制，对客多默坐，往往不交一谈，至于终日。客意甚倦，或请去，辄不听，至留之再三。有问之者。曰："人能终日危坐而不欠伸欹侧，盖百无一二。其能之者必贵人也。"以其言试人皆验。

　　徐师川俯曰："东坡、山谷、莹中，三君皆余所畏，然各有可笑。东坡议论谏诤，真能杀身成仁者。夫死生旦暮尔，而欲学长生不死。山谷赴官姑熟，既至，未视事。闻当罢不去，竟俯就之。七日符至乃去。问其故，曰：'不尔，无舟吏可迁。夫士之进退，极欲分明，岂可以舟吏为累。'莹中大节昭著，是能必行其志者。当视爵禄如粪土，然犹时对日者说命。"

曾子固与王荆公友善。后神宗以问子固云："卿与王安石相知最早，安石果何如？"子固曰："安石文章行谊不减扬雄，以吝故不及。"神宗遽曰："安石轻富贵，似不吝也。"子固曰："臣所谓吝者，以安石勇于有为，而吝于改过耳。"神宗颔之。

唐子西在惠州，名酒之和者曰养生主，劲者曰齐物论。杨诚斋退居，名酒之和者曰金盘露，劲者曰椒花雨。尝言："余爱金盘露，甚于椒花雨。"

唐子西言："司马迁敢乱道，却好。班固不敢乱道，却不好。不乱道又好，是《左传》。乱道又不好，是《唐书》。八识田中若有一毫《唐书》，亦为来生种子矣。"

宋世尝目庄周为道家之仪秦，王通孔门之操莽。

洪文敏迈曰："士之处世，视富贵利禄，当如优伶之为参军。方其据几正坐，噫呜呵锤，群优拱而听命，戏罢则亦已矣。见纷华盛丽，当如老人之抚节物。以上元清明言之，方少年壮盛，昼夜出游，若恐不暇，灯收花暮，辄怅然移日不能忘。老人则不然，未尝置欣戚于胸中也。睹金珠珍玩，当如小儿之弄戏剧。方杂然前陈，疑若可悦，即委之以去，了无恋想。遭横逆机穽，当如醉人之受骂辱，耳无所闻，目无所见。酒醒之后，所以为我者自若也。何所加损哉？"

吕东莱言："凡事只须平心。寻常犯权贵取祸者，多是张大其事，邀不畏强御之名，所以彼不能平。若处得平稳妥帖，彼虽不乐，视前则有间矣。然所以不欲拈出者，非以避祸，盖此乃职分之当。若特然看做一件事，则发处已自不是矣。"

朱文公告陈同甫云："真正大英雄人，却从战战兢兢临深履薄处做将出来。若是血气粗豪，却一点使不著也。"此论于同甫可谓顶门上一针矣。余观大禹不矜不伐，愚夫愚妇，皆谓一能胜予，而凿龙门，排伊阙，明德美功，被千万世。周公不骄不吝，劳谦下士，而东征三年，赤舄几几，履谗历变，卒安周室。孔子恂恂于乡党，在宗庙朝廷，似不能言者，而却莱裔，堕三都，诛少正卯，便有一变至道气象。此皆所谓真正大英雄也。后世之士，残忍刻核，能聚敛能杀戮者，则谓之有才。闹邻骂坐，无忌惮无顾藉者，则谓之有气。计利就便善押阖善倾覆者，则谓之有智。一旦临利害得丧，生死祸福之际，鲜有不颠沛错乱震惧陨越而失其度者。况望其立大节，弥大变，撑挂乾坤，昭洗日月乎？此无他，任其气禀之偏，安其识见之陋，骄恣傲诞，不知有所谓战战兢兢，临深履薄之工夫故也。

林行己曰："天将祚其国，必祚其国之君子。视其君子之众多如林，则知其国之盛。视其君子落落如晨星，则知其国之衰。视其君子之康宁福泽，如山如海，则知其为太平之象，视其君子之摧折顿挫，如湍舟，如霜木，则知其为衰乱之时。"又曰："天将使建中为崇宁，则不使范忠宣复相于初元。天将使宣和为靖康，则不使刘陈二忠肃憖遗于数岁。"皆至论也。

罗大经云："张耳、陈余变姓名为里监门。余不受里吏笞，耳责而数之。耳之见过余远矣。余卒败死泜水上，而耳事汉，富贵寿考，福流子孙，非偶然也。大智大勇，必能忍小耻小忿。彼其云蒸龙变，欲有所会，岂与琐琐者校乎？"东坡论子房，颍滨论刘项，专说一忍字。张公艺九世同居，亦只是得此一字之力。杜牧之云："包羞忍耻是男儿。"

宣和中有反语云："寇莱公之知人则哲，王子明之将顺其美，包孝肃之饮人以和，王介甫之不言所利。"此皆贤者之过，人皆得而见之者也。

党籍伪学之禁，虽小人无忌惮，亦君子有以酿之。刘安世尝云："愿士大夫有此名节，不愿士大夫立此门户。"此元祐之士病也。黄履翁云："愿士大夫务道学之实，不愿士大夫立道学之名。"此淳熙以后士病也。陈同甫与朱子书略云："因吾眼之偶开，便以为得不传之绝学。三三两两，附耳而语，有同告密画界而立，一似结坛，尽绝一世之人于门外。而谓二十年之君子，皆盲眼不可点洗；二千年之天地日月，若有若无，世界皆是利欲。"亦过矣。

世言欧阳永叔每夸政事，不夸文章。蔡君谟不夸书。吕济叔不夸棋。何公南不夸饮酒。司马君实不夸清约。大抵不足则夸也。

刘须溪会孟题《苏李泣别图》云："事已矣，泣何为？苏武节，李陵诗。噫！"冯海粟子振题《杨妃病齿图》云："华清宫，一齿痛。马嵬坡，一身痛。渔阳鼙鼓动地来，天下痛。"陈伯敷绎曾题《杨妃上马娇图》云："此索清平调词，赴沉香亭时邪？抑闻渔阳鼙鼓声，赴马嵬坡时耶？上马固相似，情状大不同。观者当审诸。"观三公跋语，痛快严峻，抑扬感伤。使后世之为人君而荒于色，为人臣而失其节者，见之宁不知惧乎？

格　言

论山为经，言为世则。韦弦蓍蔡，规箴药石。书绅录掌，服之无斁。集格言。

真宗召陈抟至京师，士大夫多求其言。抟曰："优游之所勿久恋，得意之所勿再往。"闻者以为至言。康节尝三复之，故诗云："珍重主人尝有语，落便宜处得便宜。"

宋景文言："为文是静中一业。"又言庄周云："送君者皆自涯而返，君自兹远。"每读至此，令人萧寥有遗世之意。

梅挚公仪龙图，景祐初，以段中丞知昭州。昭号二广烟瘴，水土恶弱处。公常为之说，其略曰："仕亦有瘴。急催暴剑，剥下奉上，此租赋之瘴也。深文以逞，良恶不白，此判狱之瘴也。侵牟民利，以实私储，此货财之瘴也。盛陈姬妾，以娱声色，此帷簿之瘴也。有一于此，民怨神怒。安者必疚，疚者必殒，虽在辇下，亦不可免，何但远方而已。仕者或不自知，乃归咎于土瘴，不亦谬乎！"

张乖崖尝言："事无大小，皆须用智。智如水也，不流则腐。士君子一日不用智，临大事之际，宁有智来？"

赵清献公座右铭云："依本分，莫妄想。争先径路机关恶，退后语言滋味长。爽口物多须作病，快心事过必为殃。得便宜处莫再去，怕人知事莫萌心。盛喜中勿许人物，盛怒中勿答人简。人有不及，可以情恕。非意相干，可以理遣。良田万顷，日食二升。大厦千间，夜卧八尺。说得一尺，行得一寸。天道尚左，星辰左转。地道尚右，瓜瓠右累。蚁穴知雨，乌鹊知风。燕避戊己，鹊背太岁。鱼聚北道，针浮南指。葵知向日，菊知陨霜。此物之灵也。人有不节醉饱，不谨寒暑，孰谓人为万物之灵？因书为座右铭。"

朱新仲舍人常云："人生天地间，寿夭不齐，姑以七十为率。十岁为儿童，父母膝下，视寒暖燥湿之节，调乳哺衣食之宜，以须成立。其名曰生计。二十为丈夫，骨强志健，问津名利之场。秣马厉兵，以取我胜。如骥子伏枥，志在千里。其名曰身计。三十至四十，日夜注思，择利而行。位欲高，财欲厚，门欲大，子息欲盛。其名曰家计。五十之年，心怠力疲。俯仰世间，智术用尽。西山之日渐迫，过隙之驹不留。当随缘在运，息念休心。善刀而藏，如蚕作茧。其名曰老计。六十以往，甲子一周。夕阳衔山，倏尔就木。内观一心，要使丝毫无慊。其名曰死计。"朱公每以语人以身计则喜，以家计则大喜，以老计则不答，以死计则不胜大笑。且曰："子之计拙也。"朱不胜笑者之众，则亦自疑其拙。曰："岂皆恶老而讳死耶？"因为南华长老作大死庵记，遂识其语。

范文正公书曰："举世不好名，则圣人之权去矣。"公又云："常调官好做，家常饭好吃。"罗大经谓："人能甘于吃家常饭，然后甘于做常调官。"

司马温公保身说有曰：“天下有道，君子皆于王庭，以正小人之罪，而莫敢不服；天下无道，君子括囊不言，以避小人之祸，而犹或不免。倘人生昏乱之世，不在其位，四海横流，而欲以口舌救之，臧否人物，激浊扬清，撩蛇虺之头，践虎狼之尾，以至身被淫刑，祸及朋友，士类歼灭，而国随以亡，不亦悲乎？夫惟郭泰，既明且哲，以保其身。申屠蟠见机而作，不俟终日。卓乎不可及也。”

司马文正公云：“登山有道，徐行则不困，措足于实地则不危。”

邵康节尝言：“善人固可亲，未能知，不可急合。恶人固可疏，未能远，不可急去。”

韩魏公一日至诸了读书堂，见卧榻边有一剑。公问仪公何用？仪公言夜间以备缓急。公笑曰：“使汝果能手刃贼，贼死于此，汝何以处？万一夺入贼手，汝不得为完人矣。古人青毡之说，汝不记乎？何至于是也。吾尝闻前辈云：‘夜行切不可以刃物自随。吾辈安能害人！徒起恶心，非所以自重也。’”

学不必博，要之有用。仕不必达，要之无愧。学而无用，涂车刍灵也。仕而有愧，鹤轩虎冠也。

王荆公论末世风俗云：“贤者不得行道，不肖者得行无道。贱者不得行礼，贵者得行无礼。”其论精矣。

晁文元迥尝云：“陆象先言天下本无事，只是庸人扰之，始为烦耳。"吾亦曰："心间本无事，率由妄念扰之，始为烦耳。"（迥，字明远，澶州人。）

杨待制安国迩英阁讲《周易》，至颐卦有"慎言语，节饮食"之句，杨以语朴。仁宗又问贾魏公曰："慎何言语？节何饮食？"魏公从容进曰："在君子言之，则出口之言皆慎，入口之食皆节。在王者言之，则命令为言语，燕乐为饮食。君天下者，当慎命令，节燕乐。"上大喜。

东坡书俚语有可取者："处贫贱易，耐富贵难。安劳苦易，安闲散难。忍痛易，忍痒难。"人能安闲散、耐富贵、忍痒，真有道之士也。

儋耳进士黎子云，言城北十五里许有唐村。庄民之老曰允从者，年七十余。问子云，言："宰相何苦以青苗久困我？于官有益乎？"子云言："官患民贫富不均。富者逐什一，益富；贫者取倍称，至鬻田质口不能偿，故为是法以均之。"允从笑曰："贫富之不齐，自古已然，虽天公不能齐也。子欲齐之乎？民之有贫富，犹器用之有厚薄也。子欲磨其厚，等其薄。厚者未动，而薄者先穴矣。"元符三年二月二十一日，子云过子言此。负薪能谈王道，正谓允从辈耶？

东坡云："子由言，有一人死而复生，问冥官如何修身可以免罪，答曰：'子宜置一卷历，且昼之所为，暮夜必记之，但不记者是不可言，不可作也。无事静坐，便觉一日似两日，若能处置此生，常似今日。得至七十，便是百四十岁。人世间何药可能有此效？既无反恶，又省药钱。此方人人收得，但苦无好汤使多咽下耳。'晁无咎云："司马温公有言：'吾无过人者，但平生所为，未尝有不可对人言者耳。'"予亦记前辈有诗曰："怕人知事莫萌心。"皆至言，可终身守之。

王充《论衡》曰："贫人与富人并为客，受赐于主人。富人不惭，贫人常愧者，富人有以复之，贫人不能故也。"以此观之，自昔交际之礼，亦贵夫往返。

王景文云："'有心于避祸，不若无心于任运。'斯言固达矣，然必自反无愧；自省无憾，乃可安之于命。"伊川曰："人之于患难，只有一个处置：尽人事，然后理足无憾。物之有成必有坏，譬人之有生必有死，而国之有兴必有亡也。虽知其然，而君子之养身也，凡可以久生而缓死者，无不用；其治国也，凡可以存存而救亡者，无不为。至于不可奈何而后已。不得尽委之于命。"

青城山上官道人尝言："为国家致太平，与养生求不死，皆非常人所能。且当守国使不乱，以待奇才之出，卫生使不夭，以须异人之至。不乱不夭，皆不假异术，惟谨而已。"

黄太史鲁直云："士大夫三日不读书，则理义不交于胸中，便觉面貌可憎，语言无味。"

晁以道客语中有云："富人有子不自乳，而使人弃其子而乳之；贫人有子不得自乳，而弃之以乳他人之子。富人懒行，而使人肩舆；贫人不得自行，而又肩舆他人以行。是皆习以为常而不察之也。天下习以为常而不察之者，推此亦多矣，而人不以为异。悲夫！"

章伯镇珉学士云："任京有两般日月：望月初请料钱，觉日月长；到月终供房钱，觉日月短。"

人之操行，莫先于无为。能不为伪，虽小善亦有可观。其积累之必可成其大。苟出于伪，虽有甚善，不特久之终不能欺人，亦必自有怠而不能终掩者。即一时作为大言以掠美，牵率矫厉之行以夸众，或能窃取须臾之誉，因以得利，然外虽未知，未有不先为奴婢窥其后而窃笑者。虽欲久，可乎？欧阳公与其弟侄书有云："凡人勉强于外，何所不至。惟考之其私，乃见真伪。"此非其家人无与知者，可以书诸绅也。

贾文元公戒子孙文云："古人重厚朴实，乃能立功立事，享悠久之福。又士人所贵，节行为大。轩冕失之，有时而复来。节行失之，终身不可得矣。"搢绅以为格言。（贾昌朝，字子明，真定人。封魏国公，谥文元。）

龙洲刘改之诗云："退一步行安乐法，道三个好喜欢缘。"真西山每喜诵之。

张德远座右铭云："夫血气不可以胜人，胜人者理也。刚不可以屈物，屈物者柔也。怀疑于人，人未必疑，而己先疑矣。逆诈于人，人未必诈，而己先诈矣。扬人之善，人将扬其善。掩人之恶，人将掩其恶。待我以不诚，而我应之以诚，则彼自愧。犯我以非礼，而我服之以礼，则彼自服。我以容人则易，人以容我则难。望人太深则生怨，察物大明则取憎。"

洪容斋云："《易》乾、坤之下，六卦皆有坎，此圣人防患

宋稗类钞

备险之意也。余谓屯、蒙，未出险者也。讼、师，方履险者也。戒之宜矣。若夫需者，燕乐之象，比者，亲附之象，乃亦有险焉。盖斧斤鸩毒，每在于衽席杯觞之间，而诩诩笑语，未必非关弓下石者也。于此二卦，其戒尤不可不严焉。"

陆放翁戏言曰："名园甲第，力不能有。歌童舞女，妇不能容。高文大册，才不能为。高官厚禄，命不能做。"

杨诚斋云："人皆以饥寒为患，不知所患者正在于不饥不寒尔。"此语殊有味。乞食于野人，晋重耳之所以霸。燎衣破灶而啜豆粥，汉光武之所以兴。况下此者，其可不知饥寒之味哉！

廖德明，字子晦，朱晦庵高弟也。少梦有所谒，刺题宣教郎廖某。后登第，改秩以宣教郎宰闽。思前梦，恐官止此，不欲行。亲友相勉，为质之文公，因指案上物曰："人与器不同。如笔止能为笔，不能为研。剑止能为剑，不能为琴。故其成毁久远，有一定不易之数。惟人不然，有朝为跖暮为舜者。故其吉凶祸福，亦随而变，难以一定言。今子赴官，但当力行好事，前梦不足芥蒂。"廖拜而受教。后把麾持节，官至正郎。

谚有之："杀人偿命，欠债还钱。"理也。近世豪家巨室，威力使令，逼人致死，但捐财贿饵恤属，坦然无事。至如人或逋负，督迫取偿，必使投溺自经然后已。由此观之，乃是杀人还钱，欠债偿命。今人米谷登场，则去米制衣。及至后来粮竭，复典衣而食，谓之着饭吃衣。杨医官传食绢方，为神仙上药。又寒疾者，盖稻席当愈。或嘲曰："君吃衣着饭，大是奇方。"

士大夫欲永保富贵，动有拘忌，尤讳言死，独溺于声色，一切无所顾避。闻人家姬侍有惠丽者，伺其主翁属纩之际，已设计赂牙侩。俟其放出以售之，虽俗有热孝之嫌不恤也。又佩玉以尸沁为贵，酬价增数倍。墟墓之物，反为生人宝玩。是皆不可以理诘。

内缮己性，当如纪渻之养鸡。外顺物性，当如颜阖之养虎。

士大夫若爱一文，不直一文。陈简斋诗云："从来有名士，不用无名钱。"

术者云："近世乃下元甲子，正直天市垣，所以人多好利，为市井之行。"鲜于伯机云："扬州上应天市垣，所以两浙之地市易浩瀚，非他处比。"

宋稗类钞　卷之六

箴　规

他山可攻，药石生我。苦口一言，明珠几颗。备物笼中，以水济火。集箴规。

宋齐丘镇钟陵，有布衣李匡尧屡贽谒见。宋知其忤物，托以他故不见。一日宋丧子，匡尧随吊客造谒，宾司复却之。乃就宾次大书二十八字云："安排唐祚强吞吴，尽见先生启庙谟。一个孩儿判不得，让皇百口复如何！"

吕文靖有总髻交王至清，以屡试不第，隐遁山壑。后以子簿畿县薄游京师，吕折简招之不赴。会仁宗诏废郭后，吕实赞之。至清寓书文靖曰："仆初与坦夫读书山寺，论家人一卦，坦夫独以孔子反身二字，为此卦证语。乃今天子第有取于威如之吉，使天下夫妇之主不得终始其义。坦夫独不可以反身之说谏之，而将顺至此乎？安在其有证于尼父之言耶？仆今知读书与仕宦自是两截事。幸哉天以布衣终我身也。虽然坦夫自今永保禄位矣，何者？有所废必有所爱。能从人主所爱处有勋力焉，亦必不爱爵禄，以爱其人于众人之外也。此一牍也。先为相业唁，后为相位贺，惟坦夫两受之。"文靖大怒，并其子逐焉。

丁谓有才智，然多希合上旨，天下目为奸邪。及稍进用，即启迪真宗以神仙之事。又作玉清昭应宫，耗费国帑不可胜计。谓既为宫使，夏竦以知制诰为判官。一日宴官僚于斋厅，有杂手伎，俗谓弄碗注者，献艺于庭。丁顾语夏曰："古无咏碗注诗，舍人可作一篇。"夏即席赋诗云："舞拂挑珠复吐丸，遮藏巧便百千般。主人端坐无由见，却被旁人冷眼看。"丁览读变色。赵南仲以诛李全功，见忌于郑清之。史揆每左右之，得留于朝。其后恢复事起，遂分委边面。赴镇之日，朝绅饯之。适有逞竿伎者，曹豳赋诗云："又被锣声催上竿，这番难似旧时难。劝君着脚须教稳，多少旁人冷眼看。"后师卒无功。韩侂胄以冬月携家游西湖，遍览南北两山之胜。末乃置宴南园，族子院判与焉。有献牵丝傀儡，为土偶负小儿者，名为迎春黄胖。韩顾谓族子曰："汝名能诗，可咏之。"即赋一绝云："脚踏虚空手弄春，一人头上要安身。忽然线断儿童手，骨肉俱为陌上尘。"侂胄怫然，不终宴而归。不久祸作。《石林诗话》载晏元献题竿伎诗于中书厅壁云："百尺竿头袅袅身，足跟腾挂骇旁人。汉阴有叟君知否，抱瓮区区亦未贫。"王荆公他日复书一首于后云："赐也能言未识真，诔将心许汉阴人。桔槔俯仰何妨事，抱瓮区区老此身。"观此二诗，晏乃质实，王好更张。二公心地，即此占知矣。近日有人作竿戏诗曰："人皆欢喜上高竿，上去难时下亦难。若到上头须把捉，几多人在下头看。"此与宋人讽贾似道诗同意。贾当国日，人有作诗云："收拾乾坤一担担，上肩容易下肩难。劝君高着擎天手，多少旁人冷眼看。"

陈恭公执中判亳州，遇生日，亲族多献老人星图。侄世修独献《范蠡游五湖图》，且赞曰："贤哉陶朱，霸越平吴。名随身后，扁舟五湖。"公即日纳节。（执中，字昭誉。陈恕字。）

嘉祐中，除张尧佐节度，陈秀公升之作中丞，上殿争之。仁宗初盛怒作色待之。既进见，迎谓之曰："岂欲论张尧佐不当授节度耶？节度使本粗官，何用力争？"时唐质肃介作御史里行，在众人后，越次进曰："节度使太祖太宗总曾做来。"上竦然而罢。

洛中有一僧欲开堂说法，司马君实夜过邵尧夫曰："闻富彦国吕晦叔欲往听，此其不可。晦叔贪佛，已不可劝，人亦不怪。如何劝得彦国？"尧夫曰："今日已暮，姑任之。"明日，二人果偕往。后月余，彦国招数客共饭。尧夫在坐，因问彦国曰："主上以裴晋公礼起公，公何不应命？又闻三遣使，公皆卧内见之。"彦国曰："衰病如此，其能复起否？"尧夫曰："上三命公不起。一僧开堂，以片纸见呼即出，恐亦未是？"彦国曰："弼亦不曾思量至此。"

李清臣平日，多于韩魏公前论释氏贵定力，谓无定力则不能主善。公每然之。后朝廷斥异论者，清臣颇持两端。公因书问之曰："比来台阁斥逐纷纷，吾亲得不少加定力耶！"公之善谕人如此。

王乐道二子：实，字仲弓。宁，字幼安。实是韩持国婿。一日访苏端明，端明因问讯持国。王曰："公自致政来，尤好为欢。尝谓身已癃老，且以声乐自娱，不尔无以度日。"端明曰："残年正不应尔，愿为某传一语于持国。顷有一老人未尝参禅，而雅合禅理。死生之际，极为了然。一日置酒大会，酒阑，语众曰：'老人即今且去。'因摄衣正坐，奄奄欲逝。诸子惶遽呼号曰：'大人今日乃与世诀，愿留一言为教。'老人曰：'本欲无言，今为汝恳，只且第一五更起。'诸子未谕。老人曰：'惟五更可以干当自家事。'诸子曰：'家中幸丰，何用早起。举家诸事，皆是自家，岂有分别？'老人曰：'所谓自家事，是死时将得去者。吾平时治生，今日就化，可将何者去？'诸子颇悟。今持国自谓残年，请二君言与持国，但言某请持国干当自家事。与其劳心声酒，不若为可以死时将得去者计也。"

苏文忠以作诗下狱。自黄州再起，遍历侍从，然其诗为不知者咀味，以为有讥讪，遂出守钱塘。来别文潞公，公曰："愿君至杭少作诗，恐为不喜者诬谤。"再三言之。临别上马，潞公笑曰："若还兴也，便有笺云。"时吴处厚取蔡安州诗作注以上，安州遂遇祸，故潞公有笺云之戏。

范祖禹淳父，极为司马文正公奖识。尝为进论，求教于公。公每见，则未始有可否。淳父疑而质于公，公久而言曰："子之进论，非不美也。顾念世人应甲科者绝少，子既得已在列，而复习进论以应贤良，由我观之，但有贪心耳。光之不喜者，为进论也。不喜子有贪心也。"淳父于是焚去进论，不应贤良。

王荆公乞罢机政，待命几两月，神宗未许。呼看命老僧化成至作一课，更为看命。化成曰："三十年前与相公看命，今仕至宰相矣，更复何问？"公微作色曰："安石问命，不在做官，但力求去，上未许。只看旦夕便去得否？"化成曰："相公得意浓时正好休。要去在相公，不在上。不疑何卜？"公有惭色。

唐子方一日见王介甫诵《华严经》，因劝介甫不若早休官去。介甫问之。子方曰："公之为官，正是作业。更做执政数年，和佛也费力。"介甫不答。一日子方在朝，介甫乃以子方之言白于上，将以危之。上大笑而止。

晁伯宇载之，少作《闵吾庐赋》。黄鲁直以示苏长公，曰："此晁家十郎作，年未二十也。"长公答曰："此赋甚奇丽，信是晁家多异材耶！凡人至足之余，自溢为奇怪乃可。今晁伤奇太早，可作鲁直微意谕之，勿伤其迈往之气。"鲁直以语晁，晁自是文章大进。

张芸叟舜民云："顷游京师，尝听司马温公、王荆公之论，于行义文史为多。惟欧阳公多谈吏事。余言：'学者见公，莫不欲闻道德文章，今先生何教人以吏事？'公曰：'吾子皆时才，异日临事，当自知之。大抵文学止于润身，政事可以及物。吾昔贬官彝陵，方壮年未厌学。欲求《史》《汉》一观，公私无有。因取架阁陈年公案，反复观之。见其枉直乖错，不可胜数。违法徇情，灭情害义，无所不有。且彝陵荒远僻小，尚如此。天下固可知也。当时仰天誓心，自尔遇事不敢忽。'"时苏明允父子亦在，共闻此语。

李伯时善画马，法秀师让之曰："伯时为士大夫，而以画行，已可耻，又作马，忍为之耶？"伯时恚曰："作马无乃例能荡人心堕恶道乎？"师曰："公业已习此，则日夕思其情状，求为神骏，系念不忘。一日眼花落地，必入马胎无疑。非恶道而何？"伯时大惊，不觉身去坐榻曰："今当何以洗此过？"师曰："但当画大士像。"伯时遂画此像，妙绝天下。一时公卿多师之善诱。法秀师尝语黄鲁直曰："公作艳歌小词，可罢之。"鲁直曰："空中语耳，非杀非偷，不至坐此堕恶道。"师曰："君以笔墨诲淫于我法中，当堕泥犁之狱，岂止堕恶道而已。"鲁直由此不作词曲。

王元泽病亟，介甫命道流作醮，大陈楮泉。平甫启介甫曰："兄在位，要须令天下后世人取法。雩虽疾，丘之祷久矣。为此奚益？且兄常以仓法绳吏奸。今乃以楮泉徼福，安知三清门下不行仓法耶？"

绍圣初，陈莹中用章惇荐为太学博士。先是惇之妻尝劝惇无修怨。惇作相，专务报复，起朋党之祸。惇妻死，惇悼念不已。莹中见惇容甚戚，谓之曰："公与其徒自悲伤，曷若念其平生之言。"惇以为忤，不复用。

苏养直隐居京口。绍兴间，与徐师川同召，养直不起。师川造朝时，便道过养直，留饮甚欢。二公平日对弈，徐高于苏，是日养直拈一子笑视师川曰："今日还须让老夫下此一着。"师川有愧色。

洪景卢在翰苑日，尝入直，值制诏沓至，凡视二十余草。事竟小步庭间，一老人负暄花阴。问之，是京师人。累世为院吏，今已八十余。幼时及识元祐间诸学士，今子孙复为吏，故养老于此。因言闻今日文书甚多，学士必大劳神。洪喜其言，告以今日草二十余制皆已毕。老人复颂曰："学士才思敏速，真不多见。"洪矜之云："苏学士想亦不过如此速耳。"老人复首肯咨嗟曰："苏学士敏速亦不过此，但不曾检阅书册。"洪为赧然，自恨失言。

朱文公与庆国卓夫人书云："闻尊意欲为五哥经营干官差遣，某窃以为不可。人家子弟，多因此坏却心性。盖其生长富贵，不知艰难，一旦仕宦，便为此官。逐司只有使长一人可相拘辖，又多宽厚长者，不欲以法度见绳。上无职事了办之责，下无吏民系絷之忧，而州县守令，势反出己下，可以陵轹。故后生子弟，为此官者，无不傲慢纵恣，触事懵然。愚意以为可且为营一稍以下职事，吃人打骂差遣，乃所以成就之。若必欲与求干官，乃是置之有过之地，误其终身。"前辈爱人以德，至于如此。卓夫人乃少傅刘公子羽之妃，枢密共公之母。五哥即平甫。朱与刘盖姻娅。初文公之父韦斋疾革，以家事属少傅。韦斋殁，文公年十四。少傅为筑室于其里，俾奉母居焉。少傅手书与白水刘致中云："于绯溪得屋五间，器用完备。在七仓前，有地可树，有圃可蔬，有池可鱼。朱家人口不多，可以居。文公视卓夫人犹母云。"

杨诚斋为零陵丞，以弟子礼谒张魏公。时公以迁谪谢客，公嗣南轩为之介绍，数日乃得见，因跪请教。公曰："元符贵人腰金纡紫者何限，惟邹志完陈莹中姓名与日月争光。"诚斋得此语，终身厉清直之操。

王嘉叟与王龟龄别，语龟龄曰："吾辈会合不可常，但令常留面目，异日可以相见。"龟龄每叹赏此言。

姚镛为吉州判官，以平寇论功，不数年，擢守章贡。为人豪隽，喜作诗，自号雪蓬。尝令画工肖其像，骑牛于涧谷之间。索郡人赵东野题诗，东野题云："骑牛无笠又无蓑，断陇横冈到处过。暖日暄风不常有，前人雨暗却如何。"盖规切之也。居无何，忤帅臣，以贪劾之。时端平更化之初，施行特重，贬衡阳。人皆服东野之先见。

淳熙甲辰，省元徐霖，状元留梦炎，皆三衢人。一时士林歆羡。时杨彦瞻以工部侍郎守衢，遂大书状元坊以表其庐。既以为未足，则又揭双元坊以夸大之。乡曲以为至荣，而二公不欲其成，各以书谢，且辞焉。彦瞻答之云："尝闻前辈之言曰，吾乡昔有及第奉常而归。旗者、鼓者、馈者、迓者、往来而观者，阗路骈陌如堵墙。既而闺门贺焉，宗族贺焉，姻者及友者客者交贺焉。至怙仇者亦茹耻戴愧而贺且谢焉。独邻屋一室扃镭远引，若避寇然。余因怪而问之，愀然曰：'所贵乎衣锦之荣者，谓其得时行道也，将有以庇吾乡里也。今也或窃一名，得一官，即起朝贵暮富之想。名愈高，官愈穹，而用心愈谬。武断者有之，兼并者有之，庇奸慝把持州县者有之。是一身之荣，一害之增也。其居日以广，邻日以促。吾将入山林深密之地以避之。是可吊，何以贺为？'吾闻而异其言，因默识而谨书之。凡交游间，必道此语相摩切，而非心相知者不道也。执事于不肖可谓心相知，如是而不以告，罪也。且今日此匾之揭，所以独异于寻常者，盖仆之望于执事者亦异焉。人于此时，每以谀献，仆乃独以忠告，非异于人也。所冀进执事之德，而远执事之器也。执事不以仆之言为然则已，若以为然，则两坊之建，可以无愧矣。前之不受贺者，亦必将先众人而贺矣。今得隽南宫者，皆执事友也。幸亦以是语之焉。"二公得书，为之悚然。其后徐以道学名，留以功业显。世以为彦瞻有以发之。

孔某者，皇庆癸丑间，为江浙省据史。身躯短小，仅与堂上公案等。凡呈署牍文，必用低凳阁足令高。脱欢丞相以其先圣子孙，而且才学优长，甚礼遇之。时有诏许文正公从祀孔子庙庭。公之子参知政事，恶孔风度不雅，因小过叱之退。丞相曰："他祖公容得参政父亲坐，参政反不容他一个子孙立耶？"许大惭。

称 誉

人文所擅，望实皆见。惟鲍能知，非祢不荐。媚岂珠沉，辉毋玉炫。但欲虚誉之过情，何异浅交而谋面。集称誉。

宋景文云："左太冲诗曰：'振衣千仞冈，濯足万里流。'使人飘飘有世表意，不减嵇康'目送飞鸿'语。"

欧阳文忠公在颍上日，取《新唐书列传》令其子棐读而卧听之，至藩镇传叙，嗟赏曰："若皆如此，其笔力亦何可及。"公平日少许人，惟服韩稚圭。尝因事叹曰："屡百欧阳修，何敢望韩公！"

东坡诗文，落笔辄为人传诵。每一篇到，欧公为终日喜。前后类如此。一日与其子棐论文，因及东坡，公叹曰："汝记吾言，三十年后，世上人更不道着我也。"崇宁间，海内外称坡公诗文，不复有言欧公者。

张安道与欧阳文忠素不相能。安道守成都日，文忠为翰林。苏明允父子自眉州走成都，将求知于安道。安道曰："吾何足为重。"乃为作书办装，使人送至京师谒文忠。文忠得明允父子所著书，亦不以安道所荐为嫌。大笑曰："后来文字当在此。"即极力推挽。天下高此两人。

东坡初登第，以书谢梅圣俞。圣俞以示欧阳文忠公，公答梅书略云："不意后生能达斯理也。吾老矣，当放此子出一头地。"故东坡送晁美叔诗云："醉翁遣我从子游，翁如退之践轲丘。尚欲放子出一头，酒醒梦断四十秋。"盖叙书语也。

东坡初为赵清献公作表忠观碑，或持以示王荆公。公读之，沉吟曰："此何语耶？"时有客在旁，遽诋訾之，公不答。读至再三，又携之而起，且行且读。忽叹曰："此三王世家也。"客大惭。

王荆公在钟山，有客自黄州来。公曰："东坡近日有何妙语？"客曰："东坡宿于临皋亭，醉解而起，作《成都胜相院经藏记》千有余言，点定才一两字。有写本适留船中。"公立遣人取至。时月出东南，林影在地。公展读于风檐，喜见眉须曰："子瞻人中龙也。然有一字未稳。"客请之，公曰："日胜日负，不若曰：'如人善博，日胜日贫耳。'"东坡闻之，拊手大笑，亦以公为知言。（吕正献公平日最不喜人博。尝云："胜则伤人，败则伤俭。"一本坡公原作日贫，荆公改为日负。见《野客丛书》。日负更觉蕴藉。）

东坡守彭城，参寥尝往见之。坡遣官妓马盼盼索诗，参寥笑口占绝句云："多谢尊前窈窕娘，好将幽梦恼襄王。禅心已作沾泥絮，不逐春风上下狂。"坡喜曰："予尝见柳絮落泥中，私谓可以入诗，偶未曾收拾，乃为此老所先。可惜也。"参寥于内外典无所不窥。能文章，尤善为诗。秦少游与之友契。尝在临平道中作诗云："风蒲猎猎弄轻柔，欲立蜻蜓不自由。五月临平山下路，藕花无数满汀洲。"东坡一见，为写而刻石。宗妇曹夫人善丹青，作《临平藕花图》。人争传写，盖不独宝其画也。

苏子瞻自海外归，与米元章书云："岭海八年，亲友旷绝，亦未尝关念。但念吾元章迈往凌云之气，清雄绝俗之文，超妙入神之字。何时见之，以洗我积年瘴毒耶？两日来，疾有增无减。儿子于何处得宝月观赋，琅然诵之。老仆卧听未半，蹶然而起，恨二十年相从，知元章不尽。若此赋当过古人，不论今世也。天下岂尽如我辈聋瞆耶？公不久当自有大名，不劳我辈说也。"元章答云："更有知不尽处，修杨许之业，为帝宸碧落之游。异时相见乃知也。"其高自标置如此。

东坡尝语少子过曰："秦少游、张文潜，才识学问，为当世第一，无能优劣。少游下笔精悍，心所默会，而口不能传者，能以笔传之。然而气韵雄拔疏通秀朗，当推文潜。二人皆辱与予游，同升而并黜。有自雷州来者，递至少游所惠诗文。居蛮獠中久，得此如在齐闻韶也。汝可记之，勿忘吾言。"

东坡曰："意尽而言止者，天下之至言也。然言止而意不尽，尤为极致。"又曰："某平生无快意事，惟作文章。意之所到，则笔力曲折无不尽意。自谓世间乐事，无逾此者。"

崇宁大观间，朝廷禁止苏公文章，赏钱增至八十万。禁愈严而传愈盛，往往以多相夸。士大夫不能诵坡诗，便自觉气索，而人谓之不韵。

参寥尝与客评诗。客曰："世间故实小说，有可以入诗者，有不可以入诗者。惟东坡全不拣择，入手便用。如街谈巷说，一经坡手，似神仙点瓦砾为黄金，自有妙处。"参寥曰："老坡牙颊间别有一副炉鞴，他人岂可学耶？"座客无不以为然。

黄山谷云："先生道义文章，名满天下。所谓青天白日，奴隶亦知其清明者也。心悦而诚服者，岂但中分鲁国哉！士之不游苏氏之门，与尝升其堂而畔之者可知也。当先生之弃海滨，其平生交游，多讳之矣。而王周彦万里致医药，以文字乞品目。此岂流俗人炙手求热，救溺取名者哉！"

潭州一巨贾，私藏蚌胎，为关吏所搜，尽籍之，皆南海明胎也，在仕无不垂涎而爱之。太守而下，轻其估，悉自售焉。唐质肃公介时以言事谪潭倅，分珠狱发，奏方入。仁宗预料谓近侍曰："唐介必不肯买。"案具奏核，上览之，果然。真所谓知臣莫若君也。

唐李洞，字才江，苦吟有声。慕贾浪仙之诗，铸其像事之。诵贾岛佛不绝口。时以为异。五代孙晟初名凤，又名忌。好学，尤长于诗。为道士，居庐山兰寂宫。常画贾岛像置屋壁，晨夕事之。人以为妖。盖酸咸之嗜，固有异世而同者。长江簿何以得此于人哉！凡人著书立言，正不必合于一时。后世有杨子云，当自知之。黄鲁直晚年悬东坡像于室中，每晨，衣冠荐香，肃揖甚敬。或以同时声名相上下为问，则离席惊避曰："庭坚望苏公，门弟子耳，安敢失其序？"

承晖生自富贵，居家颇类寒素。常置司马光、苏轼像于室中，曰："吾师司马而友苏公。"

黄山谷尝与座客论王介甫文。一客曰："鲁直不知前辈亦未深许介甫也。尝见欧阳公一帖，乃答人论介甫文，言此人而能文，角而翼者也。此帖今在孙元忠家，其子甚秘之，非气类者不以出示。然就帖中语考之，乃是介甫方辞起居注时也。"

黄鲁直年十七八时，自称清风客。俞清老见而目之曰："奇逸通脱，真骥子堕地也。"

黄鲁直见谢无逸诗，叹曰："使在馆阁，当不减晁张（晁补之无咎，张耒文潜）"。蒋希鲁家有杨文公与王魏公一帖，用半幅纸，有折痕。其略云："昨夜进士蒋堂，携所作文来，极可喜，不敢不布闻。"子瞻曰："夜得一士，且以告人。察其情，若喜而不寐者。世言文公为魏公客。公经国大谋，人所不知者，独文公得与。观此帖，不特见文公好贤下士之急，且得一士，必亟告之。其补于公者亦多矣。片纸折封，犹见前人至诚相与。简易平实，不为虚文，安得复有隐情？皆可为后世法。"

苏子由云："庄周《养生》一篇，诵之如神龙行空。爪趾鳞翼所及，皆自合规矩。"

程伯淳尝至天宁寺，方饭，见趋进揖逊之盛，叹曰："三代威仪，尽在是矣。"

龚殿院彦和，清介自立，少有重名。元祐间，金判瀛州。与弟大壮同行，尤特立不群。曾文肃子宣帅瀛州，欲见不可得。一日经过彦和，邀其弟出，不可辞也，遂出相见。即为置酒，从容终日乃去。因题诗壁间，其末句云："自惭太守非何武，得向河阳见两龚。"

江公著初任洛阳尉，久旱微雨。作诗云："云叶纷纷雨脚匀，乱花柔草长精神。雷车却碾前山过，不洒原头陌上尘。"司马文正公于士人家立借纸笔，修刺谒之，且为称荐。由此知名。

李觏，字子范，袁州人。元丰二年，以特奏名推名，尉吉州太和县。时豫章先生为令。赠之诗曰："乃兄自是文章伯，之子今为矍铄翁。"盖觏乃李观之弟也。观，字梦符，初试南宫，赋偶落韵。有司爱其策，为取特旨，由是登第。以著作佐郎知临江军清江县。时欧阳文忠公扶护太夫人丧归庐陵。舟过清江，太守请观为文以祭之。太守讶其简率。观曰："无深讶也。"既而文忠击节称之。其文曰："昔孟轲亚圣，母之教也。有子如轲，虽死何憾。尚享！"观初为太学官，因上言役法不合，出通判处州。题诗一绝于直厅之壁曰："十谒朱门九不开，利名渊薮且徘徊。自知不是公侯骨，夜夜江山入梦来。"

吕太尉惠卿赴延安帅，道出西都。时程正叔居里中，谓门人曰："吾眷吕吉甫，未识其面。明旦西出，必经吾门，我且一觑之。"迨旦了无所闻，询之则过已久矣，道旁多不知。正叔叹曰："夫以从者数百，人马数千行道中，能使悄然无声。驭众如此，可谓整肃矣。立朝虽多可议，其才亦何可掩？"

陈无己与晁以道俱学文于曾子固。无己晚得诗法于黄鲁直。他日二人论文，以道曰："吾曹不可负曾南丰。"既而论诗，无己曰："吾此一瓣香，须为山谷道人烧也。"

刘原父文章敏赡。尝直舍人院。一日追封皇子公主九人，方下直为之。立马却坐，一挥九制成。文辞典丽，各得其体。真天才也。欧阳文忠公闻而叹曰："昔王勃一日草五王策，未足尚也。"

米元章与李端叔曰："老夫懒作文，但博得东坡岭外文，时一微吟，清风飒然。顾同味者难得耳。"

王质景文在太学，与九江王阮齐名。阮尝曰："听景文谈，如读郦道元《水经》，名川支渠，贯穿周匝，无有间断，咳唾皆成珠玑。"

绍圣中，用蔡京之请，置元祐党籍，刻石禁中。时尚书省国子监亦有石刻。国子监有无名子，以朱大题其碑上曰："千佛名经。"陈莹中题元祐党籍碑曰："呜呼！汉世得人，于斯为盛。"

钱忱伯诚妻瀛国夫人唐氏，正肃公之孙。既归钱氏，绍圣初随其姑长公主入谢钦圣向后于禁中，先有戚里妇数人在焉。俱从后步过受釐殿，同行者皆仰视，读釐为离。夫人笑于旁曰："受禧也。"盖取宣室受釐之议耳。后喜，回顾主曰："好人家男女终是别。"盖后亦以自谓也。

施圣与尝使金。亲王至，不肯退班。一时称其有守。后金使至阙问馆伴云："师点今居何官？"馆伴宇文价于班列中指圣与示之，金使恍然曰："一见正人，令人眼明。"

宋赠鄂王岳飞谥忠武。文曰："李将军口不出辞，闻者流涕；蔺相如身虽已死，凛然犹生。"又曰："易名之典虽行，议礼之言未一。始为忠愍之号，旋更武穆之称。获睹中兴之旧章，灼知皇祖之本意。爰取危身奉上之实，仍采勘定祸乱之文。合此两言，节其一惠。昔孔明之志兴汉室，子仪之光复唐都。虽计效以或殊，在秉心而弗异。垂之典册，何嫌今古之同辞；赖及子孙，将与河山而并久。然今天下岳祠皆称武穆，此未定之谥，当称忠武为宜。"

诋 毁

令人齿冷，助我目张。谑言非虐，怒骂成章。或佯狂生鼓挝曹瞒，或轻薄子笔玷王樯。上士闻之，虚心忏悔；高人慎之，绝口否臧。集诋毁（昭君本名樯，俗俱讹作嫱）。

郭昱狭中诡僻。登显德进士。耻赴常调，献书于宰相赵普，自比巢由。朝议恶其矫激，故不调。后复伺普望尘自陈，普笑谓人曰："今日甚荣，得巢由拜于马前。"

吴僧赞宁颇读儒书。博览强记，而辞辨纵横，人莫能屈。时有安鸿渐者，文辞隽敏尤好嘲咏。尝街行，遇赞宁与数僧相随，鸿渐指而嘲曰："郑都官不爱之徒，时时作队。"赞宁应声答曰："秦始皇未坑之辈，往往成群。"时皆善其捷对。鸿渐所道，乃郑谷诗云："爱僧不爱紫衣僧也。"

太祖尝与赵中令普议事不合，喟然曰："安得宰相如桑维翰者与之谋乎？"普对曰："使维翰在，陛下亦不用。"蓝维翰嗜钱，太祖曰："苟用其长，亦当护其短。措大眼孔小，赐十万贯，则塞破屋子矣。"

国初宋琪沈义伦俱在黄阁。时久旱，既雨，复不止。广陌涂淖。琪厌之，谓义伦曰："可谓燮成三日雨。"而义伦遽对曰："调得一城泥。"艺祖知而耻大臣之不学。杨徽之闻而抵掌曰："不意中书再生沈宋。"

丁晋公为玉清昭应宫使。每遇醮祭，即奏有仙鹤舞于殿庑之上。及记真宗东封，方升中展事，而群鹤迎绕，前后弥望，不知其数。至于天书所降，亦必奏有鹤导之。时寇莱公判陕府，一日坐山亭中，有乌鸦数十飞鸣而过。莱公笑顾属僚曰："使丁谓见之，当复目为仙鹤矣。"每自以令威之裔，好言仙鹤，故世号为鹤相，犹唐李逢吉呼牛僧孺为丑座也。

丁晋公诗有"天门九重开，终当掉臂入。"王元之见曰："入公门，鞠躬如也。天门岂可掉臂入乎？此人必不忠。"

夏竦尝统师西伐。揭榜塞上云："有得元昊头者，赏钱五百万贯，爵西平王。"元昊使人入市卖箔，陕西获箔甚高，倚之食肆外，佯为食讫遗去。至晚，食肆窃喜，以为有所获。徐展之，乃元昊购竦之榜，悬箔之端云："有得夏竦头者，赏钱两贯文。"竦闻之，急令藏掩，而已喧播远近。竦大惭沮。

许怀德为殿帅。尝有一举人因怀德乳姥求为门客，怀德许之。举子曳襕拜于庭下，怀德据座受之。人谓怀德武人，不知事体，密谓之曰："举人无没阶之礼，宜少降接也。"怀德应之曰："我得打乳姥，关节秀才，只消如此待之。"

文潞公入相，因张贵妃也。贵妃父尧封，尝为彦博父洎门客。贵妃因认彦博为伯父，亦欲得士大夫为助耳。彦博知成都，贵妃以近上元，令织异锦为献。彦博遂令工人织金线灯笼，载莲花中为锦。又为秋千，以备寒食。贵妃始衣之以见上，上惊曰："何处有此锦？"妃正色曰："昨令成都文彦博织来，以尝与妾父有旧。然妾安能使之，盖彦博奉陛下耳。"上色怡。自尔属意。彦博自成都归，不久参知政事。贝州王则叛，朝廷遣明镐往讨之。贼将破，上以近京甚忧之。一日宫中语曰："执政大臣，无一人为国家分忧者。日日上殿，无有取贼意。"贵妃明日密令人语彦博。明日上殿，乞身往破贼。上大喜，以彦博任统军。至则镐已下贝州，则成擒矣。捷书至，遂就路拜彦博同平章事。后因监察御史唐介疏论，召彦博殿上面质奇锦事，数件皆实。有诏，彦博守故官，出知许州。明年上元，中官有诗曰："无人更进灯笼锦，红粉宫中忆佞臣。"上闻此句亦笑。（仁宗一日幸张贵妃阁，见定州红瓷器。帝怪问曰："安得此物？"妃以王拱辰所献为对。帝怒曰："尝戒汝勿通臣僚馈遗，不听，何也？"因以所持柱斧碎之。妃愧谢，久之乃已。妃又尝侍宴于端门，服所谓灯笼锦者。上亦怪问。妃曰："彦博以陛下眷妾，故有此献。"上终不乐。或曰："潞公夫人遗妃，公不知也。"）

唐子方之贬，梅尧臣作书窜诗曰："皇祐辛卯冬，十月十九日，御史唐子方，危言初造膝，曰朝有巨奸，臣介所愤疾，愿条一二事，臣职敢妄率。巨奸宰相博，邪行世莫匹。曩时守成都，委曲媚贵昵。银珰插左貂，穷膳使驰驿。邦媛将夸侈，中赍金十镒。为我寄使君，奇纹织纤密。遂倾西蜀巧，日夜急鞭挞。红经纬金镂，排科关八七。比比双莲花，簇灯戴星出。几日成一端，驰行如鬼疾。明年观上元，被服稳称质。灿然惊上目，遽尔有薄诘。既闻所从来，接对似未失。且云奉至尊，于妾岂能必。遂回天子颜，百事容丐乞。臣今得初陈，狡猾彼非一。偷威与卖利，次第推甲乙。是惟阴猾雄，仁断宜勇黜。必欲致太平，在列无如弼。弼亦昧平生，况臣不阿屈。臣言天下公，奚以身自恤。君旁有侧臣，喑哑横诋斥。指言为罔上，废汝还蓬荜。是时白此心，尚不畏斧锧。虽令御魑魅，甘且同饴蜜。既如勿可惧，复以强词窒。帝声亦大厉，论奏不容必。介也容甚闲，猛士股为栗。立贬岭外春，速欲为异物。内外臣汹汹，陛下何未悉。即敢救者谁，襄执左史笔。谓此傥不容，盛美有所怫。平明中执法，怀疏又坚述。介言或似狂，百岂无一实。恐伤四海和，幸勿若仓卒。亟许迁英山，衢路有嗟咄。翌日宣白麻，称快口盈溢。阿附连谏官，去若怀絮虱。其间因获利，窃笑等蚌鹬。英州五千里，瘦马行駃駃。毒蛇喷晓雾，昼与岚气没。妻孥不同涂，风浪过蛟窟。存亡未可知，旅馆愁伤骨。饥仆时后先，随猿拾橡栗。越林多蔽天，黄柑杂丹橘。万室通酿酤，抚远无禁律。醉去不须钱，醒来弄明瑟。山水仍奇怪，已可消愁郁。莫作楚大夫，怀沙自沉汨。西汉梅子真，出为吴市卒。市卒且不惭，况兹别乘秩。"始尧臣作此诗，不敢示人。及欧阳文忠公为编其集，时有嫌避，又削去此诗。是以人少知者。（以潞公之贤，而疑其有此。及阅梅圣俞之诗，而疑益甚。后乃知此事出于碧云騢，乃襄阳魏泰所作，而嫁其名于尧臣者。其书诋毁时贤，虽范文正狄武襄辈，俱不能免。人亦何苦用心若是。）

范文正公始以献百官图，讥切吕许公，坐贬饶州。梅圣俞时官旁郡，作《灵乌赋》以寄。所谓事将兆而献忠，人返谓尔多凶。公亦作赋报之，有言："知我者，谓吉之先；不知我者，谓凶之类。"及公秉政，圣俞久困，意公必接己，而漠然无意。所荐乃孙明复、李泰伯。圣俞有违言，遂作《灵乌后赋》以责之。略云："我昔闵汝之忠，作赋吊汝。今主人误丰尔食，安尔巢，而尔不复啄叛臣之目，伺贼垒之去，反憎鸿鹄之不亲，爱燕雀之来附。"意以其西师无成功，世颇以圣俞为隘。

荆公素轻沈文通遘，以为寡学，故赠之诗曰："翛然一榻枕书卧，直到日斜骑马归。"及作文通墓志遂云："公虽不尝读书，或规之曰渠乃状元。"此语得无太过，乃改读书作视书。又尝见郑毅夫《獬梦仙》诗曰："授我碧简书，奇篆蟠丹砂。读之不可识，翻身凌紫霞。"大笑曰："此人不识字，不勘自承。"毅夫曰："不然，吾乃用太白语也。"公又笑曰："自首减等。"

白诗云："遗我鸟迹书，飘然落岩间。其字乃上古，读之了不闲。"东坡云："李白尚气，乃自招不识字。不如韩愈崛强，云：'我宁屈曲自世间，安能随汝巢神仙也。'"

富郑公初甚欲见黄山谷，及一见，便不喜。语人曰："将谓黄某如何？原来只是分宁一茶客。"

陈无己诗话云："某公用事，排斥端士，矫饰伪行。范蜀公《咏僧房假山》诗曰：'倏忽平为险，分明假夺真。'某公，指荆公也。又一《假山》诗云：'安石作假山，其中多诡怪。虽然知是假，争奈主人爱。'世以为东坡所作。"

王荆公素不乐滕元发、郑毅夫，目为滕屠、郑酤。然二公豪迈，殊不病其言。毅夫为内相，一日送客出郊，过朱亥冢，俗谓之屠见原者。因作诗曰："高论唐虞儒者事，卖交负国岂胜言。凭君莫笑金椎陋，却是屠酤解报恩。"

王荆公知制诰。一日赏花钓鱼宴，内侍各以金碟盛钓饵药置几上，安石食之尽。明日，仁宗谓宰辅曰："王安石，诈人也。使误食钓饵，一粒则止矣。食之尽，不情也。"常不乐之。后安石自著《日录》厌薄祖宗，仁宗为甚。每谓汉文不足取，其心薄仁宗也。故一时大臣富弼、文彦博、韩琦，皆为其诋毁云。

熙宁七年四月，王荆公罢相镇金陵。是秋，江左大蝗。有无名子题诗赏心亭曰："青苗免役两妨农，天下嗷嗷怨相公。惟有蝗虫感恩德，又随钧旆过江东。"荆公一日饯客至亭上，览之不悦，而莫知作者为何人。

王荆公柄国时，有人题相国寺壁云："终岁荒芜湖浦焦，贫女戴笠落柘条。阿侬去家京洛遥，惊心寇盗来攻剽。"人皆以为夫出妇忧荒乱也。及荆公罢相，子瞻召还，诸公饮苏寺中，以此诗问之。苏曰："于贫女句可以得其人矣。终岁十二月也，十二月为青字。荒芜田有草也，草田为苗字。湖浦焦，水去也，水旁去为法字。女戴笠为安字，柘落木条剩石字。阿侬是吴言，仓吴言为误字。去家京洛为国，寇盗为贼民。盖言青苗法安石误国贼民也。"

文思副使方圭，好为恶诗。逢人即诵数十篇，其言喋喋可憎。宋丞相庠，以资政殿学士知扬州。圭假道淮上。一日宋宴客于平山堂，圭谈诗于坐。宋恶之，欲已圭之词。时望见野外一牛就树磨痒，宋顾坐客胡恢曰："青牛恃力狂挨树。"恢应声答曰："妖鸟啼春不避人。"宋公大笑。圭晓其意，泊饮罢，至客次奋拳击恢，众救之而免。

刘贡父作给事中，时郑穆学士表请致仕状过门下省。刘谓同舍曰："宏中请致仕，为年若干？"答者云："郑年七十三。"刘遽曰："慎不可遂其请。"问其故，刘曰："且留取伴八十四底。"时潞公年八十四，再起平章事。潞公闻之甚不怿。宏中，穆字也。

苏子瞻曰："予一日醉卧，有鱼头鬼身者，自海中来。云：'广利王请端明。'予披褐黄冠而去，亦不知身入水中，但闻风雷声。有顷，豁然明目，疑入水晶宫。其下骊目夜光，文犀尺璧，南金火齐，不可仰视。间以珊瑚琥珀。广利佩剑冠服而出，从二青衣。予曰：'海上逐客，重烦邀命。'有顷东华真人南溟夫人亦至，出鲛绡丈余，命予赋诗。予写竟，进广利。诸仙迎看称妙，独广利旁一冠簪者，谓之鳖相公，进言苏轼不谨，祝融二字犯王讳。王大怒斥出。予退而叹曰：'某到处被鳖相公厮坏。'"

东坡一日会客，坐客举令，欲以两卦名证一故事。一人云："孟尝门下三千客，大有同人。"一人云："光武兵渡滹沱河，既济未济。"一人云："刘宽婢羹污朝衣，家人小过。"东坡云："牛僧孺父子犯罪，大畜小畜。"盖指荆公父子也。

司马温公之亡，当明堂大享。朝廷以致斋，不及奠。肆赦毕，苏子瞻率同辈以往。程正叔固争，引《论语》："子于是日哭，则不歌。"子瞻曰："明堂乃吉礼，不可谓歌则不哭。"正叔又谕司马诸孤不得受吊。子瞻戏曰：颐可谓燠糟鄙俚叔孙通。"

司马文正公薨。时程正叔以臆说敛之，正如封角状。东坡嫉其怪妄，因怒诋曰："此岂信物一角，附上阎罗大王者耶？"（唐吴尧卿以佣保起家，托附权势，盗用监铁钱六十万缗。毕师铎之乱，广陵陷，亡命为仇所杀，弃尸衢中。其妻以纸絮苇棺敛之。

好事者题其上曰："信物一角，附至阿鼻地狱；请去斜封，送上阎罗大王。"坡语本此。）

东坡云："石介作三豪诗，其略云：'曼卿豪于诗，永叔豪于文，而杜默师雄豪于歌也。'永叔亦赠默诗云：'赠之三豪篇，而我滥一名。'默之歌少见于世，初不知之。后见其一篇云：'学海波中老龙，圣人门前大虫。'皆此等语。甚矣介之无识也，永叔不欲嘲笑之者。公素恶争名，且为介讳也。吾观杜默豪气，正是京东学究饮私酒，食癠死牛肉醉饱后所发者也。作诗狂怪，至卢仝马异极矣。若更求奇，便作杜默矣。"

刘元城言哲宗皇帝尝因春经筵讲罢，移坐小轩中，赐茶。自起折一柳枝。程颐为说书，遽起谏曰："方春万物生荣，不可无故摧折。"哲宗色不平，因掷弃之。温公闻之不乐，谓门人曰："遂使人主不欲亲近儒生，正为此辈。"太后闻之，叹曰："怪鬼坏事。"吕晦叔亦不乐其言，也云不须得如此。

沈明远寓简曰："程氏之学，自有佳处。至椎鲁不学之人，窜趾其中。状类有德者，其实土木偶也，而盗一时之名。东坡讥骂略无假借，人或过之。不知东坡之意惧其为杨墨，将率天下之人流为矫虔庸惰之习也。辟之恨不力耳，岂过也哉！"

张文潜未尝问张安道云："司马君实直言王介甫不晓事，是如何？"安道云："贤只消去看《字说》。"文潜云："《字说》也只是二三分不合人意。"安道云："若然，则足下亦有八九分不解事矣。"刘贡父言每见介甫道《字说》，便待打诨。

杜少陵《宿龙门》诗云："天阙象纬逼。"王介甫改阙为阅。黄山谷对众极言其是。刘贡父闻之曰："直是怕他。"

章子厚为侍从，遇其生朝会客。门人林特以诗为寿。子厚出诗示客，指其颂德处云："只是海行言语，道人须道著乃为工。"特颇不平，忽曰："昔人有令画工传神，以其不似，命别为之，既又以为不似。凡三四易。画工怒曰：'若画得似处，是甚模样？'"满座哄然。

章惇罢相，俄落职。林公希为舍人，当制。词云："悻悻无大臣之节，怏怏非少主之臣。"章相寄声曰："此一联毋乃太甚。"林答曰："长官发恶，杂职棒毒。无足怪也。"绍圣初，召拜首台。翰林曾子宣草麻，泊庭宣，有"赤舄几几，南山岩岩"之语。时士大夫语云："今则几几岩岩，奈砭砭靰靰乎？"

章子厚与苏了瞻小时相善。一日，章坦腹而卧，适子瞻自外来。章摩其腹以问子瞻曰："公道此中何所有？"子瞻曰："都是谋反底家事。"

赵挺之为御史，弹黄鲁直除右丞不当。盖系御史中丞孙觉之婿，户部尚书李常之甥，左司郎中黄廉之侄，翰林学士苏轼歌笑诙谐之友。

曾布以翰林学士权三司，坐言市易事，落职知饶州。舍人许将当制，颇多斥词。许是曾公所引，心不自安，往曾许谢过。曾曰："君不闻宋子京之事乎？昔晏元献当国，子京为翰林学士。晏爱宋之才，雅欲旦夕相见，遂税一第于旁近延居之。遇中秋启燕，晏召宋，出妓饮酒赋诗，达旦方罢。翌日罢相，宋当草词，颇极诋斥，至有'广营产以植私，多役兵而规利'之语。方子京挥毫之际，昨日余醒尚在，左右观者亦骇。盖此事由来远矣，何足校耶？"许怃然而去。（苏子由以为晏之罢相，由仁宗恨其撰章懿太后志文不实，更以其名在图谶，欲加重罚。赖子京止以他罪罪之，得免深谴也）。

蔡卞妻七夫人，是荆公女。颇知书，能诗词。蔡每有国事，先谋之床笫，然后宣于庙堂。时执政相语曰："吾辈每日奉行者，皆其咳唾之余也。"蔡拜右相，家宴张乐，伶人扬言曰："右丞今日大拜，都是夫人裙带。"中外传以为笑。

张天觉言近世文馆寂寞，向所谓有文者，欧阳修已老，刘敞已死，王珪、王安石已登两府。后来所谓有文者，皆五房检正，三舍直讲，崇文校书，间有十许人。今日之所谓词臣者，曰陈绎、曰王益柔、曰许将而已。觉尝评之："陈绎之文，如款段学骥，筋力虽劳，而不成步骤；王益柔之文，如村夫织机杼，虽成幅而不成锦绣；许将之文，如稚子吹埙，终日喧呼，而不合律吕。此三人者，皆以出辞令，行诏诰，而扬休外庭者也。今其文如此，恐不足以发帝猷，炳王度矣。"

王景亮与邻里仕族浮薄子数人结为一社，纯事嘲诮。士大夫无问贤否，一经诸人之目，无有不被不雅之名者。尝号其里，为猪嘴关。元祐间，吕惠卿察访东京。吕天姿清瘦，每说话，辄以双手指画。社人因目为说法马留。时邵篪以上殿泄气，出知东平。邵高鼻圈鬈髯。社人目为泄气师子。景亮又从而足为七字对曰："说法马留为察访，泄气师子作知州。"惠卿大衔之，因讽部使者发以他事，举社皆斋粉矣。盖口之为业，非独发人阴私，败人成事，贾祸敛怨，祸亦及之。

宋元祐党籍碑，成于蔡氏父子，其意则王安石启之也。安石尝作曹杜诗以寓意，谓神奸变化，自古难知。辨之而不疑者惟禹鼎焉。魑魅合谋，盖非一日。太邱之社，其亡也晚。盖以喻新法异意之人，将为宋室之祸也。其后门生子婿，相继得政，果铸宝鼎，列元祐诸贤司马光而下姓名于其上。以安石比禹绩，而以司马诸公为魑魅。吕惠卿载诸谢章曰："九金聚粹，画图魑魅之形。自此党论大兴，贤才消伏，卒致戎马南骛，赤县丘墟。一言丧邦，安石之谓也。"后金兵入汴，见铸鼎之象而叹曰："宋之君臣用舍如此，焉得久长？"遂怒而击碎之。

崇宁间，初兴学校。州郡建学，聚学粮，日不暇给。士人入辟雍，皆给券。一日不可缓，缓则谓之害学政。议罚不少贷。已而置居养院、安济坊、漏泽园，所费尤大。朝廷课以为殿最，往往竭州郡之力，仅能枝梧。谚曰："不养健儿，却养乞儿。不管活人，只管死尸。"

建中靖国初，有前与绍圣共政者，欲反其类，首建议尽召元祐流人还朝，以为身谋。未几，元祐诸人并集，不肯为之用，则复逐之，而更召所反者。既至，亦恶其翻覆，排之尤力。其人卒不得安其位而去。张芸叟时以元祐人先罢，居长安里中，闻之，壁间适有扇架，戏题其下曰："扇子解招风，本要热时用。秋来挂壁间，却被风吹动。"时竞传之以笑。

陈和叔绎为举子时，通率少检，后举制科，骤为质朴淳古之状。时谓之热熟颜回。熙宁中，孔文仲对制策，言时事有可痛哭叹息者，执政恶而黜之。绛时为翰林学士，语于众曰："文仲狂躁，真杜园贾谊也。"王平甫笑曰："杜园贾谊，可对热熟颜回。"合坐大噱，绛有惭色。杜园、热熟，皆当时鄙语。

魏泰道辅，自号临汉隐君。著《东轩杂录》《续录》，订误《诗话》等书。又有一书，讥评巨公伟人阙失，目曰《碧云騢》。取庄献明肃太后垂帘时，西域贡名马，颈有旋毛，文如碧云，以是不得入御闲之意。嫁其名于梅尧臣圣俞。

蔡攸尝赐饮禁中，徽宗频以巨觥宣劝之，攸恳辞不任杯酌，将至颠踣。上曰："就令灌死，亦不至失一司马光也。"由是言之，则上之尊光而薄攸至矣。然光已死，不免追夺，而攸迄被宠眷，是可叹也。王黼虽为相，然事徽庙极亵。宫中使内人为市，黼为市令，若东昏之戏。一日，上故责市令，挞之取乐。黼窘呼曰："告尧舜免一次。"上笑曰："吾非唐虞，汝非稷契也。"又一日，与逾垣微行，黼以肩承帝趾，墙峻，微有不相接处。上曰："耸上来，司马光。"黼应曰："伸下来，神宗皇帝。"君臣相谑乃尔。

徐神翁自海陵到京师，蔡鲁公谓徐云："且喜天下太平。"是时河北盗贼方定。徐云："太平！天上方遣许多魔君下生人间，作坏世界。"蔡云："如何识得其人？"徐笑云："太师亦是。"蒋颖叔为发运使，至泰州谒徐神翁，坐定，一无所说。将起，忽自言曰："天上人间，都不定迭。"蒋因叩之曰："天上已遣五百魔王来世间作官，安得定迭？"蒋复叩以身之休咎。徐谓之曰："发运使亦是一赤天魔王也。"

宣和末，黄安时曰："乱作不过一二年矣。天使蔡京八十不死，病亟复苏，是将使之身受祸也。天下其能久无事乎？"靖康兵乱，宣和旧臣悉已远窜。安时居寿春，叹曰："造祸者全家尽去岭外避地，却令我辈横尸路隅耶！"安时卒死于兵，可哀也。

汪彦章投李伯纪启云："孤忠贯日，正二仪倾侧之中；凛气横秋，挥万骑笑谈之顷。"又云："士讼公冤，咸举幡而集阙下；帝从民望，令免胄以见国人。"其赞美至矣。及居翰苑，草伯纪谪词，乃云："朋奸罔上，有虞必去于驩兜。欺世盗名，孔子先诛于正卯。"又云："专杀尚威，伤列圣好生之德。信谗喜佞，为一时群小之宗。"伯纪真君子，而丑诋至此，且与前启又何反也。当时亦有以此问彦章者，彦章云："我前启自直一翰林学士，而彼不我用，安得不丑诋之？"是可笑也。

渡江初，吕元直作相，堂厨每斤日食四千。至秦桧之当国，每食折四十余千。执政有差，于是始不会食。胡明仲侍郎曰："虽欲伴食，不可得矣。"

蜀人任子渊好谑。郑宣抚刚中自蜀召还，盖秦桧之欲害之也。郑治蜀有惠政，人犹觊其复来。暨闻秦氏之指，俱大失望。众中或曰："郑不来矣。"子渊对曰："秦少恩哉！"当时称其敢言。

南渡诸将俱封王，尊荣安富。而张循王俊尤善治生，其罢兵而归，岁收租米六十万斛。绍兴间内宴，有优人作善天文者，云："世间贵人必应星象，我悉能窥之。法当用浑天仪，设玉衡。若对其人窥之，见星而不见人。玉衡不能卒办，用铜钱一文亦可。"乃令窥光尧，云："帝星也。"秦师垣，曰："相星也。"韩蕲王，曰："将星也。"张循王，曰："不见其星。"众皆骇，复令窥之，曰："中不见星，只见张郡王在钱眼内坐。"殿上大笑。

洪景卢奉使，其父忠宣尝荐之。景卢为金困辱而归，太学诸生作词云："洪迈被拘留，垂哀告彼酋。七日忍饥犹不耐，堪羞，苏武曾经十九秋。○厥父既无谋，厥子安能解国忧。万里归来夸舌辨，村牛，好摆头时不摆头。"盖洪好摇头也。

孝宗时大旱，有诏迎天竺观音就明庆寺请祷。或作诗曰："走杀东头供奉班，传宣圣旨到人间。太平宰相堂中坐，天竺观音却下山。"赵温叔雄由是免相。

真文忠公德秀，负一时重望。端平更化，人傒其来，若元祐之涑水翁也。是时楮轻物贵，民生颇艰，意真儒一用，必有建明；转移之间，立可致治。于是民间为之语曰："若欲百物贱，直待真直院。"及童马入朝，敷陈之际，首以尊崇道学，正心诚意为第一义。继而复以《大学衍义》进，愚民无知，乃以其言为不切于时务，复以俚语足前句云："吃了西湖水，打了一锅面。"市井小儿嚣然诵之。继参大政，未及有所建置而薨。魏了翁督师，亦未及有所经略而罢。临安优人装一儒生，手持一鹤，别一儒生与之邂逅，问其姓名。曰："姓钟，名庸。"问其手持何物。曰："大鹤也。"因倾盖欢然，呼酒对饮。其人大嚼洪吸，酒肉靡有孑遗。忽颠什于地，数人曳之不动。中一人乃批其颊大骂曰："说甚《中庸》《大学》，吃了许多酒食，一动也动不得。"遂一笑而罢。西山省试主文，有轻薄子作赋云："误南省之多士，真西山之饿夫。"

沈子固先生曰："道学之名，起于元祐，盛于淳熙，其徒甚盛。其间假此以欺世者，真可嘘枯吹生。凡治才赋者，则目为聚敛。开阖扦边者，则目为粗材。读书作文者，则指为玩物丧志。留心吏事者，则斥为刀笔舞文。盖其所读者，止《四书》《近思录》《通书》《太极图》《西铭》，及诸家语录之类。自诡其学能正心齐家，至于治国平天下，故为之说曰："为天地立心，为生民立命，为前圣继绝学，为万世开太平。"凡为州为县为监司，必须建立书院及道统诸贤之祠。或利注《四书》，衍缉《近思录》等文，则可钓声誉，致通显。下而士子时文，必须引以竖义，则亦擢巍科，而称名士。否则，立身如温国，文章气节如东坡，皆非本色也。于是天下之士竞趋之，稍有违异，其党必挤之为小人，虽时君亦不得而辨之，其气焰可畏如此。然所言所行，了不相顾，往往皆不近人情之事。驯至淳祐咸平，则此弊极矣。是时为朝士者，必议论愦愦，头脑冬烘，弊衣菲食。出则乘破竹轿，舁之以村夫。高巾破履，人望而知其为道学君子。显达清要，旦夕可致也。然其家囊金匮帛，至为市人所不为。贾师宪独持相权，惟恐有攘之者，则专用此辈，列之要路。名为尊崇道学，其实幸其阘茸不才，不致掣其肘。以是驯致万事不理，丧身亡国。呜呼！孰谓道学之祸不甚于典午之清谈乎？陈同甫亦曰："今世之儒士，自谓得正心诚意之学者，皆风痹不知痛痒之人也。举一世安于君父之大仇而方且扬眉拱手，以谈性命，不知何者谓之性命乎！周公谨有言，世有一种浅陋之士，自视无堪以为进取之地，辄亦自附于道学之名。褒衣博带，危坐阔步。或钞节语录以资高谈，或低眉合眼号为默识，而试叩其所学，则古今无所闻知；考验其所行，则义利无所分别。此圣门之大罪人也。"同甫所嫉者正为此辈尔。

世有嘤嘤然以不仕为高，而其经营反甚于躁进者。或不得间而入，故为小异以去，矫托恬退，往往窃浮声而跻荣朊。世终不悟也。俗谑有穷书生欲啖馒头，计无从得。一日过市，见有列肆而鬻者，辄大呼仆地。主人惊问。曰："吾畏馒头。"主人曰："安有是理？"乃设百许枚，空室闭之。徐伺于外，寂不闻声。穴壁窥之，则以两手搏撮而食，殆过半矣，亟开门诘其然。曰："吾见此忽自不畏。"主人知其绐，怒而斥曰："若尚有畏乎？"曰："有。犹畏腊茶两碗耳。"

理宗朝，尝欲举行推回亩田之令，议而未决。至贾似道当国，卒行之。有人作诗曰："三分天下二分亡，犹把山川寸寸量。纵使一丘添一亩，也应不似旧封疆。"又云："量尽山田与水田，只留沧海与青天。如今那有闲州渚，寄语沙鸥莫浪眠。"又有作《沁园春》词云："道过江南，泥墙粉壁，石具在前。述某州某县，某乡某里，住何人地，佃何人田。气象萧条，生灵憔悴，经略从来未必然。惟何甚，为官为己，不把人怜。〇思量几许山川，况土地分张又百年。西蜀巉岩，云迷鸟道；两淮清野，日警狼烟。宰相弄权，奸人罔上，谁念干戈未息肩。掌大地，何须经理，万取千焉。"枢密使文及翁（《钱塘遗事》作陈藏一）亦尝作《百字令·咏雪》以讥之云："没巴没鼻，煞时间、做出漫天漫地。不问高低，并上下，平白都教一例。鼓弄滕六，招邀巽二，只恁施威势。识它不破，至今道是祥瑞。〇最苦是鹅鸭池边，三更半夜，误了吴元济。东郭先生，都不管，挨上门儿稳睡。一夜东风，三竿红日，万事随流水。东皇笑道，山河原是我的。"

　　贾似道当国，御史陈伯大奏立士籍。凡应举及免举人，州县给历一道，亲书年貌世系，及所肄业于历首。执以赴举，过省参对笔迹异同，以防伪滥。时有诗讥之云："戎马掀天动地来，襄阳城下哭声哀。平章束手全无策，却把科场恼秀才。"又有作《沁园春》云："国步多艰，民心靡定，诚吾隐忧。叹浙民转徙，怨寒嗟暑；荆襄死守，阅岁经秋。寇未易支，人将相食，识者深为社稷羞。当今亟出陈大谏，箸借留侯。○迂阔为谋，天下士如何可籍收。况君能尧舜，臣皆稷契；世逢汤武，业比伊周。政不必新，贯宜仍旧，莫与秀才做尽休。劝吾元老，广四门贤路，一柱中流。"又词云："士籍令行，条件分明，逐一排连。问子孙何习，父兄何业，明经词赋，右具如前。最是中间，娶妻某氏，试问于妻何与焉。乡保举，那当著押，开口论钱。○祖宗立法于前，又何必更张万万千。算行关改会，限田放籴生民凋瘵。膏血俱朘，只有士心仅存一脉，今又艰难最可怜。谁作俑，陈坚伯大，附势专权。"

　　似道令人贩盐百艘至临安卖之。太学生有诗云："昨夜江头长碧波，满船都载相公艖。虽然要作调羹用，未必调羹用许多。"

　　景定甲子七月初二日，彗见东方，昭示天变。有诏责己求直言。京庠唐椟上言，指切贾丞相云："大臣德不足以居功业之高，量不足以展经纶之大。七司条例，一旦变更。薪茗榻藏，香椒积压。与商贩争微利，致两浙无富家。夹袋不收拾人才，而遍储贱伎之姓名；化地不斡旋陶冶，而恣行非僻之方术。挟不肖之骏弟，以卿月而弄风月于花衢；招无赖之博徒，以秋壑而厌溪壑于槐闼。踏青泛绿，不思万井之萧条；醉酣饱鲜，遑恤百货之腾踊。刘良贵贱丈夫也，乃倚之以扬鹰犬之威；董宋臣非巨蠹哉，复纵之而出虎兕之柙。人心怨怒，致此彗妖。谁秉国钧，盍执其咎。"

　　嘉泰开禧间，郭倪位殿岩。宾客日盛，相与怂恿，直以为卧龙复出。酒后辄咏"三顾频烦两朝开济"之句。屏风扇面，一一皆书此二句。遂逢当轴意，以兴六月之师。吴衡守盱眙，过见之于扬。倪迎谓曰："君所谓洗脚上船也。予生西陲，如斜谷祁山，皆狭隘可守而不可出。岂若得平衍空旷之地，掉鞅成大功。顾不快耶！"陈景俊为随军漕，先行。燕之，中席酌酒曰："木牛流马，则以烦公。"众咸笑之。倬既溃于符离，撰又败于仪真，自度不复振，对客泣数行下。时彭法传师为法曹，好谑，适在座谓人曰："此带汁诸葛也。"传者莫不抚掌。唐源休受朱泚伪官，自比萧何之功。入长安日，首收图籍。时人笑之，目曰："火迫鄱侯，正可作对也。"

　　杭僧温日观善画葡萄，性嗜酒。唯杨总统饮以酒，则不一沾唇。见辄骂曰："掘坟贼，掘坟贼。"

　　至元丙子，淮南阃帅夏贵归附大元，授中书左丞。至己卯岁死，有赠以诗云："自古谁无死，惜公迟四年。问公今日死，何似四年前。"又有吊其墓云："享年八十三，而不七十九。呜呼！夏相公，万代名不朽。"昔宋褚彦回身事二姓，弟炤叹曰："使渊作中书而死，不当是一名士耶！世德不昌，令有期颐之寿。"

诙　谐

诗称善谑，史述滑稽。微言解颐，要语析疑。淳于骋辨，曼倩不羁。信喷饭而绝倒，亦心醉以情移。集诙谐。

陶尚书穀使吴越，忠懿王宴之。因食蝤蛑，询其族类。忠懿命自蝤蛑至蟛蜞，凡取十余种以进。穀曰："真所谓一蟹不如一蟹。"宴将毕，或进葫芦羹相劝。穀下箸，忠懿笑曰："先王时庖人善为此羹，今依样馔来者。"穀一语不答。（穀讥钱氏一代不如一代。忠懿以穀有"年年依样画葫芦"之句，故报之。）

陶尚书奉使江南，韩熙载遣家妓以奉盥匜。及旦，以书谢，有云："巫山之丽质初临，霞侵鸟道；洛浦之妖姿自至，月满鸿沟。"举朝不能会其辞，熙载因召家妓询之。云："是夕忽当浣濯。"

陶尚书穀本姓唐，避石晋讳而改焉，小字铁牛。李相涛出典河中，尝有书与陶公曰："每过中流，潜思令德。"陶初不为意，细思方悟，盖河中有张燕公铸系桥铁牛也。

太宗欲周知天下之事，虽疏远小臣，苟欲询访，皆得登对。王禹偁大以为不可，上疏有曰"至如三班奉职，其卑贱可知。比因使还，亦得上殿"云云，当时盛传此语。未几，王坐论妖尼道安救徐铉事，谪为商州团练副使。一日，从太守赴国忌行香。天未明，仿佛见一人紫袍秉笏，立于佛殿之侧。王意恐官高，欲与之叙位。其人敛板曰："某即可知也。"王不晓其言而问之。其人曰："公尝疏云：'三班奉职，卑贱可知。'某今官为借职，是即可知也。"王怃然自失。闻者莫不大笑。

盛文肃公度，丰肌大腹，居马上，前如俯，后如仰，而眉目清秀。丁晋公谓，疏瘦，面如刻削。二公皆浙人也，并以文辞知名。梅学士询，在真宗朝，久为名臣。至庆历中，为翰林侍读。好洁，衣服裹以龙麝。其在官舍，每晨起将视事，必焚香两炉，以公服罩之。撮其袖以出，坐定徐展，浓香郁然满室。有窦元宾者，五代汉相贞固之孙也。以名家子，有文行，为馆职而不事修洁。衣服垢汗，经时未尝沐浴。时人为之语曰："盛肥丁瘦，梅香窦臭。"明孝宗朝，元守直为通政使，王敞为左通政，姜清李浩为参议，声音俱不甚称。时有谣曰："元哭王唱，姜辣李苦。"盖元重浊，王尖丽，姜则急躁，李则气短。皆切中云。

盛度体丰肥。一日自前殿趋出，宰相在后，盛初不知，忽见即欲趋避。行百余步，乃得直舍，隐于其中。石学士见其喘甚，问之，盛告其故。石曰："相公问否？"盛曰："不问。"别去十余步乃悟，骂曰："奴乃以我为牛。"

杨文公大年，尝戒门人为文宜避俗语。既而公因作表云："伏惟陛下德迈九皇。"门人郑戬遽请于公曰："未审何时得卖生菜。"于是公为之大笑易之。

杨大年方与客棋，石中立自外至，坐于一隅。大年因诵贾谊《鵩赋》以戏之云："止于坐隅，貌甚闲雅。"石即答云：

"口不能言，请对以臆（杨名亿，故云）。"

杨文公亿有重名。尝因草制为执政者多所涂削，甚不平，因取稿上涂抹处以浓墨就加为鞋底样，题其旁曰："世业杨家鞋底。"人或问故，亿曰："此谓见别人脚迹。"当时传以为笑。后舍人草制被墨黜者，则相谑曰："又遭鞋底。"

祥符中，日本国忽梯航称贡，盖因本国之东有祥光现。其国素传中原天子圣明，则此光现。真宗喜，敕本国建一佛祠以镇之，赐额曰"神光"。朝辞日，上亲临遣。贡使回，乞赐寺记。时词臣当直者，文学不甚优赡，遂假张学士君房捉刀。既传宣令急撰寺记，时张醉饮于矾楼，遣人遍觅之不得，而贡使在阁门翘足而待。又中人三促之，紫薇大窘。后钱杨二公玉堂暇日，改闲忙令。大年曰："世上何人得最闲，司谏拂衣归华山。"盖种放得告还山养病之时也。希白曰："世上何人号最忙？紫薇失却张君房。"时传为雅笑。

张亢滑稽敏捷。有门客因会话，亢问曰："近日作赋乎？"门客曰："近作《坤厚载物赋》。"因自举其破题曰："粤有大德，其名曰坤。"亢应声答曰："奉为续两句，可移赠和尚。"续曰："非讲经之座主，是传法之沙门。"

龙图刘煜尝与内相刘筠聚会饮茗，问左右曰："汤滚也未？"左右皆应曰："已滚。"筠曰："金曰鯀哉。"煜应声曰："吾与点也。"

晏元献以文章名誉。少年富贵，性豪俊，所至延宾客，一时名士多出其门。罢枢密副使为南京留守，时年三十八。幕丁王琪、张亢，最为上客。亢体肥大，琪目为牛。琪瘦骨立，亢目为猴。一人互相讥诮。琪尝嘲亢曰："张亢触墙成八字。"亢应声曰："王琪望月叫三声。"一座为之大笑。

苗振以第四人及第，既而召试馆职。一日谒晏丞相，晏语之曰："君久从吏事，必疏笔研。今将就试，宜稍温习也。"振率然答曰："岂有三十年为老娘，而倒绷孩儿者乎？"晏公俯而哂之。既而试泽宫选士赋，韵叶有王字。振叶之曰："率土之滨莫非王。"由是不中选。晏公闻而笑曰："苗君竟倒绷孩儿矣。"

石中立喜滑稽。天禧中，为员外郎。时西域献狮子，畜于御苑。日给羊肉十五斤。石率同列往观，或曰："吾辈添与郎曹，反不及一兽。"石曰："汝何不知分？彼乃苑中狮子，吾曹员外郎耳。安可并耶？"

包弹对杜撰为甚的。包拯为台官，严毅不恕，朝列有过，必力弹击，故言事无瑕疵者曰没包弹。杜默为诗，多不合律，故言事不合格者曰杜撰。世言杜撰、包弹本此。《湘山野录》载盛文肃度撰文节神道碑。石参政中立急问曰："谁撰？"盛卒对曰："度撰。"满堂大笑。文肃在杜默之前，则知杜撰之说，其来久矣。

章郇公得象与石资政中立，素相友善。而石喜谈谐，尝戏章云："昔时名画有戴嵩牛、韩幹马，而今乃有章得象也。"

丁晋公在秘阁日，凝寒近火，尝以铁箸于灰烬间书画。同舍伺公暂起，烧箸使热。公至，为箸所熨，曰："昨宵通晓不寐，为四邻弦管喧呼所聒。"同舍曰："是必嫁娶之家也。"公曰："非也。是时平岁稔，小人辈共乐（烙）其父母祖先耳。"

丁晋公自崖州还，坐客论天下州郡，何地最雄盛。公曰："唯崖州地望最重。"客问其故。答曰："宰相只作彼州司户参军，他州何可及。"

文潞公坐客有言新义极迂怪者。公笑不答，久之，曰："颇尝记明皇坐勤政楼上，见钉铰者，上呼曰：'朕有一破损平天冠，汝能钉铰否？'此人既为完之。上曰：'朕无用此冠，以与汝为工直。'其人惶恐谢罪。上曰：'俟夜深闭门后独自戴，甚无害也。'"

韩缜为秦州，以贼杀不辜去官。秦人语曰："宁逢乳虎，莫逢韩玉汝。"或问"莫逢韩玉汝"当以何对。孙临最滑稽曰："可怕李金吾。"

欧阳公与人行令，各作诗两句，须犯徒以上罪者。一云："持刀哄寡妇，下海劫人船。"一云："月黑杀人夜，风高放火天。"至欧云："酒粘衫袖重，花压帽檐偏。"或问之。答云："当此时，徒以上罪亦做了。"

欧阳文忠公知贡举。省闱故事，士子有疑许上请。文忠方以复古道自任，将明告之，以崇雅黜浮，期以丕变文格。盖至日昃犹有喋喋弗去者，过哺稍阒矣。方与诸公酌酒赋诗，士犹有扣帘。梅圣俞怒曰："卖则不告，当勿对。"文忠不可，竟出应，鹄袍环立观所问。士忽前曰："诸生欲用尧舜事，而疑其为一事，或二事。惟先生幸教之。"观者哄然笑。文忠不动色，徐曰："似此疑事，诚恐其误，但不必用可也。"内外又一笑。

有士大夫投启谢论荐者云："措诸事业，皆仲尼之皇皇；发为文章，合唐虞之浑浑。"以唐虞与仲尼为对，可与此士分谤。

王宣徽拱辰，于洛中营第甚侈。中堂起屋三层，最上曰朝天阁。时司马公亦在洛，于私第穿地丈余，作坏室。邵康节见富郑公，公问洛中新事。邵云："近有一巢居，一穴处者。"富为大笑。

王岐公诗，喜用金玉珠璧以为富贵，而其兄谓之至宝丹。有人云："诗能穷人。且强作富贵语，看何如？"数日搜索，止得一联云："胫胻化为红玳瑁，眼睛变作碧琉璃。"为之绝倒。

王介甫为相，大讲天下水利。刘贡父尝造介甫，值一客在坐献策曰："梁山泊决而涸之，可得良田万顷。但未择得利便之地贮其水耳。"介甫俯首沉思。贡父抗声曰："此甚不难。"介甫欣然以为有策，遽问之。贡父曰："别穿一梁山泊，则足以贮此水矣。"介甫大笑而止。

荆公、禹玉，熙宁中同在相府。一日侍朝，忽有虱自荆公襦领而上，直缘其须。上顾之笑，公不自知也。朝退，禹玉指以告公，公命从者去之。禹玉曰："未可轻去。辄献一言以颂虱。"公曰："如何？"禹玉笑而应之曰："屡游相须，曾经御览。"荆公亦为之解颐。

　　王荆公封舒王，配享宣圣庙，位居孟子之上，与颜子为对。其婿蔡元度卜实主之。优人尝因对御，戏设孔子正坐，颜孟与安石侍侧。孔子命之坐，安石揖孟子居上。孟辞曰："天下达尊，爵居其一。轲仅蒙公爵，相公贵为真王，何必谦光如此？"遂揖颜子。颜曰："回也陋巷匹夫，平生无分毫事业。公为名世真儒，辞之过矣。"安石遂处其上。夫子不能安席，亦避位。安石惶惧拱手云："不敢。"往复未决。子路在外，愤愤不能堪，径趋从祀堂，挽公冶长臂而出。公冶为窘迫之状，谢曰："长何罪？"乃责数之曰："汝全不救护丈人，看取别人家女婿。其后朝论亦颇疑窒于礼文。每车驾幸学，辄以屏障其面。"旧制兖邹二公东西向，今郡县学二公并列于左者，盖靖康撤荆公像之时，徒撤而不复正耳。

　　大臣至近戚有疾，恩礼厚者多宣医。及薨，例遣内侍监护葬事，谓之敕葬。国医未必皆高手，既被旨，须求面投药为功，病者不敢辞。偶药不中病，往往为害。敕葬则丧家无预，一听命于监护官，不敢复计费。惟其所欲，至有罄资不能办者。于时谚云："宣医纳命，敕葬破家。"

　　苏长公在维扬，一日设客，十余人皆一时名士，米元章亦在坐。酒半，元章忽起立自赞曰："世人皆以芾为颠，愿质之子瞻。"长公笑答曰："吾从众。"

　　东坡在元祐，以高才狎侮公卿，率有标目，独于司马温公不敢有所轻重。一日，相与论免役差役利害，不合。及归舍，方卸巾弛带，辄连呼曰："司马牛！司马牛！"

东坡谒吕微仲，微仲方寝，久不出，已而见于便坐。其庭中有昌羊盆，豢一绿毛龟。坡指曰："此易得耳。"唐庄宗时有进六目龟者，时伶人敬新磨献口号云："不要闹，不要闹，听取龟儿口号。六只眼儿睡一觉，抵别人三觉。"

宋初，惩五代藩镇之弊，置通判以分知州之权，谓之监州。有钱昆少卿者，余杭人，嗜蟹。尝求补郡，人问其所欲，昆曰："但得有螃蟹无通判处则可。"此语风味似晋人。东坡云："欲问君王乞符竹，但忧无蟹有监州。"即用其事。

昔有黠者，滑稽以玩世，曰："彭祖八百岁而死，其妇哭之恸。其邻里共解之曰：'人生八十不可得，而翁八百矣，尚何尤？'妇对曰：'汝辈自不谕尔。八百死矣，九百犹在也。'"世以痴为九百，谓其精神不足也。又曰："令新视事，而不习吏道。召胥魁，具道笞十至五十。及折杖数，令遽止之曰：'我解矣。笞六十为杖十四耶？'魁笑曰：'五十尚可，六十犹痴耶？'长公取为偶对曰：'九百不死，六十犹痴。'"

李觏，字泰伯，盱江人。贤而有文章，苏子瞻诸公极推重之。素不喜佛，不喜孟子。好饮酒。一日有达官送酒数斗，泰伯家酿亦熟，然性介僻，不与人往还。一士人知其富有酒，无计得饮，乃作诗数首骂孟子。其一云："完廪捐阶未可知，孟轲深信亦还痴。丈人尚自为天子，女婿如何弟杀之。"又云："乞丐何曾有二妻，邻家焉得许多鸡。当时尚有周天子，何必纷纷说魏齐。"李见诗大喜，留连数日。所与谈，莫非骂孟子也。无何，酒尽，乃辞去。既而又有寄酒者，士人再往作《仁义正论》三篇，大率皆诋释氏。李览之笑曰："公文采甚奇，但前次被公吃了酒，后极索寞。今次不敢相留，留此酒以自遣怀。"闻者莫不绝倒。

梁太祖受禅，姚坰受翰林学士。上问及裴延裕行止，曰："颇知其人文思甚捷。"坰曰："向在翰林，号为下水船。"太祖应声曰："卿便是上水船。"议者以坰为急湍滩头上水船。黄鲁直诗曰："花气薰人欲破禅，心情其实过中年。春来诗思何所似，八节滩头上水船。"山谷点化前人语，而其妙如此，诗中三昧手也。

东坡在惠州，天下传其已死。后七年北归，时章丞相方贬雷州。东坡见南昌太守叶祖洽，叶问曰："世传端明已归道山，今尚尔游戏人间耶？"坡曰："途中见章子厚，乃回返耳。"

王圣涂辟之云："苏子瞻文章议论，独出当世。风格高迈，书画亦精绝。有得其真迹者，重于珠玉。而遇人温厚，有片善，即与之倾尽城府，论辨酬唱，间以谈谑。谪居黄州日，有陈处士携纸笔求书，会客方鼓琴，遂书曰："或对一贵人弹琴者，天阴声不发。贵人怪之曰：'岂弦慢耶？'对曰：'弦也不慢。'"其清谈善谑，类如此。

东坡在黄州，陈季常愦在岐亭，时相往来。季常喜谈养生，自谓吐纳有所得，后季常因病，公以书戏之曰："公养生之效有成绩，今又一病弥月。虽使皋陶听之，未易平反。公之养生，正如小子之圆觉，可谓'害脚法师鹦鹉禅，五通气球黄门妾'也。"前辈相与，可谓善谑也。

苏子由在政府，子瞻为翰苑。有一故人与子由兄弟有旧者，来干子由求差遣，久而未遂。一日来见子瞻，且曰："某有望内翰以一言为助。"公徐曰：旧闻有人贫甚，无以为生。乃谋伐冢，遂破一墓，见一人裸而坐，曰："尔不闻汉世杨王孙乎！裸葬以矫世，无物以济汝也。"复凿一冢，用力弥艰。既入，见一王者，曰："我汉文帝也。遗制圹中无纳金玉，器皆陶瓦，何以济汝？"复见有二冢相连，乃穿其在左者，久之方透。见一人曰："我伯夷也。瘠羸面有饥色，饿于首阳之下。无以应汝之。"其人叹曰："用力之勤无所获，不若更穿西冢，或冀有得也。"瘠羸者谓曰："劝汝别谋于他所。汝视我形骸如此，舍弟叔齐，岂能为人也。"故人大笑而去。

元祐初，用治平故事，命大臣荐士试馆职，多一时名士。在馆者率论资考次迁，未有越次进用者。皆有滞留之叹。张文潜、晁无咎俱在其间。一日二人阅朝报，见苏子由自中书舍人除户部侍郎，无咎意以为平，缓曰："子由此除不离核，谓如果之黏核者。"文潜遽曰："岂不胜汝枝头干乎？"闻者皆大笑。东北有果如李，每熟不及摘，辄便槁，士人因取藏之，谓枝头干，故云。

元祐中，一官有婚于中表者，已涉溱洧之嫌。及夜深，女家索催妆诗，傧者张仲素朗吟曰："舜耕余草木，禹凿旧山川。"坐有李程者，应声笑曰："禹舜之事，吾知之矣。"

郎中曹琰，滑稽便捷。尝有僧以诗投献，阅其首篇《登润州甘露阁》曰："下观洋子小。"琰曰："何不道卑吠狗儿肥？"次阅一篇《送僧》云："猿啼旅思凄。"琰曰："何不道犬吠张三嫂?"座中无不大笑。

　　洪舜俞为考功郎，应诏言事，论台谏失职，词甚剀切。内有"其相率勇往而不顾者，惟恭请圣驾款谒景灵官而已"句，遂为台官所劾。谓祗见宗庙，重事也，而舜俞乃云而已，有轻宗庙之意。因被落三官，舜俞自为诗云："不得之乎成一事，却因而已夫三官。（艺祖幸朱雀门。指门额问赵普："何不止书朱雀门，乃着之字?"普曰："语助语。"蔡祖曰："之乎者也，助得甚事。"洪语本此。）

　　刘攽博学有俊才，然滑稽喜谑玩，屡以犯人。熙宁中，为开封府试官，出临以教思无穷论。举人上请曰："此卦大象如何?"刘曰："要见大象，当诣南御苑也。"又有请曰："至于八月有凶，何也?"答曰："九月固有凶矣。"盖南苑豢驯象，而榜帖之出常在八月九月之间也。马默为台官，弹奏攽轻薄，不当置在文馆。攽闻而叹曰："既为马默，岂合驴鸣。"吕嘉问提举市易务，三司使曾布劾其违法。王荆公惑党人之说，反以为罪。曾既隔下朝请，而嘉问治事如故。攽闻而叹曰："岂意曾子避席，望之俨然乎!"望之，嘉问字也。

　　王彦和汾口吃，刘攽尝嘲之曰："恐是昌家，又疑非类。不见雄名，唯闻艾气。"盖以周昌、韩非、扬雄、邓艾皆吃也。又尝同趋朝，闻叫班声，汾谓曰："紫宸殿下频呼汝。"盖常朝知班吏多云班班，谓之唤班。攽应声答曰："寒食原头屡见君。"汾与坟同音，各以其名为戏也。攽又尝戏王觌曰："公何故见卖。"王答曰："卖公直甚分文。"攽与王介甫最为故旧，介甫尝戏拆其名曰："刘攽不直分文。"攽遂答曰："失女便成宕，无宁真是妬。下交乱真如，上颈误当宁。"介甫大衔之。

陈亚，扬州人，仕至太常少卿，年七十卒，盖近世滑稽之雄也。尝著药名诗百余首行于世，若"风月前湖近，轩窗半夏凉""棋怕腊寒可子下，衣嫌春暖宿纱裁"，及《咏白发》云"若是道人头不白，老君当日合乌头"，《赠祈雨僧》诗云"无雨若还过半夏，和师晒作葫芦耙"之类，最脍炙人口。又尝知祥符县，亲故多借车马。亚亦作诗曰："地居京界足亲知，托借寻常无歇时。但看车前牛领上，十家皮没五家皮。"览者无不绝倒。常言药名用于诗，无所不可，而斡运曲折，使各中理，在人之智思耳。或曰："延胡索可用乎？"曰："可。"沉思久之，因朗吟曰："布袍袖里怀漫刺，到处迁延胡索人。"闻者莫不大笑。又自为亚字谜曰："若教有口便哑，且要无心为恶。中间全没肚肠，外面强生棱角。"此虽一时俳谐之词，然所寄兴，亦有深意。亚尝知岭南思州，到任，与亲旧书曰："使君五马双旌，名目而已。螃蟹两蟹八足，真实不虚。"又尝知润州，幕中有上官弼为亚所亲，任满将去，谓亚曰："郎中才行无玷，宜简调谴。"亚曰："君乃上官鼻也，如下官口何？"弼笑而去。蔡君谟以其名戏之曰："陈亚有心终是恶。"陈复之曰："蔡襄无口便成衰。"时以为名对。宋初，郭忠恕嘲司业聂崇义云："近贵全为睜，攀龙不是聋。虽然三个耳，其奈不成聪。"聂应声曰："莫笑有三耳，何如蓄二心。"蔡陈相戏所自祖也。

刘攽与王介同为开封府试官，用事愤争，监试陈襄以闻。二人皆赎金，而中丞吕公著又言责之太轻，遂皆夺主判。是时雍子方为开封府推官，戏攽曰："据罪名，当坐决臀杖十三。"

放答曰:"然。吾已入文字矣。"其词曰:"切见开封府推官雍子方,身材长大,臀腿丰肥。臣实不如,举以自代。"合坐大笑。放之夺主判,其实中丞素不乐放也。其谢表略曰:"弝弩射市,薄命难逃。飘瓦在前,怃心不校。"又曰:"在矢人之术,唯恐不伤,而田主之牛,夺之已甚。"

刘贡父为中书舍人,一日朝会,幕次与三卫相邻。时诸帅两人出军伍,有一水晶茶盂,传玩良久。一帅曰:"不知何物所成,莹洁如此。"贡父隔幕谓之曰:"诸公岂不识,此乃多年老兵耳。"

刘贡父初入馆,乘一骡马而出。或言:"此岂公所乘,亦不虑趋朝之际有从群者,或致奔蹄之患耶?"贡父曰:"吾将处之也。"或问:"何以处之?"曰:"吾令市青布作小襜系之马后耳。"或曰:"此更诡异也。"贡父曰:"吾初幸馆阁之除,俸入俭薄,不给桂薪之用,因就廉直,取此马以代步。不意诸君督过之深,姑为此以掩言者之口耳。"

沈存中为内翰,刘贡父与从官数人同访之。始下马,典谒者报云:"内翰方就浴,可少待。"贡父语同行曰:"存中死矣,待之何益?"众惊问其故。贡父曰:"孟子云:'死矣盆成括。'"众方悟其为戏。

石曼卿为集贤校理,游娼馆,为不逞者所窘。曼卿醉与之校,为街司所录。曼卿诡怪不羁,谓主者曰:"只乞就本厢科决。欲诘,且归馆供职。"厢帅不喻其谑,曰:"此必三馆吏人也。"杖而遣之。

边人传诵一诗云:"昨日阴山吼贼风,帐中惊起紫髯翁。平明不待全师出,连把金鞭打铁骢。"有张师雄者,西京人,好以甘言悦人,晚年尤甚。洛中号曰蜜翁翁。出官在边郡,一夕贼马至界上,忽城中失师雄所在。至晓,方见师雄重衣披裘,伏于土窟中。西人呼土窟为空,寻有人改旧诗以嘲曰:"昨夜阴山吼贼风,帐中惊起蜜翁翁。平明不待全师出,连著皮裘入土空。"

嘉兴闻人德茂名滋,老儒也。喜留客食,然不过蔬豆而已。郡人求馆客者,多就之谋。又多蓄书,喜借人。自言作门牙客,充书籍行,开豆腐羹店。

长安有安氏家藏唐明皇髑髅,作紫金色。其家事之至谨,因而富盛。后其家析居,争髑髅,斧为数片。张文潜闻之曰:"明皇生死为姓安人薅恼。"合坐大笑。时秦少游方为贾御史弹劾,不当受馆职,文潜戏少游曰:"千余年前贾生过秦,今复尔也。"闻者以为佳谑。

林瑀、王洙同作直讲。林谓王曰:"何相见之阔也?"王曰:"遭此霖雨。"瑀曰:"今后转更疏阔。"王曰:"何故?"答云:"逢此短暑。"盖讥王之侏儒。

元祐间,有治《春秋》陈生,与宋门一娼狎一日会饮于曹门,因用《春秋》之文题于壁曰:"春正月,会吴姬于宋。夏四月,复会于曹。"或讥者就以其文戏之曰:"秋饥,冬大雪。公薨,君子曰:'不度德,不量力。其死于饥寒也,宜哉!'"

宋行都节序皆有休假。惟七夕,百司皆不准假。有时相问堂吏七夕不作假，有何典故？吏应曰："七夕古今无假。"时相但唯唯，不知其有所侮也。柳《七夕·二郎神》曰："须知此景，古今无价。"

绍圣间，朝廷贬责元祐大臣，及禁毁元祐学术文字。有言司马温公神道碑，乃苏轼撰述，合行除毁。于是州牒巡尉毁折碑楼，及碎碑。张山人闻之曰："不须如此行遣，只消令山人带一个玉册官去碑额上添镌两个不合字便了也。"碑额本云忠清粹德之碑云。

彭齐，吉州人。才辨滑稽无与为对。未第时，尝谒南丰宰，而宰不喜士，平居未尝展礼。一夕虎入县廨，咥所畜羊，弃残而去。宰即以会客，彭亦预。翌日投诗谢之曰："昨夜黄班入县来，分明踪迹印苍苔。几多道德驱难去，些子猪羊便引来。令尹声声言有过，录公口口道无灾。思量也解开东阁，留取头蹄设秀才。"览者无不绝倒。

钱穆甫为如皋令，会岁旱蝗发，而泰兴令独绐郡将云："县界无蝗。"已而蝗大起。郡将诘之，令辞穷，乃言县本无蝗，盖自如皋飞来。仍檄如皋请严捕蝗，无使侵邻境。穆甫得檄，辄书其纸尾报之曰："蝗虫本是天灾，即非县令不才，既自敝邑飞去，却请贵县押来。"（一作米元章雍丘县事，误也。）

林可山称和靖七世孙，不知和靖不娶，已见《梅圣俞序》中。姜石帚嘲之曰："和靖当年不娶妻，因何七世有孙儿。若非鹤种并龙种，定是瓜皮搭李皮。"

一相士黄生，见黄鲁直恳求数字取信，为游谒之资。鲁直大书遗曰："黄生相予，官为两制，寿至八十，是所谓大葫芦种也。一笑。"黄生得之，欣然。士夫间莫解其意，因问之，黄笑曰："一时戏谑耳。某顷年见京师相国寺中，卖大葫芦种，仍背一葫芦甚大，一粒数百钱，人竞买至春种结，仍乃瓠尔。"盖讥黄术之难信也。

王观恃才放诞。陆子履慎默，于事无所可否。观尝以方直少之，然二人极相善。观尝寝疾，子履往候之。观裹帽坐复帐中，子履笑曰："体中小不佳，何至是？所谓王三惜命也。"观厉声曰："王三惜命，何如六四括囊。"闻者莫不大笑。

绍圣中，蔡京馆伴辽使李俨，盖泛使者，留馆颇久。一日俨方饮，忽持盘中杏曰："来未开花，如今多幸。"京即举梨谓之曰："去虽叶落，安可轻离。"

刘贡父觞客，子瞻有事先起。刘调曰："幸早里，且从容。"子瞻曰："奈这事，须当归。"各以三果一药为对。

强渊明，字隐季。帅长安，辞蔡太史京。蔡戏云："公今吃冷茶去也。"强不晓而不敢发。问亲戚间有熟知长安风物者，因以此语访之，乃笑曰："长安妓女，步武极小，行皆迟缓，故有吃冷茶之戏。"

毛泽民受知曾文肃，擢置馆阁。文肃南迁，坐党与得罪，流落久之。蔡元度镇润州，与泽民俱临川王氏婿，泽民倾心事之惟谨。一日家集，观池中鸳鸯。元度席上赋诗，末句云："莫学饥鹰饱便飞。"泽民即席和以呈元度曰："贪恋恩波未肯飞。"

元度夫人笑曰："岂非适从曾相公池中飞过来者耶？"泽民惭不能举首。

建中初，曾文肃秉轴，与蔡元长兄弟为敌。有当时文士与文肃启，略云："扁舟去国，颂声惟在于曾门；策杖还朝，足迹不登于蔡氏。"明年，文肃南迁，元度当国。即更其语以献曰："幅巾还朝，颂声咸归于蔡氏；扁舟去国，片言不及于曾门。"士大夫不足养如此。

钱昂治郡有声，以才能称于崇观间。短小精悍，老而矍铄。尝帅秦州，时童贯初得幸，为熙河措置辽事，恃宠骄倨。将迎不暇，独昂未尝加礼。一日赴天宁开启待贯之来，久之方至。昂问之曰："太尉来何暮耶？"贯曰："偶以所乘驴小而难骑，动辄跳跃。适方欲据鞍，忽盘旋庭中甚久，以此迟迟。"昂曰："太尉之驴雄邪？"贯对曰："雄者也。"昂曰："既尔难奈何，不若阉之。"贯一时愧怒而莫能报。其后贯大用事，卒致迁谪。

有一士夫于京师买一妾，自言是蔡太师府厨中人。一日命作包子，辞以不能。诘之曰："既是厨中人，何为不能作包子？"对曰："妾乃包子厨中镂葱丝者。"曾无疑乃周益公门下士，有委之作志铭者，无疑援此事以辞曰："某于益公之门，乃包子厨中镂葱丝者，岂能作包子哉！"

吴元中丞相在辟雍试经义五篇，尽用字说，援据精博。蔡京为进呈，特免过省，以为学字说之劝。及作相，上章乞复春秋科，反攻王氏。徐择之时为左相，语人曰："吴相此举，虽汤武不能过。"客不解，择之曰："逆取而顺守，元中甚不能平。"

（吴敏，字符中，真州人。）

南齐胡谐之，潜梁州刺史范柏年于武帝曰："欲擅一州。"柏年已受代，帝欲不问。谐之曰："见虎格得而放上山。"于是赐死。绍圣中，谪元祐大臣过岭。吕吉甫闻之，嘻笑曰："捕得黄巢，笞而遣之。"

绍圣中，贬元祐人。苏子瞻儋州，子由雷州，黄鲁直宜州，刘莘老新州，皆取其字之偏旁也。时相之忍忮如此。时有术者曰："儋字从立人，子瞻其尚能北归乎？雷字雨在田上，承天之泽也，子由其未艾乎？宜字乃直字，有盖棺之义，鲁直其不返乎？"后东坡北归，子由退老于颍，十年乃终。鲁直竟卒于宜。

陈莹中云："岭南之人见逐客，不问官高卑，皆呼相公，想是见相公常来也。"

宣政间，戚里子邢俊臣性滑稽，喜嘲咏，常出入禁中。善作《临江仙》，末章必用唐律两句，以当调笑。徽宗置花石纲，石之大者，名神运石。大舟排联数十尾，仅能胜载。既至，上大喜，置艮岳万岁山。命俊臣为《临江仙》词，以高字为韵。末句云："巍峨万丈与天高。物轻人意重，千里送鹅毛。"又令赋陈朝桧，以陈字为韵。桧亦高六七丈，围九尺余，枝覆荫几百步。词末云："远来犹自忆梁陈。江南无好物，聊赠一枝春。"上容之弗怒也。内侍梁师成位两府，甚尊显用事，以文学自命，尤自矜为诗。因进诗，上称善，顾谓俊臣曰："汝可为好词，以咏师成诗句之美。"且命押诗字韵。俊臣口占，末云："欲知勤苦为新诗。吟安一个字，捻断数茎髭。"上大笑。师成恨之，谮其漏泄禁中语，谪为越州铃辖。太守王嶷闻其名，置酒待之。醉归，灯火萧疏。明日携词见府帅，叙其寥落之状，末云："扪窗摸户入房来。笙歌归院落，灯火下楼台。"后复预燕。席间有妓，秀美而肌白如雪，颇有体气。丰甫令乞词。末云："酥胸露出白皑皑。遥知不是雪，为有暗香来。"座客无不绝倒。

京师有一乐妓，洁白而陋，人目曰雪兽头。

宣和间，钧天乐部焦德者，以谐谑被遇，时借以讽谏。一日从幸禁苑，指花竹草木以询其名。德曰："皆芭蕉也。"上诘之，乃曰："禁苑花竹，皆取于四方。在途之远，巴至上林，则已焦矣。"上大笑。亦犹锹浇焦烧四时之戏：掘以锹，水以浇，既而焦，焦而烧也。其后毁艮岳，任百姓取花木以充薪，亦其识也。

宣和中，徐申干臣，自讳其名。知常州，一邑宰白事，言已三状申府未施行。徐怒形于色，责之曰："君为县宰，岂不知长吏名？"乃作意相侮。宰亦好犯上者，即大声曰："今此事申府不报，便当申监司，否则申户部、申台、申省，申来申去，直待申死即休。"语罢长揖而去。徐虽怒，然无以罪之。

大驾初驻跸临安，故都及四方士民商贾辐辏。又创立官府，扁榜一新。好事者取以为对云："铃辖诸道进奉院，详定一司敕令所。""王防御契圣眼科，陆官人遇仙风药。""干湿脚气四斤丸，偏正头风一字散。""三朝御装陈忠翊，四世儒医陆大丞。""东京石朝议女婿乐驻泊药铺，西蜀费先生外甥寇保义卦肆。"如此凡数十联，不能尽记。

虞雍公允文既却金主于采石，金惩前衄，将改图瓜洲。叶枢密义问留钥金陵。时张忠定焘，及幕属冯校书方，洪检详迈在坐。相与劳问毕，天风欲雪，因留卯饮。酒方行，警报沓至。坐上皆恐，叶四顾久之，酌卮醪以前曰："冯洪二君虽参帷幄，实未履行阵。舍人威名方新，士卒想望，勉为国家卒此勋业。"雍公受卮起立曰："某去却不妨，然记得一小话，敢为都督诵之。昔有人得一鳖，欲烹而食之。不忍当杀生之名，乃炽火使金中百沸。横篾为桥，与鳖约曰：'能渡此则活汝。'鳖知主人以计取之，勉力爬沙，仅能一渡。主人曰：'汝能渡桥甚善，更为我渡一遭，我欲观之。'仆之此行，无乃类是乎？"席上皆笑。已而雍公竟如镇江，亮不克渡而弑。自此简上知，驯至魁柄。（义问素不习军旅，会刘锜捷书至，读之，至"金人又添生兵"，顾问吏曰："生兵是何物？"）

叶丞相衡罢相归金华里中，不复问时事，但召布衣，交日饮。亡何，一日觉意中忽忽不怡，问诸客曰："某且死，所恨未知死后佳否耳？"一士人在下坐，作而对曰："佳甚。"丞相惊，顾问何以知之。曰："使死而不佳，死者皆逃归矣。一往不返，是以知其佳也。"满座皆笑。明年丞相竟不起。

东阳陈同甫，资高学奇，跌宕不羁。尝与客言："昔有一士邻于富家，贫而屡空，每羡其邻之乐。旦日衣冠谒而请焉。富翁告之曰：'致富不易也。子归斋三日，而后告子以其故。'如言复谒，乃命待于屏间，设高几，纳师资之贽。揖而进之曰：'大凡致富之道，当先去其五贼。五贼不除，富不可致。'请问其目。曰："即世之所谓仁、义、礼、智、信是也。"士卢胡而退。同甫每言及此，辄掀髯曰："吾儒不为五贼所制，当成何等人耶？"

裴晋公与郎中庾威同生于甲辰。裴尝戏威曰："郎中乃雌甲辰也。"程文惠公与庞颖公同生于戊子，程已贵而庞尚为小官。尝戏庞曰："君乃小戊子耳。"后颖公大拜，文惠致书贺曰："今日大戊子却为小戊子矣。"颖公笑之。

秦桧以绍兴十五年四月丙子朔赐第望仙桥，并银绢万两匹，钱千万，彩千缣。有诏就第赐宴，假以教坊优伶，宰执咸与。中席，优长诵数语而退。有参军前襃桧功德，一伶以荷叶交椅从之，诙语杂至。参军方就椅，忽坠其襆头。乃总发为髻，如行伍之巾，后有大环为双迭胜。伶指而问曰："此何环？"曰："二胜环。"伶遽以朴击其首曰："尔但坐太史交椅，请取银绢例物，此环掉脑后，何也？"一坐失色。桧怒，明日下伶于狱，有死者。于是语禁始益繁。芮煜令矜等吻祸，盖其未流焉。一云：杨存中在建康，旗上画双胜连环，谓之二胜环，盖取两宫北还之意。后得美玉，琢为帽环以进。有一伶在旁，高宗指示之曰："此杨太尉所进二胜环。"伶人跪捧谛观，徐奏曰："可惜二胜环，却放在脑后。"高宗为之改容。

秦桧在相位，久擅威福。士大夫一言合意，立取显美，至以选阶一二年为执政。人怀速化之望，故仕于朝者多不肯求外迁。时有王仲荀者，以滑稽游公卿间。一日坐于秦府宾次，朝彦云集。仲荀在隅席，辄前白曰："今日公相未出堂，众官久伺，某有一小语，愿资醒因何如？"众知其善谑，争耸听之。乃抗声曰："昔一朝士，出谒朱还，有客投剌于门。阍者告以某官不在，客忽勃然发怒，叱阍曰：'汝何敢尔！凡人之死者，乃称不在。我与某官厚，故来相见，而敢以此语诅之耶？'阍惶恐谢曰：'小人诚不晓讳忌，但今谒者，例告之如此，不审更作何语以谢客？'客曰："第云某官出外可也。'阍愀然蹙额曰：'我官人宁死，却是讳出外两字。'满座大噱。"仲荀出入秦门，预褒客，谈辞多风。秦虽煽语祸，独优容之，盖亦一吻流也。

曹泳为浙漕。一日坐客言汪王灵异者，泳问汪王若为对。有唐永夫者在坐，遽曰："可对曹漕。"泳以为工，绝爱之。曾觌，字纯甫。偶归正官萧鹧巴来谒。既退，复一客至，其素所狎也。因问曰："萧鹧巴可对何人？"客曰："正可对曾鹑脯。"觌以为慢己，大怒，与之绝。

马子约纯负材自任，好面折人，人敬畏之。建炎中，吕元直作相，子约求郡，元直拒之，徐云："有英州见缺，公可往否？"子约曰："领钧旨，待先去为相公盖一宅于奉候。"

寿皇临御，有一川官得郡陛辞。有宦者奏知来日有川知州上殿，官家莫要笑。寿皇问如何不要笑，曰："外面有一语云：'裹上幞头西字脸。'恐官家见了要笑，只得先奏。"所谓川知州者，面大而横阔，故有此语。来日上殿，寿皇见之，忆得先语，便笑云："卿所奏不必宣读，容朕宫中自看。"愈笑不已。其人出外曰："早来天颜甚悦。"以其奏札称旨，殊不知西字脸先入之言，所以动寿皇之笑也。

隆兴间，有扬州帅，贵戚也。安席间语客曰："谚所谓三世仕宦，方解着衣吃饭。仆欲作一书，言衣帽酒肴之制，未得书名。"通判鲜于广，蜀人，即对曰："公方立勋业，今未暇此。他时功成名遂，休逸林下，乃可成书耳。请先立名曰《逸居集》。"帅不之悟。有牛金判者，京东归正官也。辄操齐音曰："安抚莫信他。此是通判骂安抚饱食暖衣，逸居而无教，则近于禽兽。是甚言语！"帅为发怒颊面，而通判欣然有得色。

张晋彦才气过人，然急于进取。子孝祥，在西掖，时晋彦未老，每见汤岐公自荐。岐公戏之曰："太师尚书令兼中书令，是公合做底官职。余何足道？所称之官，皆辅臣赠官也。"谓安国且大用耳。晋彦终身以为憾。（张祁，字晋彦。其子孝祥，状元及第。秦桧罗织下狱，桧死乃仕。汤思退封岐公，祁弟邵，字才彦，有诗名。）

陕西凤州伎女，虽不尽妖丽，然手皆纤白；州境内所生柳，翠色尤可爱，与他处不同；又公库多美酝，故世言凤州有三出，谓手、柳、酒也。宣州士人李愈曰："吾乡有四出。"问何物，答云："漆、栗、笔、蜜。"

张子韶对策，有"桂子飘香"之语。赵明诚妻嘲之曰："露花倒影柳三变，桂子飘香张九成。"秦少游善乐府，取隋炀帝"寒鸦万点，流水绕孤村"之句，以为《满庭芳》语，而首言"山抹微云，天粘衰草"尤为当时所传。子瞻戏之云："山抹微云秦学士，露花倒影柳屯田。""露花倒影"，柳永《破阵子》语也。

同州澄城县有九龙庙，然止一妃耳。土人云："冯瀛王之女也。"夏县司马才仲戏题诗云："身既事十二，女亦妃九龙。"

过客读之，无不一笑。才仲，名械，温公侄孙，豪杰之士。

张乂，延平人。少负才。入太学有声，为率性斋长。甚渺小而多姿制。动以苛礼律诸生，同舍俱不平之。莆田林叔躬，亦轻薄士也。于是以其名字作诗赋各一首嘲之。其赋警联云："身材短小，欠曹交六尺之长；腹内空虚，乏刘乂一点之墨。"诗警句云："忠分爻两段，风使十横斜。文上元无分，人前强出些。"曲尽形容之妙，闻者绝倒。

庆历中，有试天子之堂九尺赋者。或云："成汤当陛而立，不欠一分。孔子历阶而升，止余六寸。"意用《孟子》曹交言汤九尺，《史记》孔子九尺六寸事。有二主司，一以为善，一以为不善，争久之不决，至上章交讼。传者以为笑。

乾道中，众客赴郡宴，尔日伎乐甚盛。一少年勇于见色，甫就席，中一客以服辞，乃命撤乐。劝酬次，少年责此人曰："败一席之欢者尔也。真所谓不自殒灭，祸延过客者耶？"宾主为之哄堂。

会稽有富人马生，以入粟得官，号马殿干。喜宾客，有姬美艳能歌，时出佐酒。客有梁县丞者颇黠，因与之目成。后马生殂，梁捐金得之。他日置酒觞客，陈无损益之在坐。酒酣，举杯属梁曰："有俪语奉上。"梁谛听之，即琅然高唱曰："昔居殿干之家，爰丧其马；今入县丞之室，毋逝我梁。"一坐大笑。梁怃然不乐，无几病死。

魏鹤山《天宝遗事诗》云："红锦绷盛河北贼，紫金盏酌寿王妃。弄成晚岁郎当曲，正是三郎快活时。"俗所谓快活三郎，即明皇也。小说载明皇自蜀还京，以驼马载珍玩自随。明皇闻驼马所带铃声，谓黄幡绰曰："铃声颇似人言语。"幡绰对曰："似言三郎郎当，三郎郎当。"明皇愧且笑。

唐司空图诗云："昨日流莺今日蝉，起来又是夕阳天。六龙飞辔长相窘，更忍乘危自着鞭。"戒好色自戒者也。杨诚斋善谑，尝谓好色者曰："阎罗王未曾相唤，子乃自求押到何也?"即此诗之意。

杨叔贤郎中异，眉州人。言顷有眉守初视事三日，大排乐人献口号。其断句云："为报吏民须庆贺，灾星移去福星来。"新守颇喜。后数日，召优者问前日大排乐词口号谁撰。其工对曰："木州自来旧例，只用此一首。"

杨叔贤，自强人也。古今永尝许人。顷为荆州牧，时虎伤人，杨就虎穴磨巨崖，大刻戒虎文，如鳄鱼之类。其略曰："咄乎尔彪，出境潜游。"后改官知郁林，以书托知事赵定基，打诚虎文数本。书言岭俗庸犷，欲以此化之。仍有诗曰："且将先圣诗书教，暂作文翁守郁林。"赵遣人打碑。次日本耆申某月日，磨崖碑下，大虫咬杀打碑匠二人。荆门止以耆状附递寄答。

姑苏李章，敏于调戏。偶赴邻人小集。主人素鄙，会次章适坐其旁。既进馔，主人前一煎鲑特大于众客者，章即请于主人曰："章与主人俱苏人，每见人书苏字，不同其鱼。不知合在左边者是，在右边者是?"主人曰："古人作字，不拘一体，移易从便也。"章即引手取主人之鱼示众客曰："领主人指拨，今日左边之鱼，亦合从便，移过右边如何?"一座辍饭而笑，终席乃已。

安鸿渐有滑稽清才，而复内惧。妇翁死，哭于枢。其孺人素性严，呼入缳幕中诟之曰："汝哭何得无泪？"渐曰："以帕拭干。"妻严戒曰："来日早临，定须见泪。"渐曰："唯。"计既窘。来日以宽巾湿纸置于额，大叩其颡而恸。恸罢，其妻又呼入窥之，惊曰："泪出于眼，何故额流？"渐对曰："仆但闻自古云，水出高原。"

唐牛奇《章元怪录》载，萧至忠欲出猎，群兽求哀于山神云："当令巽二起风，滕六致雨。"翌日风雨，萧不复出郊。建炎中，张、韩拥兵于高邮，时金兵驻楚泗间，整师大入。二将自料非其敌，深以为怯。将欲交锋之际，风雨大作，敌众辟易散走，损折甚多，因遂奏凯。范师直方，滑稽之雄也。为参赞军事，笑云："焉知张七韩五，乃得巽二滕六力耶？"闻者为之哄堂。

梁溪尤延之，博洽工文，与杨诚斋为金石交。淳熙中，诚斋为秘书监，延之为太常卿。又同为青宫寮采，无日不相从。二公皆善谑。延之尝曰："有一经句请秘监对，曰：'杨氏为我。'"诚斋应曰："尤物移人。"众皆叹其敏确。诚斋呼延之为蜣蜋，延之呼诚斋为羊。一日食羊白肠，延之曰："秘监锦心绣肠，亦为人所食乎？"诚斋笑吟曰："有肠可食何须恨，犹胜无肠可食人。"盖蜣蜋无肠也。一坐大笑。厥后闲居，书问往来。延之则曰："羔儿无恙。"诚斋则曰："彭越安在？"诚斋寄语云："文戈却日上无价，宝气蟠胸金欲流。"亦以蜣蜋戏之也。延之先卒，诚斋祭文云："齐歌楚竺，万象为挫。坏伟诡谲，我倡公和。放浪谐谑，尚友方朔。巧发捷出，公嘲我酢。"

史弥远权势赫炟，引布恰壬李和孝、梁成大等为之鹰犬，搏击善类。士流无耻者，多以钻刺进秩。宫宴时，有伶人执拳石以大钻钻之，久而不入，叹曰："钻之弥坚。"一伶人扑其首曰："汝不去钻弥远，却来钻弥坚，可知道钻不入也。"举座弁栗。翌日，弥远杖伶人而出之境。一云，蜀间大宴，伶为古衣冠数人游于庭，自称孔门弟子。相与言吾侪皆选人，遂各言其姓氏。曰：吾为尝从事，吾为于从政，吾为吾将仕。遂相与爪毛以选调为淹抑。有忿恚其旁者曰："子之名不见于七十子，固圣门下弟，盍叩十哲而受教焉？"如其言见颜闵方在堂，群而请益。子骞子蹙额曰："如之何，何必改？"兖公应之曰："回也不改。"最后宰我至曰："于予予改。"兖公愠曰："吾为四科之首而不改，汝何为独改？"请质诸夫子。夫子不答，久而曰："钻遂改。"兖公曰："吾非不钻，而钻弥坚耳！"夫子曰："汝之不改宜也。何不钻弥远乎？"

韩平原在庆元初，其弟仰胄为知阁门事，颇与密议，时人谓之大小韩，求捷径者争趋之。一日内宴，优人有为衣冠到选者，自叙覆历材艺，应得美官，而留滞铨曹，自春徂冬，未有川拟。方徘徊浩叹，适一日者弊帽持扇过其旁，遂邀使谈庚甲。问以得禄之期，日者厉声曰："君命甚高，但于五星局中财帛宫微有所碍。目下若欲亨达，先见小寒。更望成事，必见大寒可也。"侍燕者皆缩颈匿笑。徽之祁门客邸，壁间一诗，乃天族之试南宫者所作，其辞曰："寋卫冲风怯晓寒，也随举子到长安。路人莫作亲王看，姓赵如今不似韩。"旁有何人细书"霍氏之祸萌于骖乘"八字，墨迹尚新。

庆元初，京尹赵师睾请尽以西湖为放生池。作亭池上，求国子司业高炳如文虎为记。高故博洽，疾时文浮诞，痛抑之，以故失士心。会记中有："鸟兽鱼鳖咸若，商历以兴。"既已镵之。石本流传，殆不可掩。改商为夏，痕刻犹存。轻薄子作词以谑之云："高文虎，称伶俐。万苦千辛，作个放生亭记。从头无一句说着官家，尽把太师归美。这老子忒无廉耻，不知润笔能几。夏王却作商王，只怕伏生是你。"陈晦行草史集贤制，用昆命元龟事。闽帅倪侍郎驳之，陈屡疏援引唐人及本朝命相制，皆用此语。史擢陈台端，劾倪削秩罢去。或为一联云："舍人旧错夏商鳖，御史新争舜禹龟。"闻者绝倒。

今人于榜下择婿，号脔婿。其语盖本诸袁崧，尤无义理。其间或有意不愿而为贵势豪族拥逼，不得辞者。有一新后辈，少年有风姿，为贵族之有势力者所慕，命十数仆拥致其第，少年欣然而行，略不辞避。观者如堵。须臾有衣金紫者出曰："某惟一女，亦不至丑陋，愿配君子可乎？"少年鞠躬谢曰："寒微得托迹高门固幸，将更归家，试与妻子商量看如何？"众皆大笑而散。

顷岁儿女合卺之夕，婿登高座赋诗催妆，为常礼。后皆略去。京师贵游纳婿，类设次通衢，先观人物。岳母忽笑曰："我女如菩萨，却嫁个麻胡子。"谓其多髯也。迨索诗，乃大书曰："一双两好古来无，好女从来无好夫。却扇卷帘明点烛，待交菩萨看麻胡。"一座传观哄堂。

余于有王德者，僭窃九十日为王。有一士人被执作诏云："两条胫膑，马赶不前；一部髭髯，蛇钻不入。身坐银校之椅，手执铜锤之镞。翡翠帘前，好似汉高之祖；鸳鸯殿上，有如秦始之皇。"一应文武不许着草履上殿。德就擒，此士人以作诏得免。

郭巨性善谑，工词曲，以选人入市易务。亲知每见之，必诘问所由。郭口吃不能答，作《河传·咏甘草》以见意云："大官无闷，刚被旁人，竞来相问。又难为子细敷陈，且只将，甘草论。〇朴消大戟并银粉，疏风紧，甘草间相混。及至下来，转杀他人。尔甘草，有一分。"

张湍为河南司录。府当祭社，买猪以呈尹，而猪突入湍家，湍即捉杀之。尹问故，湍曰："律云，猪无故夜入人家，主人登时杀之勿论。"尹大笑，为别市猪。

陈桷待制，绍兴中尝从诸大将为谋议官。颇好修养之方，且自以为得道。尝题其所居曰："神仙多是大罗客，我比大罗超一格。"有轻薄者续其后曰："行满三千我四千，功成八百我九百。"

有数贵人遇休沐，携歌舞燕僧舍者。酒酣，诵前人诗："因过竹院闻僧话，偷得浮生半日闲。"僧闻而笑之。贵人问师何笑？僧曰："尊官得半日闲，老僧却忙了三日。谓一日供帐，一日燕集，一日扫除也。"

李佑晋臣，初在河朔守官。监司怒其嗜太文，对众责之。翌日请见，遂极武，监司愈怒。移文责问，佑供状云："高来不可，低来不可，乞指挥明降嗜样一个。"

纰 谬

崎岖历落，殊亦不恶。若苟然鄙薄，枯中搜索。银改金根，铁铸成错。是诚可咍而可愕。集纰谬。

建隆初，王师下湖南。沣民素不识橐驼，村落妇女，见而惊异，竞来观之。有拜而祝者曰："山王灵圣，愿赐福祐。"及见屈膝而促，又走避之曰："卑下小人，不劳山王下拜。"军士见者，无不大噱。又拾其所遗之粪，以线穿联戴于男女颈项之下，用禳兵疫之气。南中相传以为笑。

北方民家吉凶辄有相礼者，谓之白席，多鄙俚可笑。韩魏公自枢密归邺，赴一姻家礼席，偶盘中有荔枝，欲啖之。白席者遽唱言曰："资政吃荔枝，请众客同吃荔枝。"魏公憎其喋喋，因置不复取。白席者又云："资政恶发也，却请众客放下荔枝。"魏公为一笑。

有朝士陆东，通判苏州而权州事。因断流罪，命黥其面曰："特刺配某州牢城。"黥毕，幕中相与白曰："凡言特者，罪不至是而出于朝廷一时之旨。今此人应配矣，又特者，非有司所得行。"东大恐，即改特刺字为准条字，再黥之。颇为人所笑。后有荐东之才于两府者，石参政闻之曰："吾知其人矣，得非权苏州日，于人面上起草者乎？"

庆历中，河北大水，仁宗忧形于色。有走马承受公事使臣到阙，即时召对，问河北水灾何如？使臣对曰："如丧考妣。"上默然。既退，即诏阁门，今后武臣上殿奏事，并须直说，不得过为文饰。

杨安国，胶东经生也，累官至天章阁侍讲。其为人沽激矫伪，言行鄙朴，动有可笑。每进讲，则杂以俚下廛市之语。自宸坐至侍臣中官，见其举止，已先发笑。一日，侍仁宗讲至"一箪食一瓢饮"，安国操东音曰："颜回甚穷，但有一罗粟米饭，一葫芦浆水。"又讲"自行束脩以上，吾未尝无诲焉。"安国遽启曰："官家，昔孔子教人，也须要钱。"仁宗哂之。翌日，遍赐讲官，皆恳辞不拜，唯安国受之。时又有彭乘为翰林学士，文章诰命，尤为可笑。有边帅乞朝觐，仁宗许其候秋凉即途。乘为批答之诏曰："当俟萧萧之候，爰堪靡靡之行。"田况知成都府，会西蜀荒歉，饥民流离。况始入剑门，即发仓赈济，既而上表待罪。乘又批答曰："才度岩岩之险，便兴恻恻之情。"王琪滑稽多所侮诮。及乘之死，琪为挽词，有"最是萧萧"句。无人继后风，盖谓是耳。

黄州潘大临工诗。家甚贫。东坡、山谷尤喜之。临川谢无逸以书问有新作否，潘答曰："秋来景物，件件是佳句，恨为俗氛所翳耳。昨日闲卧，闻搅林风雨声，欣然起题其壁曰'满城风雨近重阳'，忽催租人至，遂败意，止于一句奉寄。"闻者笑其迂阔。（大临，即潘邠老。）

南唐一诗僧，赋《中秋月》诗云："此夜一轮满。"至来秋，方得下句云："清光何处无。"喜跃，半夜起撞钟，城人尽惊。李后主擒而讯之，具道其事，得释。

吴中一士人曾为转运司，别试解头，以此自负。好托附显位。是时侍御史李制知常州，丞相庄敏庞公知湖州。士人游毗陵，挈其徒饮倡家，顾谓一驿卒曰："汝往白李二，我在此饮，速遣有司持酒肴来。"俄顷，郡厨以饮食至，甚丰腆。适有一蓐医在座见其事，后至御史家，因语及之。李君极怪，使人捕得驿卒，乃兵马都监所假。受士人教戒，就使官厨买饮食以给坐客耳。李乃杖驿卒，使街司白遣士人出城。郡僚有相善者，出与之别，唁之曰："仓卒遽行，当何所诣?"士人应之曰："且往湖州依庞九耳。"闻者莫不大笑。

有故相远派在姑苏，尝嬉游书寺壁曰："大丞相再从侄某尝游。"士人李璋素好俳谑，题其旁曰："混元皇帝三十七代孙李璋继至。"

庆历中，卫士有震惊宫掖，寻捕杀之。时台臣宋禧上言："此盖平日防闲不周，所以致患。臣闻蜀有罗江狗，赤而尾小者，其猒如神。愿养此狗于掖庭，以警仓卒。"时谓之宋罗江。又有御史席平，因鞫诏狱毕，上殿。仁宗问其事。平曰："已从车边斤矣。"时谓之斤车御史。绍兴乙卯，以旱祷雨。谏议大夫赵霈上言："圣节杀鸡鹅太多，只令杀猪羊大牲。"适传一龙虎大王南侵边方以为忧。胡致堂侍郎云："不足虑，此有鸡鹅御史足以当之。"嘉定中，察院罗相上言："越州多虎，乞行下措置，多方捕杀。"正言张次贤上言："八盘岭乃禁中来龙，乞禁人行。"太学诸生遂有罗擒虎，张寻龙之对。

御史台故事，凡拜命满百日无启事者，斥外。王平拜御史满百日而未言事。或云："王端公有待而发，苟言之必大事也。"一日闻入札子，众共侦，乃弹御膳中有发。其弹词云：

"是何穆若之容，忽睹鬈如之状。"（宋时侍御史号杂端，最为雄剧。台中会聚，则于座南设横榻，号南床，又曰痴床。言登此床者，倨傲如痴。）

张丞相雅好草圣而不工，流辈皆讥笑之，丞相自若也。一日得句，索笔疾书，满纸龙蛇飞动。使其侄录之，当波险处，侄罔然而止，执所书问曰："此何字？"丞相熟视久之，亦自不辨，诟曰："何不早问，致吾忘之。"

彭渊材初见范文正公画像，惊喜再拜，前磬折，称"新昌布衣彭几幸获拜谒"。既罢，熟视曰："有奇德者必有奇形。"乃引镜自照，又捋其须曰："大略似之矣，只无耳毫数茎耳，年大当十相具足也。"又至庐山太平观，见狄梁公像，眉目入鬓。又前再拜赞曰："有宋进士彭几谨拜谒。"又熟视久之，呼刀镊者使剃其眉尾，令作卓枝入鬓之状。家人辈望见惊笑，渊材怒曰："何笑？吾前见范文正公，恨无耳毫。今见狄梁公，不敢不剃眉。何笑之乎？耳毫未至，天也；剃眉，人也。君子修人事以应天。奈何儿女子以为笑乎？吾每欲行古道，而不见知于人。所谓伤古人之不见，嗟吾道之难行也。"

渊材好谈兵，晓大乐，通知诸国音语。尝侘曰："行师顿营，每患乏水，近闻开井法甚妙。"时馆于太清宫，于是日相其地而掘之，无水，又迁掘数处观之。四旁遭其掘凿，孔穴棋布。道士月下登楼之际，颦额曰："吾观为败龟壳乎？何四望孔穴之多也？"渊材不怪。又尝从郭太尉游园，侘曰："吾比传禁蛇方甚妙，但呪语耳，而蛇听约束如使稚子。"俄有蛇甚猛，太尉呼曰："渊材可施其术！"蛇举首来奔，渊材无所施其术，反走汗流，脱其冠巾曰："此太尉宅神，不可禁也。"太尉为之一笑。尝献乐书，得协律郎。使其从子乘跋其书，曰："子落笔当公，不可以叔侄故溢美也。"乘题曰："渊材在布衣，有经纶志，善谈兵，时大乐。文章，盖其余事。独禁蛇开井，非其所长。"渊材观之，怒曰："司马子长以郦生所为事事奇，独说高祖封六国为失，故于本传不言者，著人之美为完传也。又于子房传载之者，欲隐实也。奈何言禁蛇开井乎？"闻者绝倒。

绍圣初，曾子宣在西府，渊材往谒之，论边事，极言官军不可用，用士人为良。子宣喜之。既罢，与其从子乘过兴国寺和尚，食素分茶甚美。将毕，问奴杨照取钱，奴曰："忘持钱来奈何？"渊材色窘，乘戏曰："兵计将安出？"渊材以手捋须良久，目乘，趋自后门出，若将便旋然。乘迫之，渊材以手掣帽褰衣走如飞。乘与奴杨照过二相公庙，渊材乃敢回顾，喘立面无人色，曰："编虎头，撩虎须，几不免虎口哉！"乘又戏曰："在兵法何计？"渊材曰："三十六计，走为上计。"

渊材迂阔好怪，尝畜两鹤。客至，指以夸曰："此仙禽也。凡禽卵生而此胎生。"语未卒，园丁报曰："此鹤夜产一卵，大如梨。"渊材面发赤，诃曰："敢谤鹤也。"卒去，鹤辄两展其胫伏地，渊材讶之，以杖惊使起，忽诞一卵。渊材嗟咨曰："鹤亦败道。吾乃为刘禹锡佳话所误，自今除佛老孔子之语，予皆勘验。要之渊材自信之力，但读《相鹤经》未熟耳。"又尝曰："吾平生无所恨，所恨者五事耳。"人问其故，渊材敛目不言，久之，曰："吾论不入时听，恐汝曹轻易之。"问者力请其说，乃答曰："第一恨鲥鱼多骨，第二恨金橘太酸，第三恨莼菜性冷，第四恨海棠无香，第五恨曾子固不能作诗。"闻者大笑。渊材瞠目曰："诸子果轻易吾论也。"李舟大夫客都下，一年无差遣，乃受昌州。议者以去家远，改授鄂倅。渊材闻之，吐饭大步，往谒李，曰："今日闻大夫改授鄂倅，有之乎？"李曰："然。"渊材怅然曰："谁为大夫谋？昌佳郡也，奈何弃之？"李惊曰："供给丰乎？"曰："非也。""民讼简乎？"曰："非也。""然则何以知其佳？"渊材曰："天下海棠无香，昌州海棠独香，非佳郡乎？"闻者传以为笑。

渊材游京师十余年，其家饘粥不给，父以书促归。跨一驴，携一布囊。亲旧相庆曰："布囊中必金珠也。君官爵虽未入手，且使父母妻儿脱冻馁之厄。囊中所有可早出之。"渊材喜见须眉曰："吾富可埒国，汝可拭目以观。"既开囊，乃李廷珪墨一丸，文与可墨竹一枝，欧阳公《五代史》稿草一巨束。

一士人以鬻书为业。尽掊其家所有，约百余千，买书将入京中。涂遇一士人，取书目阅之，爱其书，而贫不能得。家有数古铜器，将货之，而鬻书者雅有此癖，一见甚喜，乃曰："毋庸货也。我与汝估其值而两易之。"于是尽以随行之书，换数十铜器，亟返其家。其妻视其行李，但见二三布囊磊块铿铿有声。问得其实，乃骂其夫曰："你换得他这个，几时近得饭吃？"其人曰："他换得我那个也，几时近得饭吃？"闻者无不绝倒。

有嘲好古者云："以市古物不计直，破家无以食，遂为乞，犹持所有颜子陋巷瓢，太王去邠杖，号于众曰：'孰有太公九府钱乞一枚。'"

李寰建节晋州。表兄武恭性诞妄，又称好道及蓄古物。遇寰生日，乃遗箱掣一故皂袄子饷寰，曰："此是李令公收复京师时所服，愿尚书功业一似西平。"寰以书谢。后闻知恭生日，箱掣一破胭脂幞头饷恭，曰："知兄深慕高真，求得一洪崖先生初得仙时幞头，愿兄得道一如洪崖。"宾僚无不大笑。

　　刘宋江夏王义恭，性爱古物，常遍就朝士求之。侍中何勖已有所赠，而王征索不已。何意不平，常出行，于道中见狗枷败犊鼻，乃命左右取之还。以箱檠贮送，遗之笺云："承命复取古物，今奉上李斯狗枷，相如犊鼻。"

　　张怀素，舒州人。崇宁元年入京师，自称道术通神。虽聋虫异物，能呼遣之至。言孔子诛少正卯，尝谏以太蚤；楚汉成皋相持，亦屡登高观战。一时公卿皆惑之。至大观中事败，牵引士类，吕吉甫、蔡元度俱坐之降谪。

　　王荆公次子名雱，为大常寺太祝。素有心疾。娶同郡庞氏女为妻，逾年生一子。雱以貌不类己，百计欲杀之，竟以悸死。又与其妻日相斗哄。荆公知其子失心，念其妇无罪，欲离异之。则恐其误被恶声，遂与择婿而嫁之。是时工部员外郎侯叔献者，荆公门人也。娶魏氏女为妻，少悍。叔献死而帏箔不肃，荆公奏逐魏氏妇归本家。京师有谚语曰："王太祝生前嫁妇，侯工部死后休妻。"

　　进士李居仁与郑辉为友。居仁年逾耳顺，须尽白。辉少年轻侮，乃呼为李公。居仁于是尽摘其须去之。辉一日见居仁，阳惊曰："数日不见，风彩顿异。"居仁整容喜曰："如何？"曰："昔日皤然一公，今日公然一婆矣。"

　　有一郎官年六十余，置媵侍数人。须已班白，令其妻妾互镊之。妻忌其少，恐为群妾所悦，乃去其黑者。妾欲其少，乃去其白者。不逾月，颐颔遂空。

熙宁中，省试王射虎侯赋。一试卷云："讲君子必争之艺，饰大人所变之皮。"又尝试贵老为其近于亲赋。一试卷云："睹兹黄耇之状，类我严君之容。"一时传以为笑。

治平中，国学试策问体貌大臣。进士策对曰："若文相公、富相公皆大臣之有体者；若冯当世、沈文通皆大臣之有貌者。"意谓文、富丰硕，冯、沈美少也。刘原甫遂目沈、冯为有貌大臣。

李献臣好为雅言，知郑州。时孙次公为陕漕，罢赴阙，先遣一使臣入京。所遣乃献臣故吏，到郑庭参，献臣甚喜，欲令左右延饭，乃问之曰："餐来未？"使臣误意餐者，谓次公也。遽对曰："离长安日，都运已治装。"献臣曰："不问孙待制，官人餐来未？"其人惭沮而言曰："不敢仰昧，为三司军将日，曾吃却十三。"盖鄙语谓遭杖为餐。献臣掩口笑曰："官人误也。问曾与未曾餐饭，欲奉留一食耳。"

中官杜渐，好学文谈。凡答亲旧书若此事甚大，必曰："兹务孔洪。"亦此类也。

熙宁以前，凡郊祀大驾还内，至朱雀门外，忽有缘衣人出道中，蹒跚潦倒如醉状。乘舆为之少榼，谓之天子避酒客。及门，两扉遽阖门内抗声曰："从南来者是何人？"门外应曰："是赵家第几朝天子。"又曰："是也不是？"应曰："是。"开门，乘舆乃进，谓之勘箭。

旧制：郊祀礼成，驾还阙门，有勘契之仪。其制以札为箭，长三尺。镂金饰其端，缄以泥金绛囊，金吾掌之。金涂铜为镞，长三寸，其端所以合符也，贮以泥金紫囊，驾前掌之。驾至端门，阍吏阖扉以问曰："南来者为谁？"驾前司告曰"天皇皇帝，奏请行勘箭之镞。"奏曰："勘讫。"又审曰："是否？"赞者齐声曰："是。"三审乃启扉。列班启居，驾乃入。契刻檀为鱼，金饰鳞鬣。荆刻檀板为坎，足以容鱼。殿前掌板，驾过殿门，合鱼，乃启扉，其制如勘箭之仪。熙宁中，诏罢其制。

绍圣间，马从一监南京排岸司，适漕使至，随众迎谒。漕一见怒甚，即叱之曰："闻汝不职，未欲按汝。何不亟去，尚敢来见耶？"从一惶恐，自陈湖湘人，迎亲窃禄，求哀不已。漕察其语，南音也，乃稍霁威云："湖南亦有司马氏乎？"从一答曰："某姓马，监排岸司耳。"漕乃微笑曰："然则勉力职事可也。"初盖误认为温公族人，故欲害之。自是从一刺谒，但称监南京排岸而已。传者皆以为笑。

蔡京改官制，奏云："太宗皇帝尝为尚书令。"殊不知是唐太宗，举朝莫不揶揄，而不敢指其非。（古称姬姜，姬姓也。后人称姬妾已误，京改公主为帝姬，益谬矣。）

李邺使金还云："金人上马如龙，步行如虎，渡水如獭，登城如猿。"时人目为四如给事。

秦桧主和议。金人偏师来伐，桧顾盼朝士问计策。时张巨山微诵德无常师，桧心异之，留与语。召诸将为攻战计，即命巨山为奏稿。仓卒不仔细，起头两句云："伊尹告成汤曰：'德无常师，主善为师。'孔子曰：'陈力就列，不能者止。'"遂急书进呈。桧后喜，遂播告天下，决策用兵。已而顺昌大捷，金人遂退。桧后专其功，擢巨山中书舍人。有无名子作诗嘲之，一联云："成汤为太甲，宣圣作周任。"

徐仲车父名石，终身不践石，逢桥则使人负之而趋。陈烈吊蔡君谟之丧，及门，率子弟匍匐而进。遵《毛诗》"凡民有丧，匍匐救之"之义也。夫徐幸生江北，若在江南，则终身无可践之地。陈幸生江南，若在江北，则当坠污泥沟浍中矣。迂阔可笑，乃至于此。晋汲桑当盛暑，重裘累茵。使人扇之，恚不清凉，斩扇者。宋党进当大雪，拥炉酌酒。醉饱汗出，扪腹徐行曰："天气不正。"有兵士侍帐外，曰："小人此处颇正。"天下人何尝无对。

田登作郡，自讳其名，触者必怒，吏卒多被笞。于是举州皆谓灯为火。上元放灯，吏人遂书榜揭于市曰："本州依例放火三日。"承平日，有宗室名宗汉，自恶人犯其名，谓汉子曰兵士，举宫皆然。其妻供罗汉，其子授《汉书》，宫中人曰："今日夫人召僧供十八大阿罗兵士，太保请官教点兵士书。"都下哄然传以为笑。

程覃尹京日，有治声，唯不甚知字。尝有部民投牒，乞执状造桥。覃大书昭执二字。有吏在旁见其误，遂白之合是照执。今是昭执，乃漏下四点耳。覃遽取笔于执字下加四点，遂为昭热焉。

乾道中，驳放秦埙等科名。方集议时，中司误以驳为剥。众虽知其非，畏中司护前，遂皆书曰剥。可寓一笑。

绍兴末，谢景思守括苍，司马季思佐之，皆名俊。刘季高以书与景思曰："公作守，司马九作倅。想郡事皆如律令也。"闻者绝倒。

翁肃，闽人。守江州，昏耄。代者至，既交割，犹居右席。代者不校也。罢起，转身复将入州宅，代者揽衣止之曰："这个使不得。"

乾道间，林谦之为司业。与正字彭仲举游天竺，小饮论诗。谈到少陵妙处，仲举微醉，忽大呼曰："杜少陵可杀。"有俗子在邻壁闻之，遍告人曰："有一怪事，林司业与彭正字在天竺谋杀人。"或问其所谋杀者为谁，曰："杜少陵也。不知是何处人？"闻者绝倒。

岭南监司有但中庸者。一日有朝士同观邸报，见岭南郡守以不法被劾，朝旨令但中庸根勘。有一人辄叹曰："此郡守必是权贵所主。"问何以知之，曰："若是孤寒，必须痛治。此乃令但中庸根勘，即是有力可知。"同坐者无不掩口。其人幸然作色曰："崛直宜为诸公所笑。"竟不悟而去。

钟弱翁所至，好贬驳榜额字画，必除去之，出新意自立。名为重书，然书实不工，人皆苦之。尝过庐陵一山寺，有高阁壮丽。弱翁与僚属部曲拥立，望其榜曰："定惠之阁。旁题姓名漫灭。弱翁放意称谬，使僧梯取之。拭拂就视，乃鲁国颜真卿者。弱翁顾谓客曰："似此字画，何不刻石？"即令刻石。传者以为笑。（钟传，字弱翁。章惇党也。）

临平明因寺，尼刹也。豪僧往来多投是寺。每至则呼尼之少艾者供寝。寺主苦之，于是专设一寮，以贮尼之淫滥者，供客僧不时之需。名曰明因尼站。

弁阳老人曰："余负日茅檐，分渔樵半席。时见山翁野媪，扪身得虱，则置之口中，若将甘心焉。意甚恶之，然揆之于古，亦有记焉：应侯谓秦王曰：'得宛临流阳夏断，河内临东阳邯郸。'犹口中虱。王莽校尉韩威曰：'以新室之威，北系单于颈，无异口中蚤虱。'陈思王著论亦曰：'得蚤虱者，莫不靡之齿牙。为身害也。'三人者皆当时贵人，其言乃尔。则野老嚼虱，盖亦自有典故。可发一笑。"

冲晦处士李退夫，作事矫怪。携一子生京师，居北郊别墅，带经灌园。一日老圃请撒园荽。俗传撒此物，须主人口诵秽语，播之则茂。退夫固矜纯节，执菜子于手撒之，但低声密诵曰"夫妇之道，人伦之始"云云，不绝于口。夫何客至，不能讫事。戒其子使毕之，其子尤矫于父。执余子咒之曰："大人已曾上闻。"皇祐中，馆阁以为雅戏。凡曰淡话清谈，则曰宜撒园荽一巡。

至元间，诏天下除《道德经》外，其余说谎道经尽行烧毁。道士受佛经者为僧，不愿为僧者娶妻为民。时江南释教都总统杨琏真伽恢复佛寺三十余所。鉴湖天长观有道士为僧者，献观于总统云："贺知章倚托史弥远声势，将寺改观，乞复原日寺额。"杨髡从其请。真可笑也。

尤 悔

汗浃于背，思补于退。夜可告天，庶无罪悔。遂过知非，心常挂碍。集尤悔。

龙衮《江南录》云："江南周后随后主归朝，封郑国夫人。例随命妇入宫，每入辄数日而出，必大泣，骂后主。声闻于外，后主多宛转避之。又韩玉汝家有李主归朝后与金陵旧宫人书云：'此中日夕，只以眼泪洗面。'"

王文正公旦，从东封车驾回过陕。处士魏野寄以诗云："圣朝宰相年年出，公在中书十二秋。西祀东封俱已了，好来相伴赤松游。"旦袖此诗求退，遂得请。寇莱公准自永兴被召，野亦以诗送之云："好去上天辞富贵，却来平地作神仙。"公得诗不悦。后二年贬通州，每题前诗于窗间，朝夕吟哦之。说者谓莱公之南迁，不如文正之早退。然公题驿亭诗，未必不晚悟于魏处士者。其诗云："沙堤筑处迎丞相，驿使催时送逐臣。到了输他林下客，无荣无辱自由身。"夫荣辱犹是小事。若夫一朝绾印，千里舆榇，此又更输牖下老人一著也。

丁朱崖当政日，宴私第，忽语于众曰："尝闻江南国主钟爱一女，为择佳婿，须少年美风仪，有才学门第高者。"或曰："洪州刘生为郡参谋，年方弱冠，风骨秀美。大门尝任贰卿，博学有文。可以充选。"国主亟令召至，见之大喜，尚主拜驸马都尉。鸣珂锵玉，出入禁闼。甲第珍宝奇玩，豪华富贵，冠公一时。未几主告殂，国主悲悼不胜，曰："吾将不复见刘生。"削其官，一物不与，遣还洪州。生恍疑梦觉，触物如失。丁笑曰："某他日不失作刘参谋也。"未几有海上之行。籍其家，孑然南去。

富郑公晚居西都，尝会客于第中，邵康节与焉。因食羊肉，郑公顾康节曰："煮羊惟堂中为胜，尧夫所未知也。"康节云："野人岂识堂食之味。但林下蔬笋，则常吃耳。"郑公赧然曰："弼失言。"

刘孟节概，天资绝俗。酷爱山水，好为诗，慷慨多大节。举进士及第，为幕僚一任。不得志，弃官归。青之南有冶原，乃欧冶子铸剑之地。山奇水清，旁无人烟，丛筱古木，气象幽绝。富郑公镇青，为筑室原上居之。每游山，独挈饭一罂，穷探幽险，无所不至。夜则宿于岩石之下，或屡日乃返。不畏虎豹蛇虺。尝寓龙兴僧舍之西轩，往往凭栏静立，慨想世事，吁唏独语。或以手拍栏杆，自咏诗曰："读书误我四十年，几回醉把栏杆拍。"

吕惠卿与王荆公相失。惠卿服除，荆公为宫使居钟山，吕以启讲和曰："惠卿启：合乃相从，疑有殊于天属。析虽或使，殆不自于人为。然以情论形，则已析者宜难于复合；以道致命，则自天者讵知其不人。如某叨蒙一臂之交，谬意同心之列，忘怀履坦，失戒同巇。关弓之泣非疏，碾足之辞未已，而溢言皆达，弗气并生。既莫知其所终，兹不疑于有敌。而门墙责善，数多两解之书；殿陛对休，亲奉再和之诏。固其愿也。方且图之，重罹苫块之忧，遂稽竿牍之献。然以言乎昔，则一朝之过，不足害平生之欢；以言乎今，则八年之间，亦将随数化之改。内省凉薄，尚无细故之嫌；仰揆高明，夫何旧恶之念。恭惟观文特进相公。知德之奥，达命之情。亲疏冥于所同，爱憎融于不有。冰炭之息，豁然倘示于至恩；桑榆之收，继此请图于改事。侧躬以待，唯命之从。"荆公答曰："安石启：与公同心，以至异意，皆缘国事，岂有他哉？同朝纷纷，公独助我，则我何憾于公？人或言公，吾无预焉，则公亦何尤于我？趋时便事，吾不知其说焉。考实论情，公亦宜照于此。开谕重悉，览之怅然。昔之在我，诚无细故之疑。今之在公，尚何旧恶足念。然公以壮烈，方进为于圣世，而某蘦然衰疾，将待尽于山林。趋舍异事，则相煦以湿，不若相忘之愈也。趋召想在朝夕，惟良食自爱。王吕隙末，曲全在吕。"荆公之答，或法或巽，操纵可以随意。独计吕之负恩反噬，丧心厚颜。为此曲笔，亦复委婉曲折若此。

荆公初执政，用惠卿为心腹。惠卿指擿教导以济其恶。青苗助役，议出其手。仍为公画劫持上下之策，大率多用刑岳以震动天下。及公去位，荐以自代。既得志，恐公复召，欲逆闭其途。凡可以中公者，无不用。至发其私书，且曰："无使齐年知。"齐年者，冯京也。荆公与京同生戊子，故谓之齐年。荆公由是得罪。

蔡元长既南迁，中路有旨追取所宠姬慕容邢武者三人。以金人指名来索也。元长作诗以别云："为爱桃花三树红，年年岁岁惹春风。如今去逐他人手，谁复尊前念老翁。"初元长之窜也，道中市饮食于居民。问之知为蔡氏，皆不肯售，至有随以诟骂者。元长轿中独叹曰："京失人心，一至于此。"至潭州，作词曰："八十衰年初谢，三千里外无家。孤行骨肉各天涯，遥望神京泣下。○金殿五曾拜相，玉堂十度宣麻。追思往昔谩繁华，到此番成梦话。"后数日卒。门人吕川卞老大钱葬之。先是海陵徐神翁写字与人多验，蔡京得东明二字，皆谓东明向日之象，可卜富贵未艾。及京贬，死潭州城南五里外东明寺。

卢多逊南迁朱崖，逾岭憩一山店。店姬举止和淑，颇能谈京华事，卢因访之。姬不知卢也，曰："家故汴都，累代仕宦。一子仕州县，卢丞相违法治一事，子不能奉，诬窜南荒。到才周岁，尽室沦丧。独余残老一身，流落居此，意实有待。卢丞相欺上罔下，倚势害物。天道昭昭，行当南窜，未亡间庶或见于此，一快宿憾耳！"因号呼泣下。卢不待食，促驾而去。

吕辨者，蔡元长门人也。蔡罢相，珠履尽散，独吕送至长沙，因乘间问蔡云："公高明远识，洞鉴今古，亦知国家之事，必至于斯乎？"蔡答云："非不知也。将谓老身可以幸免。"

宣和间，芒山有盗临刑，母来与之诀，盗对母云："愿如小儿时一吮母乳，死且无憾。"母与之乳，盗啮断乳头，流血满地，母死。盗因告刑者曰："吾少也，盗一菜一薪，吾母见而喜之，以至不检，遂有今日，故恨杀之。"此不可为训，存之以见义方之教当于婴孩也。

绍兴和议成，显仁太后将还，钦宗挽其裾曰："寄语九哥，吾南归但为太乙宫主足矣。他无望于九哥也。"后与誓曰："吾先归，苟不来迎，瞽吾目。"既归，所见大异，不敢言。未几后失明，募医疗者莫效。有道士应募入宫，金针一拨，左翳脱然复明。更求治其右，道士笑曰："一目视物已足，其一存誓言可也。"后惕然起拜曰："师圣人，知吾之隐。"谢遗一无所受，但曰："太后不相忘，累修灵泉县朱仙观足矣。"拂衣而出。时上方视朝，仗下，急迹访之无所得。后王刚中帅成都，而得旨东朝。图朱仙像进入，俨然当日道士也。

高宗母显仁韦太后北归，至临平，因问："何不见大小眼将军？"或对曰："岳飞死狱矣。"遂怒帝，欲出家，乃服道装终身焉。（当是金人畏飞，相传其状貌，故后习闻之耳。不知后北辕时，飞尚未知名也。）

曹泳侍郎妻硕人历氏，余姚大族女。始嫁四明曹秀才，所天不相得，仳离而归。再适泳。时尚武弁。不数年，以秦会之姻党，易文阶，骤擢至徽猷阁。守鄞，元夕张灯州治，大合乐宴饮。曹秀才携家往观，见硕人服用精丽。左右供侍，备极尊俨。谓其母曰："渠乃合在此中享富贵，吾家岂能留？"叹息久之。泳日益显，为户部侍郎。尹京，会之殁，泳调新州而亡。硕人挈二子取丧归葬。子复不肖，家贫荡析，至不能给朝饷。赵德老观文亦历氏婿，硕人从父婿也。怜其贫老无倚，招至四明里第养之终身。硕人间出访亲旧，过故夫曹秀才庐。门庭整洁，花竹葱茂。顾使婢曰："我当时能自安于此，岂有今日？"因泣下数行。二十年间，夫妻更相悔羡。世态翻覆不可料如此。方泳盛时，乡里奔走承迎唯恐后，独硕人之兄历德斯不然，泳衔怒。帅越时，德斯为里正，泳风邑官，胁治百端，冀其祈己，竟不屈。会之甫殂，乃遣一介致书于泳，启封乃《树倒猢狲散赋》一篇。洎新州之贬，又以诗赠行云："断尾雄鸡不畏牺，凭依掇祸复何疑。八千里路新州瘴，归骨中原是几时。"泳得诗愤极，然无如之何。

黄德润事阜陵，人或议其循默。淳熙末，上将内禅。一日退朝留二府赐坐，从容谕及倦勤之意。诸公交赞，公独无语。上顾曰："卿以为何如？"对曰："皇太子圣德，诚克负荷。顾李氏不足母天下，宜留圣虑。"上愕然色变。公徐奏："陛下问臣，臣不敢自默，然臣既出此语，自今不得复觐清光。陛下异日思臣之言，欲复见臣，亦不可复得矣。"退即求去甚力。寿皇在重华宫，每抚几叹曰："悔不用黄洽之言。"或至泪下。

光宗逾年不朝重华宫，寿皇居常怏怏。一日登望潮露台，闻委巷小儿争闹呼赵官家者。寿皇曰："朕呼之尚不至，枉自叫耳。"凄然不乐。自此不豫。

尹穑字少稷，博学工文。闭户读书，不汲汲于仕进。诸公荐之，与陆务观同赐出身。后附丽汤思退，力排张魏公。以是除谏议，公论始薄之。后贬岭南屡年，蒙恩北归。周益公素与之善，便道来访，谓益公曰："某三十年闭户读书，养得少名。思之不审，所得于彼者几何？而破坏扫地，虽悔何及！"怅然久之。益公每举之以为士大夫末路之戒。

李全扰淮时，史弥远在庙堂，束手无策。有讹传全军已渡江，过行在。京师人民惶惶。弥远夜半忽披衣而起，有爱宠林夫人见其意似非尝，亦推枕随之。忽见弥远欲投池中，林急扶起泣告曰："相公且少耐区处。"数日后得赵葵捷书。

弥远死已久。一夕其家闻叩门声曰："丞相归。"举家骇匿。比入门，灯轿纷纭。升堂即席，子妇皆出罗拜。讯慰平生，历历嘱家事，索纸笔题诗云："冥路茫茫万里云，妻孥无复旧为群。早知泡影须臾事，悔把恩仇抵死分。"

贾秋壑德祐乙亥八月生日，建醮青词云："老臣无罪，何众议之不容上帝好生，奈死期之已迫。适值垂弧之旦，预陈易箦之辞。窃臣际遇三朝，始终一节。为国任怨，但知存大体以杜私门。遭时多艰，安敢顾微躯而思末路。属勍敌强邻之压境，率骄兵悍将以徂征。违命不前，致成酷祸。措躬无所，惟冀后图。众口皆诋其非，百喙难明此谤。四十年劳悴，悔不为留侯之保身。三千里流离，犹恐置霍光于赤族。仰惭覆载，俯愧劬劳。伏愿皇天后土之鉴临，理考度宗之昭格。三宫霁怒，收瘴骨于江边。九庙阐灵，扫妖氛于境外。"此时已无廖王诸客矣。盖似道手笔也。

　　常州苏掖仕至监司。家富而性啬，每置产，吝不与直。争一文，至失色。尤喜乘人窘急时以微资取奇货。尝置别墅，与售者反复甚苦，其子在旁曰："大人可增少金，我辈他日卖之，亦得善价也。"父愕然，自是少悟。士大夫竞传其语。

伤　逝

　　虽则人生影幻，未免我辈情深。泪碑谀墓，埋玉亡琴。杵存遗爱，弦辍知音。然而灭性不贵，丧明有箴。彼神伤者，何以为心。集伤逝。

　　雷宣徽有终，颇涉道书，因读史废书，流涕曰："功名者，贪夫之钓饵。横戈开边，枝剑讨叛，死生食息之不顾。及其死也，一棺戢身，万事都已。悲夫！"

　　钟思公谪居汉东日，撰一曲曰："城上风光莺语乱，城下烟波春拍岸。绿杨芳草几时休，泪眼愁肠先已断。○情怀渐变成衰晚，鸾镜朱颜惊暗换。昔年多病厌芳尊，今日芳尊惟恐浅。"每歌之，酒阑则垂涕。时后阁尚有故国一白发姬，乃邓王俶歌鬟惊鸿也。曰："吾忆先王将薨，预诫挽铎，中歌《木兰花》，引绋为送。今相公其将亡乎？"果薨于隋。邓王旧曲亦有"帝乡烟雨锁春愁，故国山川空泪眼"之句，颇相类。

　　江几邻休复云："胡翼之凶讣至京，钱公辅学士与太学生徒百余人，诣兴国寺戒坛院举哀。又自陈师丧给堂日假，近时无复此事"（胡瑗，字翼之）。

　　熙宁三年，京辅猛风大雪，草木皆稼，厚者冰及数寸。既而华山震，阜头谷圮折数十百丈，荡摇十余里，覆压甚众。唐天宝中，冰稼而宁王死。故当时谚曰："冬凌树稼达官怕。"又诗有"泰山其颓，哲人其萎"之说，众谓大臣当之。未数年而司徒侍中魏国韩公琦薨，王荆公作挽词，略曰："冰稼尝闻达官怕，山颓今见哲人萎。"盖谓是也。

司马温公隧碑，赐名清忠粹德。绍圣初，磨毁之际，大风走石，群吏莫敢视，独一匠氏挥斤而击，未尽碎，忽仆于碑下而死。

苏子瞻云："昔刘原父酒酣，诵陈季弼告陈元龙语，因自仰天太息。此自原父舒其胸中磊块之气。吾尝作诗云：'平生我亦轻余子，晚岁人谁念此翁。'记原父语也。原父没，尚有贡父在。每与语强人意。今复死矣，何时复见此俊杰人乎！"

东坡初入荆溪，有乐死之话，继而抱疾稍革，径山老，惟琳来候。坡曰："万里岭海不死，而归宿田里有不起之忧。非命也耶？然生死亦细故耳。"后二日将属纩，闻根先离，琳叩耳大声曰："端明勿忘西方。"坡言："西方不无，但个里着力不得。"语毕而终。李秃翁曰："西方不无，此便是疑信之间。若真实信有西方，正好着力，如何说着力不得也。"

东坡讣至京师，王定国及李豸皆有疏文。张耒时知颍州，闻坡卒，为举哀。行服出俸钱于荐福禅寺修供，以致师尊之哀。乃遭论列，谪房州别驾。

李方叔祭东坡文有云："道大不容，才高为累。皇天后土，鉴平安忠义之心；名山大川，还千古英灵之气。识与不识，谁不尽伤；闻所未闻，吾将安放。"时冰华居士钱济明祭坡文有

"降邹阳于十三世，夫岂偶然；继孟轲于五百年，吾无间也"之句。冰华云："元祐初，刘贡父梦至一官府案间，文轴甚多，偶取一轴展视之，云：'在宋为苏轼，逆数而上十三世，云在西汉为邹阳。'"

元祐党籍，皆一时名贤。逮宣和中，往往多在鬼录。独刘器之、范德孺二公在。未几，器之讣至，晁以道对宾客诵"南岳新摧天柱峰"之句，至哽咽不得语。客皆抆睫。以道徐曰："耆哲凋丧殆尽，缓急将奈何？"客曰："世未尝乏材，前辈虽殄瘁之感，安知无后来之秀？"以道曰："人材于世，譬如名方灵药之于病。世之集名方储灵药者多矣，然不肯先疾而备。至于疾既弥留，始阅方书，而治药材，不如见成汤剂，为应所须而取效速也。"时坐客无不深味其言。

有为吕与叔挽诗云："曲礼三千目，躬行四十年。"

韩子华兄弟皆为宰相。门有梧桐，京师人以桐木韩家呼之，以别魏公也。子华既下世，陆司农为作挽章云："棠棣行中排宰相，梧桐名上识韩家。"皆纪其实也。

宋稗类钞　卷之七

宗　乘

空空释部，荷荷良苦。天竺真如，雨花可睹。岂必火书，诟佛呵祖。集宗乘。（宋承五季傲扰之余，去圣日远，微言中绝。洎乎中叶，伊洛关闽，一时蔚兴，而理学真传，倬彼云汉。其道弥尊，罔敢附诸稗乘。至于宗门提唱，义更玄微。近世盲师庸髡，迹遍天下，靡不托附师承。竖拂拈槌，同夫登场傀儡。及叩其所有，率皆借口扫除语言文字以文荒谬。故遴其近里著己足与吾道相启发者，以著于编。毋云儒门淡薄，收拾不住也。）

芝上人言近有节度判官朱炎，学禅久之，忽于《楞严经》若有所得者，问讲僧义江曰："此身死后，此心何往？"江云："此身未死，此心何在？"炎良久以偈答曰："四大不须先后觉，六根还向用时空。难将语默呈师也，只在寻常语默中。"师可之。炎后竟坐化，真庙时人也。

欧阳文忠官洛中，一日游嵩山，却去仆吏，放意而往。至一山寺，入门。修竹满轩，霜清鸟啼，风物鲜明。文忠休于殿陛，旁有老僧阅经自若，与语不甚顾答。文忠异之曰："道人住山久如？"对曰："甚久。"又问："诵何经？"对曰："《法华经》。"文忠曰："古之高僧，临生死之际，类皆谈笑脱去，何道致之耶？"对曰："定慧力耳。"又问曰："今乃寂寥无有何哉？"老僧笑曰："古之人念念在定慧，临终安得乱？今之人念念在散乱，临终安得定？"文忠大惊，不自知其膝之屈也。

富郑公少好道，自言吐纳长生之术，信之甚笃。亦时为烧炼，而不以示人。熙宁初，再罢相，守亳州。有圆照大本者，住苏州瑞光，方以其道震东南，颍州僧正颙华严者，从之得法以归。公闻而致之亳，馆于书室，亲作弟子礼。一日旦起，公方听事公堂，颙视室中，有书柜数十，其一扃锔甚严。问之，左右曰："公常手自启闭，人不得与。意必道家方术之言。"亟使取火焚之，执事者争弗得。公适至，问状，颙即告之曰："吾先为公去一大病矣。"公初亦色微变，若不乐者，已而意定，即不问。自是豁然遂有得。颙曰："此非我能为公，当归之吾师。"乃以书偈通圆照，故世言公得法大本也。薨之夕，有大星殒于寝，洛人皆见之。

富文忠公深达性理。熙宁中，吴处厚官洛下，公时为亳守。遗吴书，托为访荷泽诸禅师影像。处厚因以偈戏之云："是身如泡幻，尽非真实相。况兹纸上影，妄外更生妄。到岸不须船，无风休起浪。惟当清静观，妙法了无象。"公答偈曰："执相诚非，破相亦妄。不执不破，是名实相。"既又以手笔贶之曰："承此偈见警，美则美矣，理则未然。所谓无可无不可者，画亦得，不画亦得。就其中观像者为不得，不观像者所得如何。禅在甚么处？似不以有无为碍者近乎通也。思之！思之！”

熙宁前未有谈禅者，自富郑公得法于圆照大本，于是一时幡然慕向，人人喜言名理，惟司马温公范蜀公以为不然。既久，二公亦自偶入其说，而温公尤信，蜀公遂以为讥。温公曰：“吾岂谓天下无禅！但吾儒所闻，有不必弃我而从其书耳。此亦几所谓实与而文不与者。”后因蜀公不纳，乃以书戏之曰：“贱子悟已久，景仁今尚迷。”又云：“到岸何须筏，挥锄不用金。浮云任来往，明月在天心。”此理极致，本无差别。温公悟理已到至处，乃能知其不异。

张文定公方平，奉佛甚谨。杜祁公衍，独不信佛法，每对客嘲笑。有一医姓朱，出入二公之门。尝欲方便劝导祁公，久而未获。一日公病召朱，朱以读《楞严》未了，不即往。既至，公怒曰：“《楞严》何等书而读之？”朱出袖中首轴呈之。公览竟，索余轴，不觉遽尽十卷，乃绝叹以为奇书。因与朱同谒文定，责其不早以告。文定曰：“譬如失物，既已得之，不必诘其得之之晚。”公自此即若有得，大加崇信。

大觉琏禅师，皇祐二年十二月十九日，仁宗皇帝诏至后苑，斋于化成殿。斋毕，传宣效南方禅林仪范，开堂演法。又宣左衔副僧录慈云大师清满启白。满谢恩毕，倡曰；“帝苑春回，皇家会启。万乘既临于舜殿，两阶获奉于尧眉。爱当和煦之辰，正是阐扬之日。宜谈祖道，上副宸衷。谨白。”琏遂升座问答罢，乃曰：“古佛堂中，曾无异说。流通句内，诚有多谈。得之者妙用无亏，失之者触途成滞。所以溪山云月，处处同风；水鸟树林，头头显道。若向迦也门下，直得尧风荡荡，舜日高明，野老讴歌，渔人鼓舞。当此之时，纯乐无为之化，焉知有恁么事。"皇情大悦。

庆历中，士大夫多修佛学，往往作偈颂以发明禅理。司马温公为《解禅偈》六篇，云："文中子以佛为西方圣人。信如文中子之言，则佛之心可知矣。今之言禅者，好为隐语以相迷，大言以相胜，使学之者伥伥然益入于迷妄。故予广文中子之言而解之，作《解禅偈》六首，若其果然，虽中国可行，何必西方。若其不然，则非子之所知也。"偈曰："忿怒如烈火，利欲如铦锋。终朝长戚戚，是名阿鼻狱。""颜回甘陋巷，孟轲安自然。富贵如浮云，是名极乐国。""孝悌通神明，忠信行蛮貊。积善来百祥，是名作因果。""仁人之安宅，义人之正路。行之诚且久，是名不坏身。""道德修一身，功德被万物。为贤为大圣，是名菩萨佛。""言为百世师，行为天下法。久久不可掩，是名光明藏。"当时称其精理。

司马君实尝言，吕晦叔之信佛近夫佞，欧阳永叔之不信近夫躁。皆不须如此。信与不信，才有形迹便不是。或问范景仁何以不信佛？景仁曰："尔必待我合掌膜拜，然后为信耶？"

杨次公留心释典。尝上殿，神宗问佛法，杨并不详答，直云："佛法实亦有助吾教。"既归。人言圣主难遇，次公平日所学如此，今乃唯唯何也？杨曰："朝廷端款明辩，吾惧度导师。"

晏景初尚书，请僧住院，僧辞以穷陋不可为。景初曰："高才固易耳？"僧曰："巧妇安能作无面汤饼乎？"景初曰："有面则拙妇亦办矣。"僧惭而退。（晏敦复，字景初，丞相殊之曾孙。）

王荆公尝问张文定："孔子去世百年，生孟子亚圣，自后绝无人，何也？"文定言："岂无？只有过孔子上者。"公问是谁，文定言："江南马大师，汾阳无业禅师，雪峰岩头丹云霞门是也。儒门淡薄，收拾不住，皆归释氏耳。"荆公欣然叹服。

王荆公在修撰经义局，因见举灯，言："佛书有日月灯光明佛。灯光岂足以配日月？"吕惠卿曰："日煜乎昼，月煜乎夜，灯煜乎日月所不及，其用无差别也。"公大以为然。

孛木鲁翀子羽公在翰林时，进讲罢，上问曰："三教何者为贵？"对曰："释如黄金，道如白璧，儒如五谷。"上曰："若然，则儒贱耶？"对曰："黄金白璧，无亦何妨。五谷于世，岂可一日阙哉！"上大悦。

舒王丁太夫人忧，读经蒋山。与元禅师游，问祖师意旨，元不答。王益叩之，元曰："公般若有障三，存近道之质一，更一两生来恐纯熟。"王曰："愿闻其说。"元曰："公受气刚大，世缘深。以刚大气遭世缘深，必以身在天下之重。怀经济之志，用舍不能必，则心未平。以未平之心经世，何时能一念万年哉！又多巧，而学问尚理。于道为所知愚，此其三也。特视名利如脱发，甘淡薄如头陀，此为近道。且当以教乘滋茂之可也。"王再拜受教。

冯当世晚年好佛。知并州日，以书寄王平甫曰："并州歌舞妙丽，闭目不窥。日以谈禅为上。"平甫答曰："若如所论，未違禅理。闭目不窥，已是一重公案。"

范蜀公素不饮酒，又诋佛教。在许下，与韩持国兄弟往还，而诸韩皆崇此二事。每燕集，蜀公未尝不与极饮尽欢。少间，则必以谈禅相勉，蜀公颇病之。苏子瞻时在黄州，乃以书问救之当以何术，曰："曲蘖有毒，平地生出醉乡；土偶作祟，眼前妄见佛国。"子瞻报之曰："请公试观：能惑之性，何自而生？欲救之心，作何形相？此犹不立，彼复何依？正恐黄面瞿昙亦须敛衽，况学之者耶！"意亦将有以晓公，而公终不领。

济南监镇宋保国，出观荆公《华严解》。东坡曰："《华严》有八十一卷，今独其一，何也？"保国云："公言此佛语至深妙，他皆菩萨语耳。"东坡曰："予于藏经中取佛语数句，杂菩萨语中；复取菩萨语数句，杂佛语中，子能识其非是乎？"曰："不能也。"东坡曰："余昔在岐下，闻河阳猪肉甚美，使人往市之，使者醉，猪夜逸去，贸他猪以偿。客皆大诧，以为非他产所及。既而事败，客皆大惭。今荆公之猪未败耳。若一念清净，墙壁瓦砾，皆说无上妙法。而云佛语深妙，菩萨不及，岂非梦中语耶？"保国称善。（《华严经·阿僧祇品》是如来说。）

苏子瞻云："范景仁平生不好佛。晚年清谨无欲，一物不芥蒂于心，真却是学佛作家，然至死常不取佛法。某谓景仁虽不学佛而达佛理，虽毁佛骂祖亦可也。"

东坡镇维扬，幕下皆奇豪。一日石塔长老遣侍者投牒求解宅。东坡问："长老欲何往？"对曰："师归西湖旧庐，即今出别候指挥。"东坡于是将僚佐同至石塔，令击鼓，大众聚观。袖中出疏，使晃无咎读之。其词曰："大师何曾出世，谁作金毛之声。众生各自开堂，何关石塔之事。去无作相，住亦随缘。戒公长老开不二门，施无尽藏。念西湖之久别，亦是偶然。为东坡而少留，无不可者。一时稽首，重听白槌。渡口船回，依旧云山之色。秋来雨过，一新钟鼓之声。谨疏。"

东坡夜宿曹溪，读《传灯录》。灯花堕卷上，烧一僧字，即以笔记于窗间，曰："山堂夜岑寂，灯下读传灯。不觉灯花落，茶毗一个僧。"

苏长公赴杭过润，佛印正挂牌与弟子入室，公便八方丈见之。师云："内翰何来？此间无坐处。"公戏云："暂借和尚四大用作禅床。"师云："山僧有一转语，内翰言下即答，当从所请。如稍涉拟议，所系玉带，愿留以镇山门。"公许之，便解置几上。师曰："山僧四大本无，五蕴非有，内翰欲于何处坐？"公未即答。师急呼侍者云："收此玉带，永镇山门。"遂取衲裙相报。公有绝句云："病骨难堪玉带围，钝根仍落箭锋机。欲教乞食歌姬院，故与云山旧衲衣。"

韩熙载妓乐数百，月俸尽以散之。常敝衣芒屩作瞽者，持独弦琴，俾门生舒雅执板挽之，随房乞食以为笑乐。又裴休常披毳衲于歌姬院乞食，自谓不为俗情所缚，可以说法为人。二事甚类，坡诗似用裴事。

坡参玉泉皓禅师，师问尊官高姓，坡曰："姓秤。秤天下长老轻重。"师喝曰："且道这一喝重多少？"坡无对，于是尊礼之。后过金山，坡题自己照容偈曰："心似已灰之木，身如不系之舟。问汝平生功业，黄州儋州惠州。"

东坡在惠州，佛印居江浙，以地远无人致书为忧。有道人卓契顺者，慨然叹曰："惠州不在天上，行即到矣。"因请书以行。印即致书云："尝读退之《送李愿归盘谷序》，愿不遇知于主上者，犹能坐茂林以终日。子瞻中大科，登金门，上玉堂，远放寂寞之滨。权臣忌子瞻为宰相耳。人生一世间，如白驹之过隙。三二十年功名富贵，转盼成空。何不一笔勾断，寻取自家本来面目？万劫常住，永无堕落。纵未得到如来地，亦可以骖驾鸾鹤，翱翔三岛，为不死人。何乃胶柱守株，待入恶趣？昔有问师佛法在甚么处？师云：'在行住坐卧处，着衣吃饭处，痾尿撒尿处，没理没会处，死活不得处。'子瞻胸中有万卷书，笔下无一点尘，到这地位，不知性命所在。一生聪明要做甚么？三世诸佛，则是一个有血性的汉子。子瞻若能脚下承当，把一二十年富贵功名，贱如泥土，努力向前。珍重，珍重。"

东坡云："元丰七年十二月，浴泗州雍熙塔下，戏作《如梦令》两阕云：'水垢何曾相受，细看两俱无有。寄语揩背人，尽日劳君挥肘。轻手，轻手，居士本来无垢。'又云：'自净方能洗彼，我自汗流呀气。寄语澡浴人，且共肉身游戏。但洗，但洗，俯为世间一切。'"此曲本唐庄宗制，一名《忆仙姿》，嫌其不雅驯，后改《云如梦》。庄宗作此词，卒章云："如梦，如梦，和泪出门相送。"取以为之名。

黄龙寺晦堂老子，尝问山谷以"吾无隐乎尔"之义。山谷诠释再三，晦堂终不然其说。时暑退凉生，秋香满院。晦堂因问曰："闻木犀香乎？"山谷曰："闻。"晦堂曰："吾无隐乎尔。"山谷乃服。

山谷尝言："利、害、毁、誉、称、讥、苦、乐，此八物，无名种子也。人从无名种子中生，连皮带骨，岂有可逃之地。但以百年观之，则人与我及彼八物，皆成一空。古人云：'众生身同太虚，烦恼何处安脚？'细思熟念，烦恼从何处来？有益于事，有益于身否？八风之波，渺然无涯，而以百年有涯之生，种种计较。惑利恶害，怒毁喜誉，求称避讥，厌苦逐乐，得丧又自有宿因，决不可计较而为之。且猿腾鸟逐，至于澌尽而后休，不可谓智也。此山谷有得于学佛者。"今人闻伊洛之绪论，知学佛为可耻，然亦何曾似渠用工，解说到此地位。

洪州武宁安和尚者，天衣怀禅师之嗣也，与秀关西为同行。秀已应诏住法云寺，其威光可以挟其友登云天而翔，而安止荒村破院。单丁五十年，秀时以书致安，安未尝视，弃之。侍者不解，因间问之。安曰："吾始以秀有精彩，乃今知其痴。夫出家儿冢间树下办那事，如救头燃。无故于八达衢头，架大屋，养数百闲汉，此真开眼尿床也。何足复对语哉？吾宗亦自此微矣。"

张丞相天觉喜谈禅。初为江西运判，至抚州见兜率从悦，与语意合，遂授法。悦黄龙老南之子，初非其高弟，而江西老宿，为南所深许。道行一时者数十人，天觉皆历诋之。其后天觉浸显，诸老宿略已尽。后来庸流传南学者，乃复奔走推天觉，称相公禅。天觉亦当之不辞。近岁遂有为长老开堂承嗣天觉者，前此盖未有。势利之移人，虽此曹亦然也。初与老南同得道于慈明者，有文悦，住云峰。其行解坚高，略与南等。从悦既因天觉而重，故其徒谓云峰悦为文悦，以别之。

吕申公公著，素喜释氏之学。及为相，务简静，罕与士大夫接，惟能谈禅者多得从游。于是好进之徒，往往幅巾道袍，日游禅寺，随僧斋粥，讲说性理，觊以自售。时人谓之禅钻。

饶德操，临川人，以文章著名。曾子宣、魏了翁皆与之游，往来襄邓间。始亦有婚宦意，尝令其仆守舍。归，见其占对异常，怪而问之。仆曰："守舍无所用心。闻邻寺长老有道价，往请一转语，忽尔觉悟，身心泰然，无他也。"德操慨然曰："汝能如是，我乃不能耶？"径往白崖问道，八日而悟。尽发囊橐，与其仆祝发为浮屠。德操名如璧，仆名如琳。遍参诸方，至浙，乐灵隐山川，因挂锡焉。琳有疾，德操躬进药饵，既卒，尽送终之义。夏均父为其疏云："无复挟书，更逐康成之后。何忧成佛，不居灵运之先。"又云："岂惟江左公卿，尽倾支遁。独有襄阳耆旧，未识道安。"时称其精当。德操号倚松道人，诗文皆高妙，名《倚松集》。

如璧，江西进士，饶节次子也。少年尝投书于曾子宣，论新法不合，乃祝发更名。长于诗。其梅花一联云："遂教天下无双色，来作人间第一春。"又答吕居仁云："长忆他时对短檠，诗成重改又鸡鸣。如今老矣无心力，口诵君诗绕竹行。"吕紫薇云："饶德操为僧后，诗更高妙。尝劝予专意学道，诗云：'向来相许济时功，大似频伽饷远空。我已定交木上座，君犹求旧管城公。文章不疗百年老，世事能排两颊红。好贷夜窗三十刻，胡床跌坐究幡风。'"

佛印禅师为王观文升座云："此一瓣香，奉为扫烟尘博士，护世界大王，杀人不眨眼上将军，立地成佛大居士。"王公大喜。以其久帅多专杀也。

绍圣改元九月，禁中为宣仁作小祥道场，宣隆报长老升座，上设御幄于旁以听。其僧祝曰："伏愿皇帝陛下，爱国如身，视民如子。每念太皇之保佑，常如先帝之忧勤。庶尹百僚，谨守汉家之法度。四方万里，永为赵氏之封疆。"即时有僧问话云："太皇居何处？"答云："身居佛法龙天上，心在儿孙社稷中。"当时传播，莫不称叹。呜呼，太皇之圣，华裔称为女尧舜。方其垂帘，每有号令，天下人谓之快活条贯。

宗杲论禅云："譬如人载一车兵器，弄了一件，又取出一件来弄，便不是杀人手段。我则只有寸铁便可杀人。"朱文公亦喜其说，盖自吾儒言之。若子贡之多闻，弄一车兵器者也。曾子之守约，寸铁杀人者也。

叶石林云："佛氏论持律，以隔墙闻钗钏声为破戒。"苏子由为之说曰："闻而心不动非破戒，心动为破戒。"子由盖自谓深于佛者，而言之陋如此，何也？夫淫坊酒肆，皆是道场。内外墙壁，初谁隔限，此耳本何所在？今见有墙为隔，是一重公案。知声为钗钏，又是一重公案。尚问心动不动乎！

崇宁二年三月一日，卫州获嘉县民职氏，杀猪祭神。而民刘氏猎犬，得其弃首骨，衔之狷四日不食。民使其子析之，其左北齿白中得肉如拇，谛视之，如来像也。髻有珠如粟，瞑目跏趺，瞳子隐然，庄严毕具。观者万人。晁载之伯宇尝记其事。晁无咎又作赞以称叹之。

政和丁酉，真州慈受禅师怀深，近赴村落富人家斋，见群犬争衔啮一牛胫骨，狂噬相嗾不已。村人持挺驱逐，亦竟不去。众异之，因夺而破之。其中血髓已坚凝如玉，自成一菩萨形。

衣纹璎珞，相好奇特，虽雕琢有所不及。其家乃取去藏之。佛之慈悲化身，无乎不在，以警于好杀者俾生信心，哀愍有情，故示希有之异。阐提者得不少悛乎？又其岁真州郊外一家屠一牛。买肉归者，往往于刲割之际，铮铮有声。视之，于肉脉中皆有舍利也。大小不一，光莹如玉。询数家皆有之。自尔一村之民不复食牛。

徽宗时，济南府开元寺因更修，掘地得石碑，盖会昌中汰僧碑也。字皆磨灭，惟八字独存，云："僧尽乌巾，尼皆绿鬓。"僧恶碎之。后有诏改沙门为德士，遂符其言。

和尚置梳篦，亦俚语，言必无用也。崇宁中改僧为德士，皆加冠巾。蔡鲁公不以为然，尝争之不胜。翌日有冠者数十人诣公谢。发既未有，皆为赝髻以簪其冠。公戏之曰："今当遂梳篦乎？"不觉哄堂大笑，冠有坠地者。

真定大历寺有藏，虽小而精巧。藏经多唐宫人所书，经尾题名氏，极可观。佛龛上有涂金匣，藏经一卷，字体尤婉丽。其后题曰："善女人杨氏，为大唐皇帝李三郎书。"

李后主手书金字《心经》一卷，赐其宫人乔氏。乔氏后入太宗禁中，闻后主薨，自内庭出经，舍相国寺西塔以资荐，且自书于后云"故李氏国主宫人乔氏，伏遇故主百日，谨舍昔时赐妾所书《般若心经》一卷，在相国寺西塔院。伏愿弥勒尊前，持一花而见佛"云云，字整洁而词甚怆恍。所记止此。其后江南僧持归故国，置之天禧寺塔相轮中。寺后大火，相轮自火中堕落，而经不损。

乾道七年，丞相魏公杞出守姑苏，请僧可观主北禅院。入院之际，适值重九，指座云："胸中一寸灰已冷，头上千茎雪未消。老步只宜平地去，不知何事又登高。"魏公为之击节。吁！彼老而汩没于名利之场，贪得不休，升高履险而不知戒。其有愧此僧之诗多矣。

熙宁间，驾部郎中徐师回，记其所亲官于河朔，夜见司理院狱屋高处，有光骇人。明日而赦下，州人怪之。上寻光处，得文字三十八。其辞曰："观世音南无佛，与佛有因，与法有缘，佛法相因。行念观世音，坐念观世音，念念不离心，念佛从心起。"有张氏子病目，念此得瘳。

胡少汲夜梦游一寺，与勒和尚衲僧六七人，共步长廊。少汲手持长镵画青方石，如锥画沙，书六句颂云："我行世间，多动少息。暂休宝坊，万虑入寂。明日入山，八面受敌。"勒和尚随句微哦，旁皆叹息。中有一僧云："万虑俱寂，句法甚胜。明日出山是将动也。"似觉复寐，自理前颂，增"住为主人，动转为客"二语于出句上，广为八句。

道 教

惟亿万年，言崇五千。缁素生克，羽衣翼然。天书之始，道君终焉。集道教。

柴通伭，字文元，本绵州彰明县弓手。公干山樊，睹一鹰带绿绦胸绊于林间。柴喜其俊异，又疑豪子所蓄，遂取以归。道遇少年就索，柴即与之。少年愧谢，传以符术，授丹笔一枚，曰："遇人疾厄，当书符以救之。"柴归县，不喜执役，遂窜迹两蜀，到处每书符以治疾，亦时得金以助行囊。后游太华，见陈希夷。问："子何处得太乙真君笔乎？"方知得遇乃太乙，即求披戴住阌乡县观中。真宗西祀回，召对赐坐，问以无为之要，赐茶药束帛。时百余岁，喜服气，能长啸，精神如中年人。观即唐轩辕游宫，有明皇诗，及所注《道德经》二碑。真宗作诗赐之，改赐祥符观额，邑人后呼为柴先生观。娄道者，涟水人。生有奇相，右中手指凡七节，父母异之，令出家依文殊院。即院之隅双松间一席当空，为栖隐地，强名曰药师庵。其实无屋庐也。蓬首裸足，不间寒暑。虽积雨雪，宛转泥淖间，所藉席非甚败不辄易。隆冬则卧雪浴冰，盛夏或拥氎附火。旁有物若虺状，动止与俱。逮师示灭，亦不复见。庵绝人迹，芜秽不治。有颜翁者日来扫除，师亦听焉，独庵旁十步禁不听治。每事已告去，师必指一砖谓曰："下有钱可取。"翁发砖辄得之。日易其处，止五十文。翁他日觊其多也，两手掬之，其数自若。师既绝物，愿见者足才踵门，辄嫚骂疏其隐讳。皆控其所不闻于人者发之，必惭退。虽不得见，耻心且格矣。有民妇赍币求见，师厉声曰："若事姑不谨，何见我为？不用汝物也，可抱柱著。"妇意其使之听命也。既及柱，则旋柱疾走，若有牵制，是不得脱，自晨达午不解。邻人祈师，师曰："今纵汝去。"邻人曰："是尝苦其姑推磨，殆坐此乎？"久之名闻京师，太宗召见赐褐，加礼遗还。祥符中，章圣复召馆于开宝寺造塔道者院，与石头道者同对。上用明皇饮张果故事，赐酒，师引饮无难色。侍者下咽辄仆，师摩其项击以三掌，平愈如故，上益异焉。昭陵为太子，师抚之曰："他日为四十二年太平天子。"复命宫中同装服，毕出修敬。师闭目端坐，阅数十人。内至一人遽起曰："愿善待此人，他日为陛下作得家主。"乃章献明肃太后也。既辞归，上赐两褐并金器等物。师复有一目生于掌中，不以示人，唯二圣亲览焉。淮楚吴水患，而涟泗尤被其酷。泗冲淮汴下流，二川与众水东至泗，盖千里而合，复道涟入于海。海潮来去，涟当其咽。师之未灭与灭之后，屡显功力以御水灾。涟人尤德之。议者谓僧伽居泗以制漳水之冲，师居涟以御潮波之害，非偶然也。师之法号曰澄因大师。

祥符中，封禅事竣，宰执对于后殿。上曰："治平无事，久欲与卿等一处闲玩，今日可矣。"遂引群公及内侍数人，入一小殿。殿前有山甚高，山面一洞，上既入，乃招群公从行。初觉甚暗，数十步，则天宇豁然。千峰百嶂，杂花流水，极天下之伟观。少焉至一处，重楼复阁，金碧照耀。有一道士，貌亦奇古，来揖上，执礼甚恭。上亦答之良厚。邀上主席，上再三逊谢然后坐。群臣再拜，居道士之次。所论皆玄妙之旨，而牢醴之属，又非人间所见也。鸾鹤舞庭际，笙箫振林木。至夕乃罢，道士送上出门而别曰：“万几之暇，无惜与诸公频见过也。”复由旧路以归。臣下因以请于上，上曰：“此道家所谓蓬莱三山者也。”群臣自失者屡日，后亦不复再往，不知何术以致之也。

东坡先生知扬州。一夕，梦在山林间，忽见一虎来欲噬公。方甚怖时，有一紫袍黄冠以袖障公，叱虎使去。明日，有道士投谒曰：“昨夜不惊畏否？”公瞋目骂曰：“鼠子乃敢尔！本欲杖汝脊，吾岂不知子夜来术耶？”道士惶骇而退。蔡君谟尝梦为虎所逼，有一人救之。虎既去，与之坐，曰：“公贵人也。但头角不正。”手为按之，曰：“骨已正矣。”翌日，李士宁道人谒君谟，谓曰：“夜梦颇惊惶否？”君谟愕然，视其状乃梦中逐虎正骨者，此盖方术家幻惑人之事尔。

枢密安公，讳犯御名。传元祐末为江东漕。因游庐山太虚观，未至数里间，有道士紫衣皂巾，领徒七人迎谒。既而不知所在，问左右皆无见，至观谒陆静修仙师遗像，则宛然其人也。元符庚辰，公再到，赋诗曰：“昔年游历访霓旌，多谢仙师数里迎。今日重来知有意，此身应不为公卿。”

韩待制子苍言：“贵城山中一道士，命小童持铁汤瓶出观赏酒。小童中道登厕，以瓶挂树端，瓶重木弱，为风所摇。木叶揩磨所著处皆成金色。徐以木叶再揩未至处，则表里黄赤。即锻以火，付市货之，得上金之价。自是阴识其木，试之辄效。年逾六十，寓滑州天庆观，以老病不出几十年，未尝乏绝。私念欲传其术，而未有可付者。会观前一卖卜老人，不问年之荒歉，以一斗求息一文。意其为行有常，或可以传。一日招至酒肆，密告以意。老人曰："余能是久矣。"其人不之信，期他日共试之。诘旦老者至，因扃观户。邻房数辈穴壁窃窥之，则见二人破一釜，各以火煅，次下药物，少间倾注于地，赤金烂然。方把玩称叹，不虞窥壁者一拥而入，仓皇不及收，因之喧呶争夺，二人者竟压死矣，众亦因是坐狱。盖天地至宝，鬼神所秘，而二人辄私用之，宜于不免也。

臧论道郎中知洪州日，有老兵为园子，能致非时果菜。臧氏子弟稍异之，问之，则绐以得于市。使他人求之，终不得也。密察其所为，则无妻息，独卧圃中草舍。往往夜定有语笑声，及迫而近之，则又寂然。其后论道从容，挽接益久，才略告曰："今夜三更漏点中半，公能独步至园中，当有一语授公。苟少差违，则遂成虚矣。"论道其夕不寐，夜分具袍笏将出，其妻苦问之，不得已以实告。其妻不测而强制之，漏向尽，论道急趋草舍，而老兵已死矣。论道叹恨弥日，使人举而葬之，尸如轻泡。

会稽天宁观老何道士，喜栽花酿酒以延客。居于观之东廊。一日有道人状貌甚伟，款门求见。善谈论，喜作大字。何欣然接之，款留数日，乃别去。未几，有妖人张怀素号落拓者谋乱，乃前日道人也。何亦坐系狱，以不知谋得释。自是畏客如虎，杜门绝往还。忽有一道人亦美风表，多技术，观之西廊道士曰："张若水，介之来谒。"何大怒曰："我坐接无赖道人，几死于囹圄，岂敢复见汝耶！因大怒，阖扉拒之。而此道人盖永嘉林灵噩也。旋得幸，贵震一时，赐名灵素。平日一饭之恩，必厚报之。若水乘驿赴阙，命以道官，至蕊珠殿校籍视殿修撰。父赠朝奉大夫，母封宜人。而老何以尝骂之，朝夕忧惧，若水为挥解，且以书慰之，始少安。观中人传以为笑。

林灵素以术显，附之者多得美官。或题灵素画像曰："当日先生在市廛，世人那识是真仙。只因学得飞升后，鸡犬相随也上天。"

佞教之尊奉，前代如秦皇汉武，间亦留心于此，然至于道君，则亘古所未有也。宣和中，黄冠出入禁闼，号金门羽客。气焰赫然，而林灵素为之宗主。道官自金坛郎至太虚大夫，班秩与廷臣等。一日盛暑亭午，上在水殿，热甚，诏灵素作法祈雨。久之，奏云："四渎上帝皆命封闲，唯黄河一路可通，但不能及外。"诏急致之。俄震雷大霆，霆皆浊流。少顷即止。中使自外入，言内门以外，赫日自若，上益奇之。宣和末，死于温州。未死前，先自籍平日赐赍物寄之郡帑，且为治命殓以容身之棺。棺中止置所赐万岁藤杖，封窆甚固。建炎初，惟下温州籍其资而已。后数年，有内侍刘太尉之侄，避地至长沙，于酒肆见一驼裘丈夫负壁而立，熟视乃灵素也。刘叩先生何得至此？曰："吾亡命耳。向不早为此，身首异处矣。"倏失所在。后葬永嘉黄土山。先命见石龟方下棺，开穴深数丈，果得之。时又有王仔昔者，初馆于蔡京。属大旱，徽宗焦心祷雨，每遣中使持一幅素纸求仔昔书，皆为祷雨也。一日中使再持纸至，仔昔忽书一小符，仍札其左云："焚符汤沃而洗之。"中使不肯受。仔昔怒曰："第持去。"上得之骇异。盖上先默祷而宠嫔赤目者，因一沃而愈。诏封通妙先生，后以语言不逊杀之（仔昔一作资息）。

王仔昔倨傲，又少慧。帝待以客礼，故其遇巨阉若僮奴。及林灵素有宠，忌之，陷以事，下狱死。仔昔之得罪，宦者冯浩谮之甚力。狱中书示其徒曰："上蔡遇冤人，其后浩南窜至上蔡。"竟被诛。

宣和间，林灵素希世宠幸数召入禁中，赐坐便殿。一日灵素倏起趋阶下曰："九华安妃且至。"玉清上真也。有顷，果中宫至。灵素再拜殿下，继又曰："神霄某夫人来。"已而果有贵嫔继至者。灵素曰："在仙班中与臣等列，礼不当拜。"长揖而坐。俄忽愕视喑曰："是间何乃有妖魅气也？"时露台妓李师师者，出入宫禁，言讫而师师至。灵素怒目攘袂，亟起取御炉火箸，逐而击之，内侍救护得免。灵素曰："若杀此人，其尸无狐尾者，臣甘阁上之诛。"上笑而不从。

林灵素开讲于宝箓宫，一道者怒目立于前，灵素问："尔何能？"道者曰："无所能。"灵素曰："无所能，何以在此？"道者曰："先生无所不能，何以在此？"徽宗异之，宣问："实有何能？"道者对曰："臣能生养万物。"遂下道院取可以有种者，得茴香一掬，命道者种于艮岳之趾。仍遣卫监送于道院中，是夜三鼓失所在。翌日视艮岳，茴香已成林矣。

宣和间崇尚道教，四方矫伪之徒，乘间因人以进者相继，皆假古神仙为言，公卿从而和之，信而不疑。有王资息者，淮甸间人，最狂妄，言师许旌阳。王老志者，濮州人，本出胥史，言师钟离先生。刘栋者，棣州人，尝为举子，言师韩君文。三人皆小有术动人。资息后有罪诛死。栋为直龙图阁，宣和末，林灵素败，乞归。唯老志狡狯有智数，不肯为已甚，馆于蔡鲁公家。自言钟离先生日与相往来。自始至，即日求去。每戒鲁公速避位，若将祸及者，鲁公颇信之。或言此反而求奇中者也。一日苦口为鲁公言其故。翌日，鲁公见之，辄暗不能言，索纸书云："其师怒泄天机，故喑之。"鲁公为是力请，乃能于盛时遽自引退。鲁公有妾为尼，尝亲见老志事。鲁公每闻其言，亦惧。常密语所亲妾，喟然曰："吾未知他日竟如何？"惜其听之不果也。

高宗在潜邸，遇道人徐神翁，甚敬礼之。神翁临别，献诗曰："牡蛎滩头一艇横，夕阳西去待潮生。与君不负登临约，同上金鳌背上行。"当时不知诗意谓何。后两宫北狩，高宗匹马南渡，即位。至建炎庚戌正月三日，帝避兵航海，次章安镇，滩浅阁舟，落帆于镇之福济寺前以候晚潮。顾舟人曰："此何滩？"曰："牡蛎滩。"遥见山上有阁岿然，问居人曰："此何山？"曰："金鳌山。"高宗乃登焉。入阁，见神翁大书往年所献诗在壁间，墨痕如新，方信神翁能前知，为神仙中人也。

鄂州黄鹤楼下，有石光澈，名曰"石照"。其右巨石，世传以为仙人洞也。一守关老卒，每晨起即拜洞下。一夕月如昼，见三道士自洞中出，吟啸久之。将复入洞，卒即从之。道士云："汝何人也？"卒具言其所以，且乞富贵。道士曰："此洞间石速抱一块去。"卒持而出，石合无从入。明日视石，黄金也。凿而货之，衣食顿饶。为队长所察，执之以为盗也。卒以实告。官就取其石至郡，则金化矣。非金非玉，非石非铅，藏于军资库中。

报　应

颜冉无年，膺滂有害。久贵林甫，令终秦桧。谓天恢恢，亦时昧昧。君子当之，不生感概。宁悴芷兰，无荣萧艾。集报应。

赵韩王疾，夜梦甚恶。使道流上章禳谢，因请章旨。赵难言之，从枕跃起，索笔自书曰"情关母子，弟及自出于人谋；计协臣民，子贤难违乎天意。乃凭幽祟，遻逞强阳。瞰臣血气之衰，肆彼魇呵之厉。信周祝霾魂于鸠恩，何晋巫雪魄于雉经。倘合帝心，诛既不诬管蔡；幸原臣死，事堪永谢朱均"云云。密封令弗发。向空焚之，火正爇函，而此章为大风所掣，吹堕朱雀门。为人所得，传诵于时。

赵韩王久病无生意，解所宝双鱼犀带，遣亲吏甄潜，诣上清太平宫醮谢。道士姜道元为公叩幽都乞神语，神曰："赵某开国勋臣，奈何冤累不可避。"姜又叩曰："冤者为谁？"神以淡墨一巨牌示之，浓烟罩其上，但识牌末一火字而已。道元以告。公曰："我知之矣，必秦王廷美也。当时自是渠与卢多逊遣堂吏赵白交通，事露遘祸。咎岂在吾？"呜呼！一闻火字，即知必是秦王。心下事其可打过。或云："普病见廷美坐于床侧，与之忿争而卒。"

唐路岩为相，密奏臣下有罪应赐死。皆令使者剔取结喉三寸以验其实。至岩赐死，乃自罹其酷。行刑之地，乃杨收死所，盖收为岩所陷者。卢相多逊贬朱崖，知开封府李符白赵普曰："朱崖虽在海外，水土不甚恶。春州近在内地，至者无生还。宜以多逊改窜春州，外示宽宥，而实置之必死之地。"普颔之。月余，符坐事，贬宣州行军司马。上怒未已，欲再贬岭外。普具述其事，即以符知春州，到任未浃旬而卒。元丰六年，王荆公改春州为阳春县，隶南恩州。既改为县，自此获罪者遂不至其地。（赵普以秦王廷美居西京非便，讽李符上言，安置房州，又恐符言泄，乃坐符他事贬之。符固枉做小人，普亦忍矣哉！）

徐铉窜邠州而卒，其家挈丧归葬。道出一邑，时索湘为邑宰。忽一官自称江南放叟徐铉来谒，曰："仆有少恳。仆在江南为学士时，尝为人以一宝带投执政，变一狱。虽事不枉法，然不免以赃名污身。今旅魂过海帝庙下，恐不为帝所容，君为邑宰，庙籍乡版皆隶于君。君为吾谢之，帝必难拒。"言讫不见。湘感其诚，乃为祷谢。柩舟过，果无纤澜虞。薄暮，铉复来谢，含喜欤然而去。以此知受赃枉法者，无所容于天地之间。

张尚书咏守成都，夜梦诣紫府真君。继请到西门黄承事，真君降级接之，礼甚恭，揖尚书坐承事下。梦觉，莫知所谓。明日问左右："西门有黄承事否？"左右云："有。"命召之，戒令具常服来。既至，果如梦中所见者。问平生有何阴德，真君礼遇如此。承事云："别无他长，惟每岁收成时，以钱三万缗收籴米粮。俟至新陈未接之际，粜与细民。价例不增，升斗如故。在我初无所损，而小民得济所急。"尚书叹曰："此宜居吾之上也。"使两吏掖之而拜。承事，名兼济，其子孙青紫不绝云。

夏英公素好术数，凡阴阳山水之说无不收。迨其薨于洛中，得善地以葬。时其子龙图安期以贵显，当开茔域，不自督促，委之干者，其地乃古一侍中葬穴也，其故椁碑刻具在。干者以大事迫期，遂讳不白，而易之，取棺碑于旁近埋之。既葬未几，龙图死，其妇挈家资数万改适，其次子又得罪废斥。

沈辽睿远，言嘉祐中，其兄文通自越赴杭。所经诸堰，皆集牛以运舟。是时夏暑，堰上露宿以俟之。夜久人静，闻以行相呼云："今吾辈有何生活？"答曰："明目沈几儿子过于越，任杭州。"又云："沈几早有子知杭州乎？"叹息不已。使臣者审其声甚椎重，非人声，又深夜野次，更无外人。其言气非流俗。因熟察之，乃堰数牛也。张芸叟闻其事而言曰："既以行呼，岂非沈之亲朋耶？"因果之说，凡禄厚而无功泽于民者，即转生为象生驼马，复以大力偿众人耳。

梅尚书和胜执礼，尝序送吴仲仪提点江西路刑狱云："刘夔侍郎，自负有道术功行。一旦上章解组，竟入武彝山。楼居遐想，日俟仙去。俄有神降之，言罪莫大于杀人。汝抱大罪，奈何兴妄念于帝所？夔叩首自列生平修谨，虽微物不敢杀，而况于人？神曰：'昔提点某路刑狱时，某县入某死罪，州如之，汝弗察也。其罪入均。'夔于是怅然悔咎不可及。"又尝闻陈睦提点两浙路刑狱，会杭州民有妾夏沉香者，浣衣井旁，其嫡子适堕井，其妻谓沉香挤之。讼于州，三易狱不合。睦怒劾掾，别委掾摄治之。既狱具，即以才荐。遂逐三掾而杀沉香。东坡诗所谓"杀人无验终不快，此恨终身恐难了"，盖有激云。他日睦还京师，久之无所授。闻庙师邢颇从仙人游，乃密叩以未来事。那终拒弗之答。寻语所亲曰："如沉香何？"睦为之震汗，废食屡日。

故沧洲节度使朱信，本银夏部落，以军功起家。纤啬聚敛，为时所鄙。于京师龙和曲筑大第，外营田园，内造邸舍。

日人会算，何啻千缗。其长子任供奉官，以信在不敢自专，但厚利贷于富室。其券词有"钟声才绝本利齐到"之语。盖谓信一瞑目即还也。于是私募仆夫十余辈，饰以珍异袍带，令伺宅旁。俟其出，拥掖而去。鞍马服玩，备极华美。其党皆京师摇唇鼓舌，游手无赖。日有十数，赞其嬉游，则称信陵孟尝；夸其用度，则鄙石崇王恺。诌佞互攻，聋聩不悟，而复大言人间之物，靡有难至。钱去便到，其速如神。至于筵会有奉其欢心者，器皿之具，尽倾以与之。尝谓尽此生逸乐，惟我而已。至信卒时，已用过十余万。及信葬毕，籍其余者，比信时十去五六。加以恣纵荡费，更逾于前，以至鬻田园邸舍。未周岁而日入之缗亦绝，其弟方四岁，乳母与家人窃议："若此不改，我辈皆为馁鬼。"乳母乃抱小儿诣府陈诉。是时真宗在寿邸，尹开封，闻之，赫然怒，具以上言，举余财尽与弟。供奉者斥出之，一簪不著其手，仍除其班籍，因兹索然无归，寄迹旅店。乃历自来游从处求衣食，往既数四，皆有厌心，遂于京师代狱卒摇铃警夜，聊足糊口。素不服劳，又以疏怠被逐。京师货药者，多假弄狮子猢狲为戏，聚集市人。供奉者形质么么，颏颊尖薄，克肖猢狲。复委质于戏场，韦颈跳掷不已。旁观者为之汗颜，而彼殊无怪也。公侯之裔，一旦如此。有其父必生其子，何足怪耶！

唐卢坦，字保衡。始仕为河南尉，时杜黄裳为尹，召坦谕曰："某巨室子与恶人游破产，盍察之？"坦曰："凡居官廉，虽大臣无厚蓄。其能积财者，必剥下致之。如子孙善守，是天富不道之家。不若恣其不道，以归之于人也。"黄裳惊异其言。

谢绛吴人，雅秀有词藻，景祐中知制诰，然轻黠利唇舌，人罕测其心。时谓之士面观音。与范讽同年，素为讽所薄。及庞籍讼讽两被黜，时王尧臣当制，绛求代草其词。籍诰末曰："季孙行父之功，予不忘矣。"盖指讽为四凶也，论者益畏之。未几出守南阳，疾亟，自噬舌噀其血肉而卒。闻者深鉴之。

陈公泊为开封功曹。时章宪太后临朝，族人杖死一卒，公当验问。太后遣中使十数辈谕旨，吏惶惧，欲以病死闻。泊独正色曰："彼实冤死，待我而申，奈何惧罪而验不以实乎？尔曹但勿预，吾当任咎。"乃手自为牍以白。府尹程琳大喜曰："官人用心如此，前程非琳所及。"即为入奏。虽大忤旨，而公论归之。既而太后原其族人，公亦不及罪。自是遂显清名，不数年历官清要。其孙道履，皆以词学为一时闻人。盖阴德之报也。

旧制沙门岛黥卒溢额，则取一人投于海，殊失朝廷宽宥之意。马默知登州，建白乞后溢额，选年深至配所不作过者，移本州牢城，以广好生之德。神宗深然之，著为定制。后马梦有告之者："尔本无子且无寿，上帝以尔请贷罪人，赐一子，且益寿云。"（罪人定额，官给粮者才三百人。溢额则粮不足，且地狭难容。寨主李庆一在，至杀七百余人。）

默以贷罪人事获报。生子纯，字子约。绍兴中，为江西漕。时梁企道、杨祖为帅，每强盗敕下贷命必配潮州，谕部吏至郊外即投之江中。子约云："使其合死，则自正刑典。以其罪止于流，故赦其生，犹或自新。既断之后，即平人尔。倘如此，与杀无罪之人何以异乎？"二公由此不咸。后以他事交诉于朝，俱罢去。默字处厚，仕至谏议大夫，寿八十。子约亦以大中大夫致仕，寿八十一而终。

马巨济之父，中年未得子。母为置妾媵，偶获一处子，质色殊丽，父忻然纳之。但每对镜理发，即避匿，有沮丧之容。密询其故，乃垂泣曰："某父守官某所，不幸物故，不获归葬乡里。母乃见鬻，得值将毕葬事。今父死，未经卒哭，尚约发以白缯，而以绛彩蒙之。惧君之见耳，无他故也。"涓父恻然，乃访其母，以女归之，且为具舟，载其资装遣送。是夕涓母梦羽人告之云："天锡尔子，庆流涓涓。"后生巨济，即以涓名之。涓既赴御试毕，梦人告之曰："子欲及第，须作十三魁。"涓历数其在太学及预荐送止作十二魁，心甚忧之。逮至赐第，则魁冠天下，果十三魁也。

李士衡为馆职使高丽，一武臣为副。高丽礼币赠遗之物，士衡皆不关意，一切委于副使。时船底疏漏，副使以士衡所得缣帛藉船底，然后实己物以避湿漏。至海中，遇大风，船欲倾覆。舟人大恐，请尽弃所载。不尔船重，必难免。副使仓皇取载物投之海中，不暇拣择，约投及半，风止船定。既而检点所投，皆副使物。士衡所得在船底，一无所失。

王韶晚年颇悔取熙河时事。尝游金山寺，以因果问众僧，皆言以王法杀人，如舟行压杀螺蚌，自是无心。韶犹疑之。时有刁景纯者，比韶为前辈，亦学佛，多在金山。忽一日与韶邂逅于长老坐间。韶复举前话以问，众答如初。刁独无语，韶曰："十八丈以为何如？"刁曰："但打得过贤心下否？"韶曰："不知十八丈以为打得过否？"刁曰："以某所见，贤打过不得。"曰："何以知之？"曰："若打得过，自不问也。"韶亦不自安。后数岁害发背，终日合眼。医者告之曰："看病亦当看眼色，枢密试开眼看。"韶曰："安敢开眼？斩头截脚人百许多在前。"月余遂卒。当韶未病时，泾原宰王直温一夕忽梦奉天符，令断王韶公事。直温熟视罪人，颇殷肥矬矮。其吏宣判，将韶决脊杖配洪州。觉而以韶名字问人，或告以枢密使王韶亦殷肥矬矮。直温异之。未几闻韶罢枢密，谪官洪州，发背而卒。

大观中，有人于京师卖靴，忽见其父葬时一靴在焉。诘之，铺翁云："一官员携来修，俟其后至可问。"有顷其人果来，乃其父也。拜之不顾，但取靴乘马而去。士人追随约二三里，度力不可及，乃呼曰："生为父子，何无一言相教？"其父曰："尔可学镇江葛繁。"士人遂造繁问，何以为幽冥所重。繁对曰："予始者日行一利人事。嗣后或一或三或数四或十。今四十余年，未尝少废。"又问："何以为利人事？"繁指坐间踏子曰："此物置之不正，则触人足，予为正之，若人渴与以杯水，皆利人事也。但随其事而利之，上至卿相，下至乞丐，皆可以行。惟在长久而已。"后有异僧见繁在净土境中，盖其能以利人为急，则日用无非利人之事矣。

刘元城贬侮州，章惇辈必欲杀之。郡有王豪，凶人也。以资得官，往来京师。见惇自言能杀元城，惇大喜。即除本路转运判官。其人驱车速进。及境，郡守遣人告元城。元城略处置后事，与客笑谈饮酒以待之。至夜半，忽闻钟声。问之，则其人忽呕血死矣。秦桧父尝为静江府古县令，守帅胡舜陟，欲为桧父立祠于县，以为逢迎计。县令高登，刚正士也，坚不奉命。舜陟大怒，文致其罪，送狱锻炼，备极惨毒。未数日，舜陟忽殂，登乃获免。大理寺评事胡梦昱，以直言贬象郡。过桂林，帅钱宏祖欲害之，未及有所施行，亦暴亡。呜呼！谓天不佑忠贤可乎？胡澹庵谪岭南，士大夫多凌蔑之，否则畏避之。方务德滋本亦桧党，待之独加礼，澹庵深德之。桧死，其党皆逐。务德入京谋一差遣不可得，栖栖旅馆。澹庵偶与王梅溪语及其事，梅溪曰："此君子也。"率馆中诸公访之，且揄扬其美，务德由此遂晋用。可见君子赢得做君子，小人枉了做小人。

龙舒人刘观，任平江许浦监征。其子尧举，字唐卿，因就嘉禾流寓试，僦舟以行。舟人有女，尧举调之。舟人防闲甚严，无由得间。既引试，舟人以其重扃棘围，无他虑也，日出市贸易。而试题适唐卿私课，既得意，出院甚早。比两场皆然，遂与舟女得谐私约。观夫妇一夕梦黄衣二人驰至报榜云："郎君首荐。"观前欲视其榜，旁一人忽掣去云："刘尧举近作欺心事，天符殿一榜矣。"觉言其梦而协，颇惊异。俄而拆卷，尧举以杂犯见黜，主文皆叹惜其文。既归，观以梦语之，且诘其近作何事，匿不敢言。次举虽首荐于舒，亦竟不第。

建炎初，剧盗张遇起江淮间，所至噬螫无噍类。众且数十万，其裨将马吉者，状绝魁伟，善用兵，然颇仁慈。每戒军士勿妄杀人，曰："为盗脱饥耳，得食则已，奈何广杀？"凡掳获士人及僧道，辄条别善遇之。有疾病，视其起居饮食甚笃。士卒得妇女以献者，置别室，访其亲戚还之。无所归，择配嫁之。一日遇宴，帐下诸人有谮之者曰："是收军情者。"遇怒欲斩之。呼至数其罪，吉嘻笑自若曰："贼杀贼，岂须有罪耶，何云云如是？我死固分耳。"即就地坐，瞑目合爪，视之死矣。遇虽残忍，亦为变色，左右至流涕。古称得道至人以至佛菩萨，多隐盗贼牢狱屠沽钓猎中以救人，如吉殆是耶？

大内都知宣庆使陈永锡，言上皇朝内人有两刘娘子。其一人年近五旬，志性素谨。自入中年，即饭蔬诵经有程课，宫中呼为看经刘娘子。其一乃上皇藩邸人，敏于给事。每上食则就案析治脯修，多如上意，宫中呼为尚食刘娘子，乐祸而喜暴人之私。一日有小宫嫔微忤上旨，潜求救于尚食，既诺之而反从中下石。小嫔知之，多取纸笔焚之云："我且上诉于天帝。"即自缢死。不逾月，两刘娘子同日而亡，时五月三日也。至舆尸出阁门棺敛，初举尚食之衾，而其首已断，旋转于地。视之则群蛆丛杂，而秽气不可近。继启看经之衾，香馥袭人，面色如生。于是内人知者皆稽首云："善恶之报，昭示如此，不可不为之戒也。"

　　章思文，福唐人，家世贫窭。思文以钩距心计致富。初，一武臣监秀州华亭县盐场，赃污不法，多受亭户贿赂。任思文以为肘臂，约所得中分之。武臣者，以方在任，欲匿其迹，故受赂多寄思文所，信之不疑也。秩满，受代往取，思文尽干没不与。武臣者不胜愤恨，致疾以死。思文暮年始生一子，钟爱之。而其子幼则多病，治疗之费，竭产不恤，年六七岁竟死。思文恸悼，恨不身代之也。盖棺之际，痛不能舍，复举面幕抚之，则其子而已变如向武臣之状，盛怒勃然。惧而亟瘗之。

　　卫仲逵，字子逵，秀州华亭人。为馆职时，因病入冥府，立于庭下俟命。有四人者坐其上，西向少年者呼曰："为他试一检。"三人难之。少年曰："若不检，如何行遣？"三人曰："渠已是合还，何必检？恐出手不得尔。"少年意不可回。抠衣吏谕意，吏捧牙盘而上中置红黑牌二，红者金书善字，黑者白书恶字。少年指黑牌，吏持以去。少焉吏人捧簿书出盈庭，即有一秤横前，两皆有桊。吏举其簿置东桊，桊重压至地，地为动摇，卫立不能安。三人皆失色云："向固云不可检，今果尔，奈何？"少年亦惨沮有悔意，须臾曰："更与检善看。"吏又持红牌去。忽西北隅微明如落照状，一朱衣道士捧玉盘出，四人皆起立。道士居中而坐，望玉盘中文书，仅如箸大。吏持下置西枰，枰亦压地，而东枰高举向空，大风欻起，卷其纸蔽天，如乌鸢乱飞，无一存者。四人起相贺，命席延卫坐。卫拱手曰："仲遴年未四十，平生不敢为过恶，何由簿书充塞如此？"少年曰："心善者恶轻，心恶者恶重。举念不正，此即书之，何必真犯？"卫谢曰："是则然矣。敢问善状何事也？"少年曰："朝廷兴工修三山石桥，君曾上书谏。此乃奏稿也。"卫曰："虽曾上疏，朝廷不从，何益于事？"曰："事之行止在君，非臣也。君言得用，岂但活数万人命。君当位极人臣，奈恶簿颇多，犹不失八座。勉之。"遂遣人导归。后位至吏部尚书。

河南民家妇某，元兵下江南，妇被掳，姑与夫行求数年，得之湖南。妇已妻千户某，饶于财，情好甚洽。视夫姑若途人。会有旨，凡妇人被掳，许夫赎取，敢匿者死。某惧罪，亟遣妇，妇坚不行。夫姑留以俟，妇闭其室弗与通，遂号恸顿绝而去。行未百步，青天无云而雷，回视妇已震死矣。

大德间，荆南境内，有九人山行值雨，避于路旁旧土洞中。忽有一虎来踞洞口，咆哮怒视，目光射人。内一人素愚，八人者密议，虎若不得人，乌得去。因绐愚者先出，我辈共掩杀之。愚者意未决，遂各解一衣缚作人形，掷而出之。虎愈怒，八人并力排愚者于外，虎即衔置洞口，怒视如前。须臾土洞压塌，八人皆死，愚者获生。夫当颠沛患难之际，乃欲以八人之智，而陷一人之愚，其用心亦险矣。天道果梦梦耶？

神 鬼

阴阳谓道，言之亹亹。愚者惊疑，畏首畏尾。正则为神，论非无鬼。魍魉问影，托说虽虚；魑魅争光，现形则伟。新者大，故者小，试问登仙有几。集神鬼。

洛阳大内，兴立自隋唐五代，至圣朝艺祖尝欲都之。开宝末幸焉，而宫中多见怪，且适霖雨，徒雩祀谢见上帝而归。是后至宣和，又为年百五十，久虚旷。盖自金銮殿后，虽白昼，人不敢入。入则多有异蛊，或大于斗。蛇率为巨蟒，日夜丝竹歌哭之声不绝也。宣和末，有监官吴本者，武人恃气，不畏事。夏月，因纳凉于殿庑间，至晡时后，天尚未昏黑，从者坚请归舍，不听。俄忽闻踔声自内出，即有卫从缤纷，执红绡金笼烛者数十对，成行罗列。中一人衣黄衣如帝王状，胸间尚带鲜血，拥从甚盛，徐行由殿庑从本寓舍前过。本与其从者急趋入户避之，得详瞰焉。最后有一卫士似怒本纳凉，故妨其行踪也，乃以手两指按其卧榻之四足，遂穿砖而陷于地。顷刻转他殿而去，遂忽不见。本大骇，自是不敢宿止其中矣。因图画所见遍以示人，洛阳士大夫多传之曰："此必唐昭宗也。"

冀公王钦若，淳化二年自怀州赴举。与西州武覃偕行，途次圃田，忽失公所在。覃遂止于民家，散仆寻之。俄见仆阔步而至，惊悸言曰："自此数里有一神祠，见公所乘马驰缰宇下。某径至萧屏，有门吏约云：'令公适与王相欢饮，不可入也。'

某窃窥见其中果有笙歌杯盘之具。"覃急与仆同往，见公已来，将半酣矣。询之，笑而不答。覃却到民家指公会处，乃裴晋公庙。覃心异之。登第后不数年为翰林学士，使两川。回辂至褒城驿，方憩于正寝，将吏忽见导从自外而至，中有一人云："唐宰相裴令公入谒。"公欣然接之，因密谓公大用之期。乃怀中出书一卷，示公以富贵默定之事，言终而隐。及公登庸，出俸新圊田神祠，为文记之。

韩退之木居士诗，偶然题作木居士，便有无穷求福人，盖当时以枯木类人形，因以乞灵也。今在衡州之耒阳县。元丰初年旱暵，县令祷之不应，析而焚之。主僧道符，乃更刻木为形而祠之。张芸叟南迁郴州，过而见之，题诗于壁云："波穿火透本无奇，初见潮州刺史诗。当日老翁终不免，后来居士欲奚为。山中雷雨谁宜主，水底蛟龙睡不知。若使天年俱自遂，如今已复长孙枝。"子每愤南方淫祠之多，所至有之。陆龟蒙所谓有雄而毅黝而硕者，则曰将军；有温而愿皙而少者，则曰某郎；有媪而尊严者，则曰姥；有妇而容者，则曰姑。而三吴尤甚。所主之神不一：或曰太尉，或曰相公，或曰夫人，或曰娘子。村民家有疾病，不服药剂，惟神是恃。事必先祷之，谓之问神。苟许其请，虽冒险以触宪网，必为之。倘不诺其请，卒不敢违也。凡祷必许以牲牢祀谢，刲物命所费不资。祷而不验，病者已殂，犹偿所许之祭。曰："弗偿其祸必甚。"无知之俗，以神之御灾捍患为可惴惴然不敢少懈也。近世士大夫家，亦渐习此风。其稍有识者，心知其非，而见女子之易惑，故牵于闺帏之爱，亦遂徇俗。殊可骇叹。且神聪明正直而一者也，岂有以酒食是嗜，而窃福以饕餮于愚卤之民，岂所谓聪明正直者耶？至于岳也，渎也。古先贤德有功于人，载在祀典，血食一方者，吾敢不钦奉之乎？所谓郎者、姑者，安能祸福于忠信之士？吾所未信也。世岂无一狄公为一革之？木居士既为令之所焚矣，彼庸髡者复假托以惑众，此尤可笑云。余又闻蜀人言陈子昂，阆州人。州有陈拾遗庙，语讹为十姨，遂更庙貌为妇人，装饰甚严，有祷亦或验。利之所在，苟仅得豚肩卮酒，子昂且屈为妇人勉应之不辞，则新木居士亦奚为不可乎？闻者绝倒。

温州有土地杜十姨，无夫；五髭须相公，无妇。州人迎杜十姨以配五髭须，合为一庙。杜十姨为谁？杜拾遗也。五髭须为谁？伍子胥也。若少陵有灵，岂不对子胥笑曰："尔尚有相公之称，而我乃为十姨，何雌我耶？"大小孤山在江湖中，巍然独立，而世俗转孤为姑。小孤侧有石矶，谓之澎浪矶，遂转为彭郎矶。云：彭郎者，小姑婿也。今小姑庙像乃一妇人，敕额为圣母庙。

西京龙门山在伊水上，自端门望之如双阙，故谓之阙塞。而山口有庙曰阙口庙。庙中神像甚勇，手持一屠刀尖锐，按膝而坐。问其居人，云："此乃豁口大王也。"

北方有牛王庙，画百牛于壁，而牛王居其中。问牛王为何人？乃冉伯牛也。

陈州城外有厄台寺，乃孔子绝粮之地。今其中有一字王佛，云是孔子像。旧榜文宣王，因风雨洗剥，但存王一字，而释氏附会为一字王佛也。其侍者冠服，犹是颜渊之状。如杜甫之作十姨，天下如是不可胜数。

六一居士曰："石曼卿自少以诗酒豪放自得。其气貌伟然，诗格奇峭。又工于书，笔画遒劲兼颜柳，为世所珍。余家尝得南唐后主澄心堂纸，曼卿为余以此纸书其筹笔驿诗。诗曼卿平生所自爱者，至今藏之，号为三绝。曼卿卒后，其故人有见之者，云恍惚如梦中。言：'我今为鬼仙，所主芙蓉城。欲呼故人往游，不得，愤然骑一素骡去如飞。其后又降于亳州一举子家，又呼其举子去不得，因留诗一篇。'其一联云：'莺声不逐春光老，花影长随日脚留。'神仙事怪不可知，其诗颇类曼卿语，举子不能道也。"

洪州学正张某，天性刻薄，老而益甚。虽生徒告假，亦靳不与。学官给五日，则改为三日；给三日，则改为二日；他皆类是。众憾之。有张鬼子者，以形容似鬼得名。众使为作阴府追鬼，以布张老。鬼子欣然曰："愿奉命。然弄假须似真，要得一冥司牒乃可。"众曰："牒式当何如？"曰："曾见人为之。"乃索纸，以白矾细书，而自押字于后。是夜诣州学，学门已扃。鬼子入自隙间，众骇愕。张老见之怒曰："畜生何敢然？必诸人使尔夜怖我。"笑曰："奉阴府牒追君。"张索牒读未竟，鬼子露其巾，有两角横其首，张老惊号即死。鬼子出立于庭言曰："吾真牛头狱卒，奉命追此老。偶渡水失符，至今二十年，惧不敢归。今赖诸秀才力，得以反命，弄假却成真矣。"拜谢而逝。

旧传荆州江亭柱间有词云："帘卷曲栏独倚，山展暮天无际。泪眼不曾晴。家在吴头楚尾。〇数点雪花乱委。扑漉沙鸥惊起。诗句欲成时，没入苍烟丛里。"黄鲁直读之，凄然曰："似为余发也。不知何人所作？笔势类女子。又'泪眼不曾晴'之句，疑为鬼。"是夕梦女子曰："我家豫章吴城山，附客舟至此。堕水不得归，登江亭有感而作，不意公能识之。"鲁直惊悟曰："此必吴城小龙女辈也。"时建中靖国元年云。至乾道六年，吴明可苻守豫章。其子登科，同年生朱景父因孙来见，得摄新建尉。值府中葺吴城龙王庙，命之董役。忽忆荆州词，以为语意愤抑凄断，殆非龙宫娴雅出尘之度。为赋《玉楼春》一阕，书于女祠壁云："玉阶琼室水壶帐，恁地水晶帘不上。儿家住处隔红尘，云气悠扬风淡荡。〇有时闲把兰舟放，雾鬟霜鬓乘翠浪。夜深满载月明归，画破琉璃千万丈。"是夜梦旌幢羽葆，仪卫甚盛。传言龙女来谒，宴饮寝昵，如经一日夜，言谈潇洒，风仪穆然。将别，谓朱曰："君前身本南海广利王幼子，行游江湖，为我家婿。妾实得奉箕帚。今君虽以宿缘来生朱氏，然吴城之念，正尔不忘，以故得禄多在豫章之分。须君官南海，阳禄且尽，当复谐佳偶。"言讫怆别而去。既觉，亟书其事识之，特未悟南海语尔。后浸淫病瘵，家人疑其有祟，挽使罢归。明年丁艰，服阕，调袁州分宜主簿，须次家居。县之士子昔从为学者，相率来谒。因话袁州风土，偶及主簿廨前有南海王庙，朱恍然自失。明日抱疾遂不起，竟未尝得至官。凡两摄职于豫章，所谓多得禄者，如是而已。意其初撰词时，方寸堕妄境，故契神女之梦。岂黠鬼乘念，托以为奸者欤？

资圣寺在海盐县西。寺有宝塔极高峻，四面层层点灯，照东海，行舟者皆望此为标的焉。有海滨业户某，与兄弟泛舟入洋口接鲜。风涛骤恶，舟楫悉坏，俱溺于海。其家日夕号泣。一夕梦其夫归曰："我未出海时，先梦神告曰：'来日有风波之厄，不可往。'吾不信，遂死于此。初坠海时，弹指随波已去数百里。今在海潮鬼部中极苦，每日潮上，皆我辈推拥而来。他佛事祭享，皆为诸鬼夺去，我不可得，独有资圣塔灯光明功德浩大耳。"其妻因鬻家资入寺设灯愿。次夕又梦夫来云："今得升一等矣。"

　　洪扬祖，严州人。入太学，以三舍法释褐。嘉熙庚子间，为京局官，一日偕友人泛湖，至三贤堂，登岸纵步，得小径，松竹萧然，颇讶前是未睹。行数武，新宅一所。青衣候门曰："娘子待官人久矣。"众与俱入。主人延客，啜茶于堂，则姣然少妇也。谓洪曰："别来安否？"洪恍然曰："娘子谁氏？"妇人曰："官人遽忘妾耶？"洪谛视良久，念姻戚间无有，而其貌颇类旧所狎妓，漫曰："子非某人乎？"妇人曰："是也。"洪曰："子下世久矣，吾尝烧香送丧湖上。今乃不死，岂而家绐我乎？"妇人笑曰："妾果死矣。"曰："死则何以在是？"曰："世间如我者甚多，特人不识耳。"因相与道故旧。临别谓洪曰："世事可知，得嬉且嬉。三十年后，此为血池。"众出门大惊曰："吾曹乃白日见鬼耶？"使其仆插竹记路。明日率十余友再往，则榛翳无迹，不可复辨矣。其甥黄宗仁为洪撰墓志，不敢尽言，但云公遇异人，告之将来世变，遂以诗酒自娱，世事罕婴怀抱云。又开禧中，有一官人到部，僦旅楼而居。后楼亦一官人以妾自随。前楼人听其言语歌声，宛然亡妾也，心甚讶之。一日俟其主出，推窗呼之，妾亦倚窗而望。前楼人曰："汝非某人乎？"曰："是也。"曰："汝死久矣，何为在此？"曰："世间如我辈不少，第不为人所觉耳。"前楼人见国事日非，常怀杞忧，因问曰："汝在阴间，必知阳世事，国祚如何？"曰："不远矣。但视浙江潮若不来，国必亡矣。"至理宗时，潮头渐击西兴，浙江亭遂为沙涨之地。

　　李通判者，忘其名。一女既笄，遴择佳婿，久未有可意者。一日有陈察推者通谒，与李有旧，叙话甚款，因言近丧偶且及期矣。言及唏嘘流涕，且言家有二女，皆已及嫁。思念逝者，悲不自胜。李女自青琐间窥之，窃谓侍婢曰："是人笃于情义如此，决非轻薄者，得为之配亦幸矣。"因再三询其姓氏，每言辄及之。陈时年逾强仕，瘠黑而多髯，容状尘垢。素好学，能诗妙书札。李喜之，每叹曰："使其年貌稍称吾女，亦足婿矣。"女闻之窃谓傅姆曰："女子托身，惟择所归。年之少长，貌之美丑，岂论也哉？"由是家人颇识女意。媒议他姻则默不乐。父母怪之曰："岂宿缘耶？"乃遣媒通约，陈初固拒，以年长非偶。其议屡格，则女辄忧愤，或恚不食，父母忧之。固请，不得已乃委禽焉，女喜甚。既成婚，伉俪和鸣，抚二女如己出。谓陈曰："女已长，婚对当及时，不宜缓也。"朝夕屡以为言，且广询媒妁。不半载而嫁其长女，倾资奉之。陈曰："季女尚可二三年。"妻曰："不然。"趣之尤力。陈辞曰："纵得婿，今无以备奁具。"妻曰："但求婿，吾为营办。"又数月亦受聘，亟议嫁遣。陈曰："奈何？"妻忽谓陈曰："君昔贮金五十星于小罂中埋床下，盍取用之？岂于己女而有吝耶？"陈大惊曰："汝何从知之？"但笑而不言。盖陈实尝埋金，他人无知者，因取用之。不期年而二女皆出适。妻谓陈曰："吾责已塞，今无余事矣，当置酒相贺。"乃与陈对饮极量，欢甚，各大醉而寝。翌旦寝觉，妻忽惊遽大叫曰："此何所耶？"顾陈曰："尔何人耶？"陈大惊，疑其心疾。媵侍辈围守，妻惊恐惶惑，问曰："我何为在此？"媵侍曰："夫人成亲一年，岂不省耶？"妻都不晓。俄其父母至抚慰之，因历言其本末。妻大恸曰："父母生女不为择配，此人丑老可恶，忍以我弃之耶？"不肯留，乃送其家。自言恍如梦觉，前事皆不知之。陈亦悟埋金之事，惟其亡妻知之。疑其系念二女，而魂附李女以毕姻嫁也，后竟仳离而改醮焉。异哉！

福州海商杨氏，父子三人同溺于大洋，共附一木，遂漂坠鬼国中。烟火聚落，悉如人世，但其人形躯枯悴，生理穷窭。
每相报云："去每州每县赴法会。"则各有喜色，往往尽室以
行。大率醉归，挟余馔分饷三杨，赖以充饥。或数日不值，枵
腹竟夕。居数年，不堪鬼气薰蒸，父兄皆死，惟幼子存。一旦
见飞符使者从天而下，访问此子。众鬼谋曰："使去则不可；若
不去，又已有他姓名。"令随队而行，戒瞑目勿开。既登涂，
耳畔闻风雨波涛之声甚厉，良久脚履平地。见僧振铃咒食，众
合掌尽入，引杨生蔽身大树之上，时持食物出馈。忽振铃群诵
大悲咒，杨少年时能之，自堕异域，已废忘。一听其声，便能
忆，亦随口持讽。鬼不复相亲，会散扫迹。杨彷徨到晓，往来
见者，指为猿猱。乃下树与人说本末，始认得夜来法席，正其
家也。杨氏一门且疑且畏，妻亦不敢深相认识。经日验其无他，
方悲泣存问。积久渐复人色。

　　建康巨商杨二郎，本以牙侩起家。数贩南海，往来十有余
年，累资千万。淳熙中，遇盗于鲸波，一行尽遭害。杨偶先堕
水，得免，逢一木抱之，沉浮漂至一岛，舍而登岸，信脚行入
一洞。男女杂沓，争来聚观，多裸形，而声音可辨认。一妇人
若最尊者，称为鬼国母，侍卫颇众。令引当前问之曰："汝愿
住此否？"杨自念无计可脱，姑委命逃生，应曰："愿住。"母
即分付小鬟为治一室，使为夫妇，约近二年久。饮食起居，与
世间无异。尝有驶卒持书至曰："真仙邀迎国母请赴琼室。"
即命而出。自此旬日或一月必往，其众悉从，杨独处洞中。他
日言于母乞侍行，母曰："汝是凡人，欲去不得。"如是者累
累致恳，忽许之。飘然履虚，如蹑烟云。至一馆宇，优乐盘
殽，极为丰洁。主者占位而坐。鬼母导杨伏于卓帏，戒以屏息
勿动。移时宴罢，乃焚烧楮镪。渐次闻人哭声，审听之，盖其

妻子与姻戚也。杨从桌下出唤家人名，皆以鬼物交口唾骂。唯妻泣曰："汝没大海，杳无消息。当时发丧行服，招魂卜葬。今夕除灵，故设水陆道场追荐。莫是别有强魂附托耶？"杨曰："我原不曾死。"具道所遇曲折，方信为然。鬼母在外招唤，继以怒骂，然不能相近，少顷寂然。杨氏呼医用药调治，几岁颜状始复。

临安府天庆观，有老道士刘虚静，年七十余，寓云安堂。旦于天尊像前注香冥祷，意甚虔至。观有小道士伏暗中默聆其祷，乃云："虚静年老，单羁一身，常恐一旦数尽，身膏草野。若蒙上天赐以白金十星，为身后之备，志愿足矣。"小道士乃取白蜡范为小锭，俟其夕祷，即遥掷其旁。虚静得之，惊异，伏谢再三，不复细视，姑谨藏之。语其徒曰："人之诚恛，常患不至耳，虽天道高远而听甚卑，无不从人者。"小道士复欲戏之，因又密求视其所获。请之既数，不免示之。小道士即怀之疾走以示众人，相与笑其狂昧。虚静从而执之，且熟视其物曰："此白蜡耳，非我所获者。"喧诼不置，必欲讼之官。小道士家素饶于财，众道士劝谕之曰："汝若致讼，则所废不止此，不若如数偿之。"遂真有所获。虽虚静一时非意之祷，而造物者宛曲取付，盖亦巧矣。

降仙之事，人多疑为持箕者狡狯以愚旁观，或宿构诗文，托为仙语，或云能致鬼之能文者。绍兴斜桥客邸，有请紫姑者，命橹为题。诗云："寒岩雪压松枝折，斑斑剥尽青虬血。运斤巧匠斫削成，剑脊半开鱼尾裂。五湖仙子多奇致，欲驾神舟探仙穴。碧云不动晓山横，数声摇落江天月。"又湖学甲子岁科举后，士人有请仙问得失者。赋词云："凄凉天气，凄凉院宇。孤鸿叫斜月，寒灯伴残漏。落尽梧桐秋影瘦，鉴古画难就。重阳又近也，对黄花依旧。"此人竟失举。淳祐间，有降仙于杭泮者，或以鬼讯之，大书一诗云："眼前清白谁知我，口里雌黄一任君。纵使挟山可超海，也须覆雨更翻云。"或以功名为问，答云："朝经暮史无闲日，北履南鞭知几年。践履未能求实地，荣枯何必问青天。"报其相讯也。又董无益常记《女仙》三绝句云："柳条金嫩不胜鸦，青粉墙边道韫家。燕子未来春寂寂，小窗和雨梦梨花。""松影侵坛琳观静，桃花流水石桥寒。东风吹过双蝴蝶，人倚危楼第几栏。""屈曲阑干月半规，藕花香澹水漪漪。分明一夜文姬梦，只有青团扇子知。"亦可喜也。又宋庆之寓永嘉时，遇诏岁，乡士从之结课者颇众。适逢七夕，学徒酿饮。有僧法辩者善五星，每以八煞为说，时人号为辩八煞。一士致仙扣试事，忽箕动大书文章伯降，宋怪之，漫云："姑置此，且求一七夕新词。"复请韵，宋指辩云，以八煞为韵，意欲困之。忽运箕如飞，大书《鹊桥仙》一阕云："鸾舆初驾，牛车齐发，隐隐鹊桥咿轧。尤云殢雨正欢浓，但只怕、来朝初八。○霞垂彩幔，月明银烛，馥郁香喷金鸭。年年此际一相逢，未审是，甚时结煞。"亦警敏可喜。又李知父尝于贵家观降仙，扣其姓名，不答，忽作薛稷体大书一诗云："猩袍玉带落边尘，几见东风作好春。因过江南省宗庙，眼前谁是旧京人。"捧箕者皆悚然惊散，知为渊圣在天之灵，为之凄然。又岳侯死后，临安西溪寨将军子弟内请紫姑神，侯降焉，大书其名，众已惊愕。请其花押，则宛然如平日真迹也。复书一绝云："经略中原二十秋，功多过少未全酬。丹心似石今谁辨，空自游魂遍九州。"丞相秦闻而恶之，擒治其徒，流窜者数人，多有死者。又邓端若少时传得召紫姑咒诀，而所致皆女仙，喜作诗。尝为邓氏妇女赋衣领及裙带三绝句，清婉可诵。《衣领篇》云："小剪云罗雪色白，香媒随意作真行。新诗便是班昭戒，胜却闲书座右铭。"其二云："时样新裁段色衣，不将彩线缕花枝。殷勤只要诗仙句，绣出分明一段奇。"《裙带诗》云："尺六腰围柳样轻，娉娉袅袅最倾城。罗裙新剪湘江水，缓步金莲袜底生。"时庭前桃正华，或请赏咏。应声落笔云："武陵溪上旧时花，两岸晴红烂彩霞。试问刘郎缘底事，花开时节未还家。"其他所作联句对，皆机警敏捷，了不抒思而成。又吉州人家邀紫姑正作诗，适有美女子在其旁，因请咏手。即书曰："笑折夭桃力不禁，时攀杨柳弄春阴。管弦曲里传声慢，星月楼前敛拜深。绣幕偷回双舞袖，绿窗闲整小眉心。秋来几度挑罗袜，为忆相思放却针。"信笔而成，殊不思索，颇有雅致。（沈彦博咏纤手云："曾见花梢拣俏枝，宛如春笋露参差。金钗欲溜轻扶鬓，宝鉴重临淡扫眉。双送秋千扶索处，半揎罗袖赌阄时。香腮闷托闻嘶马，忙揭朱帘问阿谁。"）又吴兴周权选伯，乾道五年知衢州西安县，招郡士沈延年为馆生。沈能邀紫姑神，谈未来事多验。尤善属文，清新敏捷，出人意表。通判方桼宴客，就郡借妓，周适邀仙，因求赋一词往侑席。指瓶内一捻红牡丹令咏之，名《瑞鹤仙》，用捻字为韵，意欲以险困之。不思而就云："睹娇红细捻，似西子当日，留心千叶。西都竞栽接。赏园林台榭，何妨日涉。轻罗慢褶，费多少阳和调燮。向晓来、露浥芳苞，一点醉红朝颊。〇双压姚黄国艳，魏紫天香，倚风羞怯。云鬟试插，便引动狂蜂蝶。况东君开宴，赏心乐事，莫惜献酬频迭。看相将红药翻阶，尚余侍妾。"既成，略不加点。又有召箕仙赋诗，以芭蕉一叶置袖扣之，即赋一绝云："袖里深藏一叶青，知君有意侮神灵。今宵试听西窗雨，欠滴潇潇一两声。"可谓绝妙。此必平生以诗名世者，可与八煞之词类耳。又客有降仙者，心疑捧箕者自为之，因命题赋笔，且令作七言律诗。顷刻辄就云："兔出中山骨欲仙，何人扶颖缠尖圆。拙夫堪笑堆成冢，豪客曾同扫似椽。窗下玉蜍涵夜月，几间雪茧涌春泉。当时定远成何事，轻掷毛锥忽未然。"纵使人为，其速亦不可及也。

蜀中灌口二郎，云是李冰第二子。初封王号，至徽宗改为真君。张魏公用兵，祷于其庙，夜梦神，语之云："我向来封王，有血食之奉。今祭我以素食，故无威福之灵。今须复封为王，当有威灵相助。"魏公遂乞复其封，每岁人户祭赛杀羊万头，庙前积骨如山，州府亦因之得税。又利路梓潼神极灵，两神若割据两川然。

广德军祠广德王，姓张名渤，前汉吴兴郡乌程县横山人。始于本郡长兴县显灵乡发迹，役阴兵导河流欲抵广德县，故东自长兴荆溪疏凿圣渎。王先时与夫人李氏密期，每饷至，鸣鼓三声，王即自至，不令夫人至开河之所。厥后，因夫人遗飧于鼓，为鸟啄而鼓鸣，王以为饷至，至则无有。逡巡夫人至，鸣其鼓，王反不至。夫人遂亲至河所，见王为大冢，驱役阴兵开河渎。王见夫人未及变形，从此耻之，遂不与夫人相见。圣渎之功遂息，逃于广德县西五里横山之项。居民思之，立庙于山西南隅。夫人李氏亦至县东二里而化，时人亦立其庙。由是历汉唐五代以至本朝，水旱灾沴，祷之无不应。都人以王故，呼冢曰乌羊。

怪 异

六合内外，何所不有；君子道常，齐谐何志。春秋纪灾，亦以表异。妄听妄言，姑以醒睡。集怪异。

王师取青唐时，大军始集下寨，治作壕堑。凿土遇一圹，得琉璃瓶，莹彻如新。瓶中有大髑髅，其长盈尺。瓶口仅数寸许，不知从何入，此亦异矣。主帅复命瘗之。

张文定公齐贤裔孙名虞卿者，居西京伊阳县水镇，得古瓦瓶于土中，色甚黑，颇爱之，置书室养花。方冬极寒，一夕忘去水，意其冻裂。明日视之，凡物有水者皆冻，独此瓶不然，异之。试注以汤，终日不冷。张或与客出郊，置瓶于箧，倾水瀹茗，皆如新沸者，自是始知宝惜。后为醉仆触碎，视其中与常陶器等，但夹厚二寸，有鬼执火以燎，刻画甚精。无人识其为何时物。又天台陈达善，淳熙中，自监左藏库出知开州，得一铜铫，阔径刚三寸，下列三足，上有盖，其薄如纸。或告之曰："投食物于中，燃纸炬燎之，少顷即熟。"陈试取猪石一双，使庖人如常法批切，渍以盐酒，仍注水焉。自持一炬燎其腹，俄闻铫中汩汩有声。及炬尽举盖，石子已糜熟。自是每夙兴，必用此法具食，乃出视事。

欧阳文忠公尝言，昔日在彝陵，从乾德泊舟于汉江野岸。中夕后，闻语言歌笑，男女老幼甚众。亦有交易评议，及叫卖果饵之声，若市井然，迨晓方止。翌日问之，舟人云："闻声但不见人。"而四瞻皆旷野，无复踪路。文忠乃步于岸，远望有一城基，近村而询之，曰："即古隋地也。"

萧注从狄殿前之破蛮洞也，收其宝货珍异。得一龙，长尺余，云是盐龙，蛮人所豢也。藉以银盘，中置玉盂，以玉箸摭海盐饮之。每鳞甲中出盐如雪，则收取，用酒送一钱七，专主兴阳。后因蔡元度就其体舐盐而龙死，则加醯焉，间数日用之，尚有效。后闻归蔡元长家云。

湘潭界中有寺名方广。每至四月朔，日在东壁，则照见维扬官府楼堞。居民舍宇，物物可数。又有客寓宿福清紫薇院，至三鼓后，忽闻院后欢呼交易之声，俨如阛阓，皆是浙音，达旦而止。明日起视，皆高山峻壁。寺僧云："一岁中凡数次如此，谓之鬼市。"

余尚书靖，庆历中知桂州。州境穷僻处，有林木延袤数十里。月盈之夕，辄有笛声发于林中，甚清远。士人云："闻之已数十年，竟不详其何怪也。"公遣人寻之，其声自一大柏中出，乃伐取以为枕，笛声如期而发，甚宝惜之。凡数年，公之季弟欲穷其怪，命工解视，但见木之文理，正如人于月下吹笛之像，虽善画者不能及。重以胶合之，则不复有声矣。

《酉阳杂俎》云："京西持国寺前有槐树数株。金监买一株，令所使巧匠解之。及入内回，匠白木无他异，金大嗟惋，令胶之。曰：'此不堪矣，但使尔知余工也。'遂别理解之，每片一天王塔戟成就。"

庆历中，有客僧届一寺，呼净人酤酒。寺僧恶其行粗，夺瓶击庭前柏树，其瓶百碎，酒凝著树上如绿玉，摇之不散。客僧曰："某尝持《般若经》，须倾此一杯。"即讽咏浏亮，乃将瓶就树盛之，其酒尽落器中，涓滴无遗。今僧谓酒为般若汤，盖因此也。

仁宗朝江沨，建州人，以布衣游场屋三十年未成名。在京师殊无聊，忽一日支强，屡欠伸犹不快。偶持重物乃微快，因渐取最重物持之，滋重滋快。尝过贵使门外，见大扁石，试捧之，举甚易。又游相国寺，与众书生倚殿柱观倡优。沨阴抱殿柱，柱即与础离。沨以脚拨一书生衣尾入柱下，从而压之。俄顷，欲去而不可。沨笑曰："相戏耳。"为启柱而脱之。于是都下相传沨有神力。或劝勉应武举者，曰："他人壮勇，自少得之。今君得于中年，盖天所赞也。"沨从之，遂中第，然官止殿直。

范文正公家古镜，背具十二时，如博棋。每至此时，则博棋中明如月，循环不休。又市人蒋家有十二钟，能应时自鸣。岂非古器之灵异乎？

嘉祐中，海州渔人获一物，鱼身而首如虎，亦作虎文。有两短足在肩，指爪皆虎也，长八九尺，视人辄泪下。舁至郡中数日方死。有父老云："昔年曾见之，谓之海蛮师。"

熙宁癸丑，华山阜头峰崩。峰下一岭一谷，居民甚众，皆晏然不闻。乃越四十里外，平川土石杂下，如簸扬。七社民家压死者几万人，坏田七八千顷，固可异矣。绍兴间，严州大水。寿昌县有一小山，高八九丈，随水漂至五里外，而四旁草木庐舍，比水退皆不坏，则此山殆空行而过也。

熙宁八年，陈州大霜。城内外数里间，厚冰上有绫文隐起，如镌琢，仿佛成攀枝孩儿。好事者以墨涂而印之，传视亲旧。其枝葩婉妙，与吴蜀所织争工云。郡守陈襄述古以上闻。

菜品中芜菁菘芥之类，遇旱，其标多结成花，如莲花，或作龙蛇之形。此常性，无足怪者。熙宁中，李宾客及之知润州。园中菜花悉成荷花，仍各有一佛坐于花中，形如雕刻，莫知其数。暴干之，其相依然。或云李家奉佛甚笃，因有此异。

元丰末，秀州人家屋瓦，霜后冰自成花。每瓦一枝，正如画家所谓折枝。有大花如牡丹芍药者，细花如萱草海棠者，皆有枝叶，无毫发不具，虽巧笔不能为之。以纸摹之，无异石刻。

宣义郎万延之，钱塘人。性刚不能屈曲州县，中年拂意而归，徙居余杭。行视苕霅陂泽可为田者即市之，岁收租入，数盈万斛。常语人曰："吾以万为氏，至此足矣。"即营建大第，为终焉之计。家蓄一瓦缶，盖初赴选时，遇都下铜禁严甚，因以十钱市之以代沃盥之用。时当凝寒，注汤颒面，即覆缶出水，而有余水留缶，凝结成冰。视之，桃花一枝也。众人异之，以为偶然。明日用之，则又成双头牡丹一枝。次日，又成寒林。满缶水村竹屋、断鸥翘鹭，宛如画图远近景者。自后以白金为护，什袭而藏。遇疑寒时即预约客，张宴以赏之，未尝有一同者。其最诡异，方上皇登极，而致仕郎例迁一秩，万迁宣德郎。诏下之日，适其始生之辰，亲朋毕集。是日复大寒，设缶当席，既凝冰成象。则一山石上坐一老人，龟鹤在侧，如所画寿星之像。观者莫不咨嗟叹异，以为器出于陶，革于凡火，初非五行精气所钟。而变异若此，竟莫有能穷其理者。然万氏自得缶之后，虽资用饶给，其剥下益甚。后有诱其子结婚副车王晋卿家，费用几二万缗，而娶其孙女。奏补三班借职，延之死，三班亦继入鬼录，余资为王氏席卷而归。二子日就沦替，今至寄食于人。众始悟万氏之富，如冰花在玩，非坚久之祥也。后归蔡京家云。

福州近郊幽岩院，资产甚盛。有大面床号千人面床。蔡君谟作帅，因圣节宴犒，遣人异至使厨。久之，院僧祷护伽蓝神云："春会动，无面床，何以聚众？施利不至，神亦何依？"一夕，公独坐便斋，闻嗟声不见形。问："何人？"神对："幽岩院每岁恃春会以赡众，愿请面床归给长住。"公颔之。明日，公库半夜失面床。公令问幽岩，果已还院。郡人莫不异之。

右班直张择，为父置棺，锯解之，木内有泗州普照化王之形。眉目衣座皆具，隐然如画。郭功甫为文以记其事。

宣和间，新喻傅侯初为蕲春蔡氏婿。登第六年，妇家簇蚕不茧缘屋吐丝，自然成段。长丈余，广数尺，奕奕正黄，厚薄如一，若有边幅然。乡人以为祥，赋诗盈轴。有一联云："园客有丝难比瓮，鲛人无杼自成绡。"称为绝出。

崇宁间，渔人夜举网镜湖，觉甚重，强加挽拽，竟不能举。召集同辈合力，久而方升，乃一大古镜，方五六尺，厚五寸，形模奇怪。或持以鉴形，于昏暗中，肠胃肝鬲皆洞见之。置之舟内，欲明日赍诣越府货于市。忽铿然有声，光彩炫晃，湖水如昼。俄顷复跃于波心，风激浪涌，移时始定。

沈存中云："子于谯亳得一古镜，以手循之，当其中心，则镝然如灼龟之声。人或曰：'此夹镜也。'然夹不可铸，须两重合之。此镜甚薄，略无锉迹，恐非可合也。就使锉之，则其声当铣塞，今扣之，其声泠然纤远。既因按抑而响，刚铜当破，柔铜则不能如此澄莹洞彻。历访镜工，皆惘然不测。"

鄂州渔人，于汉水下网，举之觉重，得一石，长尺余，圆直如断橡。细视之，乃群小蛤鳞次相比，绸缪巩固。以物试抉其一端，得一书卷，乃唐天宝年所造《金刚经》。题志甚详，字法奇古。其末云："医博士摄比阳县令朱均施。"不知何年坠水中，首尾略无沾渍。为土豪李孝源素奉佛，宝藏其书，蛤筒复养之水中。客至欲见，则出以示之。

宣和末，有巨商舍三万缗，装饰泗州普照塔，焕然一新。建炎中，商归湖南，至池州大江中。一日晨兴，忽见一塔十三级，浮水上南来。金碧照耀而随波倾飐，若欲倒者。商举家及舟师人人见之，皆惊怖诵佛，既渐近，有僧出塔下，举手揖曰："原来是装塔施主船。淮上方火灾，大师将塔往海东行化去。"语未竟，忽大风作，塔去如飞，遂不见。未几，乃闻塔废于火矣。

后魏永熙三年二月，永宁寺浮图灾。其年五月，有人从象郡来，云："见浮图于海中，光明照耀，俨然如新。海上之民咸见之。俄而雾起，浮图遂隐。"

大溪山在广州境。山旧有一洞，其处所人不常识。每岁五月五日洞开，则见之。土人预备墨纸刷帚，至期入其中，以手摸石壁，觉有凹隙，若镌刻者，急以墨刷其上，覆纸印摸而出，洞亦随闭。持所印纸视之，或咒语，或药方，所得皆不同。亦有不成字，无所得者。咒术药方，应用无不验，盖南法之所出也。

林灵素未遭遇时，落魄不检，尝从旗亭贳酒，久不归值。主人督之，灵素计窘，即举手自扪其面，则左颊已成枯骨髑髅，余半面如故。谓其人曰："汝迫我不已，我且更扪右颊矣。"其人惊怖，竟为折券。

华亭德藏寺钟音极洪亮。尝见故老云："初铸时，有匠者云：'此钟未可便扣。俟吾行至六十里，乃击之。'及去方至新坊十八里，寺僧遽扣之，匠人闻其声，叹曰：'声止于此。'今寺中钟自新坊十八里外，不复闻矣。"怪哉！

绍兴七年，建康府寓旅家。盆水有文如画，佳卉茂木，华叶敷芬。数日易以他水，变趣愈奇，尽春暗乃止。又秀州吕氏家冰瓦有文，楼观车马人物、并蒂芙蓉、重葵牡丹、长春萱草藤萝，经日不释。悉以瑞闻。

徐州护戎陈皋供奉行田间，遇开墓者得玛瑙盂，圆净无雕镂文，盂中容二合许，疑古酒卮也。陈用以贮水注砚，因见砚之中有一鲫，长寸许，游泳可爱。意为偶汲水得之，不以为异也。后取置缶中，尽出余水验之，鱼不复见。复酌水满中，须臾复一鱼泛然而起。以手取之，终无形体可拘，竟不知为何宝也。时水曹赵子立被旨开凿吕梁之险，辟陈督役，目睹斯异，因言顷在都下，偶以百钱于相国寺市得一异石，将为纸镇。遇一玉工，求以钱二万易之，赵不与。工叹息数四曰："此宝非余不能精辨，余人一钱不值也。"持归几年，了无他异。其季子康不直工言，以斧破视之，中有泓水，一鲫跃出，拨刺于地，急取之，亡矣。是亦斯盂之类也。又《契丹杂记》所载，晋出帝既迁黄龙，契丹主新立，召与相见，帝因以金碗鱼盆为献。金碗半犹是磁，云是唐明皇令道士叶法静冶化金药成点磁盆试之者。鱼盆则一木素盆也，方圆二尺。中有木纹成二鱼状，鳞鬣毕具，长五寸许。若贮水用，则双鱼隐然涌起，顷之，遂成真鱼。覆水则宛然木纹之鱼也。至今句容人铸铜为洗，名双鱼者，用其遗制也。

西域有沙海，正据要津。其水热如汤，不可向迩，终古未尝通中国。忽一夕有巨兽骨浮水而至，其骨长数十里，横于两涘，如津梁然。骨中有窍，可容并马，于是西极之路始通。其国课往来者，每以膏油涂其骨令润，惧一旦枯朽摧折，则无复可通故耳。

鲜于伯机乃翁云："北方古寺中，有大铁锅，可作数百人食。一夕忽有声如牛吼，晓起视之，已破矣。于铁窍中有虫，色皆红，凡数百枚，犹有蠕动者。铁中生虫，亦前所未闻也。"

汴京天津桥上有奇石，大片有自然华裔图。山青水绿，河黄路白，粲然如画，真异物也。后闻移置文庙中作拜石。

漳州界有一水，号乌脚溪，涉者足皆如墨。数十里间，水皆不可饮，饮则病瘴，行人皆载水自随。梅龙图公仪宰县时，沿牒至漳州。素多病，预忧瘴疠为害。至乌脚溪，使数人肩荷之，以物蒙身，恐为毒水所沾，兢惕过甚，睢盱矍铄，忽坠水中，至于没顶。及出之，举体黑如昆仑，自谓必死，然自此宿病尽除，顿觉康健，无复昔之羸瘵，又不知何也。

濒海素少士人。祥符中，廉州人梁士卜地葬其亲。至一山中，见居人说旬日前有数十龟负一大龟，葬于此山中。梁以为龟神物，其葬处或是福地。与其人登山观之，乃见有丘墓之象。试发之，果得一死龟。梁乃迁龟他所，以其穴葬亲。其后梁生三子：立则、立贤，皆以进士登科；立仪亦官于朝。徙居广州，蔚为士族。人谓之龟葬。

内侍李舜举家曾为暴雷所震，其堂之西室，雷火自窗间出，赫然出檐。人以为堂屋已焚，皆出避之。及雷止，其舍宛然，墙壁窗纸皆黔。有一木格，其中杂贮诸器，其漆器银扣者，银悉镕流在地，漆器曾不焦灼。有一宝刀极坚钢，就刀室中镕为汁，而室亦俨然。人必谓火当先焚草木，然后流金石。今乃金石皆铄，而草木无一毁者，非人情所测也。佛书言龙火得水而炽，人火得水而灭，此理信然。人但知人境中事耳，人境之外事有何限，欲以区区世智情识穷测至理，不亦难哉？

温州巨商张愿，世为海贾，往来数千里，未尝失利。绍兴七年，涉大洋，遭风漂其船，不知所届。经五六日，得一山。修竹戛云，弥望极目。乃登岸伐十竿，拟为篙掉之用。方毕事，见白衣翁云："此是何世界，非汝所当留。宜急回，不可缓也。"船人拱手白曰："某辈已迷失路，将葬鱼腹。仙翁幸垂教，如何可达乡间？"翁指东南方，果得善还。十竹已杂用其九。临抵岸，有倭客及昆仑奴，望桅樯拊膺大叫可惜者不绝口。既泊缆，众凝睇船内，见一竹尚存，争欲买曰："吾不论价。"愿度其意必欲得，试索二千缗。众齐声答曰好，即就近取钱以偿。愿曰："此至宝也，我适相戏耳，非五千缗勿复议。"昆仑尤喜，如其数辇钱授之，而后立约。约成，愿问之曰："此竹既成交易，不复翻悔。然我实不识是何宝物，盍为我言之。"对曰："此乃宝伽山聚宝竹，每立竹于巨浸中，则诸宝不采而聚。虽累千万价，亦所不惜。"愿始嗟叹而付之。

华亭县市中，有小常卖铺。适有一物如小桶而无底，非竹非木，非金非石，既不知其名，亦不知何用。如此者凡数年，未有过而睨之者。一日有海舶老商，见之骇愕，且有喜色，抚弄不已，叩其所值。其人亦龃黯，漫索五百缗，商嬉笑，偿以三百，即取钱付。龃因叩曰："此物我实不识，今已成交得钱，决无悔理，幸以告我。"商曰："此至宝也，其名曰海井。寻常航海，必须载淡水自随，今但以大器满贮海水，置此井于水中汲之，皆甘泉也。平生闻其名于番贾而未尝遇，今幸得之，吾事济矣。"

嘉议大夫吏部尚书致仕许昌冯公，名梦弼，字士启。尝言其始仕在八蕃时，乘传出至一驿。驿吏语以今夕晚有马绊出在江上，不若勿行。士启漫不省，即选马亟行。行未三四十里，忽乌剌赤者急下马拜跪伏。其语侏离莫能晓，而其意则甚哀窘。士启问之，摇手，意谓且死矣。于是士启亦下马祷曰："某万里远客，从吏遐方。使有禄命，固不死；无之，敢逃死。"时月微明，睹一物，如小屋大，竟滚入江水，腥风臭浪袭人。行数里许，乃问乌剌赤。乌剌赤曰："是之谓马绊。"问马绊何物，摇手不敢对。三更后至前驿，驿吏出迎，错愕曰："是何大胆，敢越马绊来乎？"士启问马绊，驿吏乃言此马黄精也，遇之首辄为其所啖云。

方 技

承蜩弄丸，庄叟侈言；日者龟策，史公乐道。书授异人，术窥秘奥。占星望气而知微，延医访卜以再造。虽贵于妙得其传，亦在乎师心居要。集方技。

太祖时，或诣司天监苗光裔卜。苗布策成卦，曰："当迁徙。"问："损人丁否？"曰："无害。"又一人占如前，又一人占亦如前。苗疑之，执其裾问为何物？其人不得已，对曰："我金明池龟也，前二人吾祖、吾父也。今朝廷广池，将及吾穴，恐见杀，故来问耳。"苗颔之，即以表闻。已而掘地得龟数十万，下令不得伤一龟，悉辇送他水。聂心远云："或谓物之灵无如龟，故决嫌疑、定犹豫，必问之龟。"今祸福休咎，龟不自知，反决之人。人灵乎？龟灵乎？

韩王普初罢陇西巡官到京，至日者王勋卜肆问命，次帘下，看范鲁公驺殿之盛，叹曰："似此大官，修个甚福来得到此？"勋曰："员外即日富贵，更强似此人，何足叹羡？将来便为交代，亦未可知。"后果如其言。

太宗万几之暇，照心弈棋。自制三势：一曰对面千里势，二曰天鹅独飞势，三曰海底明珠势。一时近臣，例以棋图颁赐，故王元之诗云："太宗多才复多艺，万几余暇翻棋势。对面千里为第一，独飞天鹅为第二。第三海底取明珠，三阵堂堂皆御制。

中使宣来侍近臣，天机秘密逼鬼神。"所以纪其事也。

张仆射齐贤漕江南日，以书荐王冀公于钱希白。钱时以才名独步馆阁，适延一术士于邸。不容通谒，王局蹐门下，厉声诟阍人，术者遥闻之谓钱曰："此不知何人？若形势相称，世无此贵者，但恐形不副声耳。愿延入使某一见。"希白召之。冀公单微远人，神貌疏瘦，举止山野，希白蔑视之。术者悚然，侧目谛视，既退稽颡兴叹曰："人中之贵，有此十全者。"希白戏曰："都堂便有此等幸相乎？"术者正色曰："公何言欤？且宰相何时而无。此君不作则已，若作则天下富盛，而君臣相得，至死有庆而无吊，不完者但无子而已。"希白曰："他日当陶铸吾辈乎？"术者曰："恐不在他日。愿公无忽。"后希白方为翰林学士，冀公已真拜。（钱易，字希白，吴越王倧之子。）

晁文元公迥，少闻方士之术。言凡人耳有灵响，目有神光，其后听于静中，若铃声远闻，耆年之后，愈觉清彻。公名之曰三妙音：一曰幽泉漱玉，二曰清声摇空，三曰秋蝉曳绪。

张乖崖太平兴国三年，试《不阵成功赋》，盖太宗明年将有河东之幸。公赋有："包戈卧鼓，岂烦师旅之威。雷动风行，举顺乾坤之德。"自谓擅场，欲夺大魁。夫何有司以对偶韵失，因黜之，选胡旦为状元。公愤然毁裂儒服，欲学道于陈希夷抟，趋豹林谷，以弟子事之，决无仕志。希夷善风鉴，一见之谓曰："子当为贵公卿，一生辛苦。譬如人家张筵，方笙歌鼎沸，忽中庖火起，座客无奈，唯赖子灭之，然禄后年，此地非栖憩之所。"乖崖坚乞入道。陈曰："子性度明躁，安可学道？"果后二年及第。希夷以诗遗之云："征吴入蜀是寻常，鼎沸笙歌救火忙。乞得江南佳丽地，却应多谢脑边疮。"初不甚晓。后果两入蜀，定王均、李顺之乱。又急移余杭，翦左道僧绍伦妖蛊之叛。此征吴入蜀之验也。屡乞闲地，朝廷终不允。因脑疮乞金陵养疾，方许之。

张尧封，南京进士也，累举不第，家甚贫。有善相者谓曰："视子之相，不过一幕职。然君骨甚贵，必享王封。"人初莫晓其旨。其后尧封举进士及第，终于幕职。后以温成皇后故，屡赠太师中书令兼尚书令，封清河郡王。由是始悟相者之言。

向文简公父欲葬其母。时开封府城外有地谶云："绵绵之岗，势如奔羊。稍前其穴，后妃之祥。"术者以穴在一小民菜园中，恐民不肯与，因夜葬其地。民以向横诉于府尹，尹令重与之价，仍不废其菜。次年遂生文简公。钦圣后，文简孙也。

张九歌庆历中居京师，虽盛冬单衣。燕王奇之，常召见与之酒。岁余，见王曰："将远游，故来别。有小伎欲以悦王。"乃取罗重迭剪为蜂蝶状，随剪皆飞去，莫知其数。少顷呼之，蜂蝶皆来，复为罗。王曰："吾寿几何？"曰："与开宝寺浮图齐坚。"后浮图灾，王亦薨。

熙宁八年，吕惠卿为参知政事，权倾天下。时元参政绛为翰林学士，判群牧，常问三命僧化成曰："吕参政早晚为相。"化成曰："吕给事为参政，政如草屋上置鸱吻耳。"元曰："然则其不安乎？"成曰："其黜免可立而待也。"是时春方半。元曰："事应在何时有消息？"成曰："在今年五月十七日。"元怃然不测，亦潜纪之。既而吕权日盛，台谏噤口，无敢指议之者。

会五月十七日，元退朝，因化成漫浪之语，促召而诮之。成曰："言必无失，姑且俟之。"公愈笑其术之非。既而闻御史蔡成禧入札子言吕参政兄弟，吕罢政事，实始此日也。

丁晋公本吴人，其孙徙居建安，资产豪盛。子弟中名湜者，少年俊爽，负才气，酷嗜赌博。虽常获胜，然随手荡析于狎游。厥父屡训责之，殊无悛心。父怒，因缚空室，绝其饮馔，饥困濒死。家老妪怜之，破壁使之窜。父喜其去，亦不问，但谓其必陨沟壑。湜假贷族党，得旅费，径入京师，补试太学，预贡籍。熙宁九年，南省奏名。相国寺一相士以技显，其肆如市。湜往访之，士曰："君气色极佳，吾阅人无如君者，当擢巍第。"即大书于壁曰："今岁状元是丁湜。"湜益自负，而所好固如昔时。同榜有两蜀士皆多资，亦好博，湜宛转钩致，延之酒楼上，仍令仆携博具立于侧。蜀士见之而笑，遂戏于小阁。始约以万钱为率，戏酣志猛，各不能中止，累而上之。湜于此艺得奇法，是日所赢六百万，如数算取以归邸。又两日，复至相士肆，士惊曰："君今日气色大非前比，魁选岂复望？误我术矣。"湜请其说，士曰："相人先观天庭，须黄明润泽则吉。今枯燥且黑，得非设心不善，为牟利之举，以负神明哉？"湜涑然，尽以实告，曰："然则悉以反之可乎？"士曰："既已发心，冥冥知之矣。果能悔过，尚可占甲科居五人之下也。"湜亟求蜀士，还其所得大半。迨庭策唱名，徐铎首魁，湜为第六。

邵尧夫在洛中，尝与司马温公论易数，推园中牡丹云某日某时当毁。是日温公命数客以观。日向午，花方秾盛，客颇疑之。斯须，两马相踶，绝衔断辔，自外突入，驰骤栏上，花果毁焉。尝言天下不可传此者，司马君实、章子厚尔。盖君实不肯学，子厚不可学也。临终，焚其书不传，只以《皇极经世》行于世。

徽宗在潜邸密使人持诞生年月，俾术人陈彦论之。彦一见问谁使若来？再三诘之，乃告以实。彦曰："覆大王，彦即今闭铺。六十日内望富贵，后以随龙官至节钺。"政和全盛日，彦尝以运数中微，密告于上。徽宗为作石记，埋宣和殿下。

潘景，字温叟。崇宁间以医称，视古无愧。虞部员外郎张咸妻孕五岁，南陵尉富昌令妻孕二岁，团练使刘彝孙妻孕十有四月，而俱不产。温叟视之，曰："疾也。凡医曰孕者非也。"于是作大剂饮之。咸妻堕肉块百余，皆有眉目状。昌令妻梦三士子色漆黑，仓卒怖悸，疾走而去。彝孙妻堕大蛇，犹蜿蜒不毙。又屯田郎中张谨妻，年四十四而天癸不至，温叟察其脉，曰："明年血溃乃死。"至期，果亡。贵江令王霁，夜梦与妇人讴歌饮酒，昼不能食者已三岁。温叟治之，疾稍平，而妇人色加沮，饮酒易倦，而讴歌不乐，久之遂无所见。温叟曰："若疾虽衰而未愈也。倘梦见男子青巾而白衣者，则愈矣。"后果梦之，遂能食如故。其他所治若此者甚多。

赵三翁者名进，字从先，中牟县白沙颠人，授道要于孙思邈。至宣和壬寅岁，年一百八矣。于技术无所不通，能役使鬼神，知未来事。为人嘘呵按摩，疾痛立愈。保义郎顿公孺苦冷疾二年，至于骨立。一日正灼艾而翁来，悉令撤去。时方盛暑，俾就屋开三天窗，放日光下射。使顿仰卧，揉艾遍铺腹上，约十数斤。乘日光炙之，移时，热透脐腹不可忍。俄腹中如雷鸣下泄，口鼻间皆浓艾气，乃止。明日复为之，如是一月，疾良已，仍令满百二十日。自是宿疴如洗，壮健似少年时。翁曰："此孙真人私诀也。世人但知灼艾，而不知点穴之不审，虚受楚痛，耗损气力。日者太阳真火，艾既遍腹，且又徐徐照射，入腹之功极大，但五六七月为上。若秋冬间，当以厚艾铺腹，蒙以绵衣，熨斗盛炭火慢熨之，以闻浓艾气为度，亦其次也。"其术出奇而中理皆类此。密县堕门山道友席洞云，往独纡岭瀑水潭侧登玩，慕其清峭高爽，即筑室以居。既而百怪毕见，未及一年，祸变相踵。席谒翁告以故，翁曰："得无居五箭之地乎？"席曰："地理之说多矣，独未闻五箭者，敢问何谓也？"翁曰："峰颠岭脊，陵首陇背，土囊之口，直风当门，急如激矢者，名曰风箭。峻滩急流，悬泉泻瀑，冲石走沙，声如雷动，昼夜不息者，名曰水箭。坚刚砾燥，斥岸沙碛，不生草木，不泽水泉，硬铁腥锡，虫毒蚁聚，散若坏壤者，名曰土箭。层崖迭巘，峻壁巉岩，锐锋峭岫，拔刃攒锷，耸齿露骨，状如浮图者，名曰石箭。长林古木，茂樾丛薄，翳天蔽日，垂萝蔓藤，阴森肃冽，如墟墓间者，名曰木箭。五箭之地，射伤居人，皆不用。在要回环纡抱，气象明邃，形势宽闲，壤肥土沃，泉甘石清，乃为上地。固不必一一泥天星地卦也。子归依我言，去凶就吉，当自无恙。"席敬受其教，居止遂宁，翁亦不知所终。

张鬼灵，三衢人。其父使从里人学相墓术，忽自有悟见，因以鬼灵为名。建中靖国初，至钱塘，请者踵至。钱塘尉黄正一为余言，县令周君者，括苍人，亦留心地理。具饭延款，谓鬼灵曰："凡相墓或不身至，而止视图画，可言克应否？"鬼灵曰："若方位山势不差，合葬时年月，亦可言其粗也。"因指壁间一图问之。鬼灵熟视久之，曰："据此图墓前午上一潭水甚佳，其家子弟若有乘马坠此潭，几至不救者，即是吉地，而发祥自此始矣。"令曰有之。鬼灵曰："是年此坠马人必被荐送，次年登第也。"令不觉起握其手曰："吾不知青乌子、郭景纯何如人也，今子殆其伦乎？"为述是年春祀，某乘马从之，马至潭侧，忽大惊跃，衔勒不制，即与某俱坠渊底。逮出，气息而已。是秋发荐，次年叩乎者某是也。蔡靖安世先墓在富春白升岭，其兄宏延鬼灵至墓下视之，谓宏此墓当出贵人，然必待君家麦瓮中飞出鹌鹑，为可贺也。宏曰："前日某家卧房米瓮中忽有此异，方有野鸟入室之忧。"鬼灵曰："此为克应也。君家兄弟有被魁荐者，即是贵人也。"是秋安世果为国学魁选。鬼灵常语人曰："我亦患数促，非久居世者，但恨无人可授吾术耳。"后二岁果殁，时年二十五矣。

政宣间，除擢侍从以上，皆先命日者推步其五行休咎，然后出命，故一时术者谓士大夫穷通在我可否之间。因是此辈益得以凭依，揣摩时事，以售其说。

临安中瓦在御街上，士大夫必游之地，天下术士皆聚焉。凡挟术者易得厚获，而近来数十年间，向之行术者多不验，惟后进者术皆奇中。有老于谈命者，下问后进："汝今之术，即我向之术，何汝验而我不验？"后进者云："向年士大夫之命，占得禄贵生旺，皆是贵人。今日士大夫之命，多带刑杀冲击，方是贵人。汝不见今日为监司郡守阃帅者，日以杀人为事耶？"老师叹服。

宣和初，蜀人王俊明在京师谓人曰："汴都王气尽矣。吾夜以盆水直氐房下望之，皆无一星照临汴分野者。更于宣德门外密掘土二尺，试取一块嗅之，枯燥索莫，不复有生气。天星不照，地脉又绝，而为万乘所都，可乎？即投匦上书，乞移都洛阳。

靖康间有龙伯康者，不知何许人。游京师，饮市肆中，叫呼大噱。时或箕踞笑歌、诙谐纵谑，旁若无人。众目为狂生，不知异也。一日被酒从城外过大阅之所，戏挟弓矢而射。一发中的，矢矢相属，十发无一差者。众方惊讶，忽指其地而谓众曰："后三年，此间皆胡人。若等姑识之，火龙骑日，飞雪满天，此京城破灭之兆也。"因嘻吁长叹不自禁。后三年，京城失守，如其言。

谢石润夫，成都人。宣和间至京师，以相字言人祸福。求相者但随意书一字，即就其字离折而言，无不奇中者，名闻九重。上皇因书一朝字令中贵人持往试之。石见字，即端视中贵人曰："此非观察所书也。然谢石贱术，据字而言，今日遭遇即因此字，黥配远行亦此字。朝字，离之为十月十日字。非此月此日所生之天人，当谁书也？"一座尽惊，中贵驰奏。翌日召至后苑，令左右及宫嫔书字示之，论说俱有精理。锡赉甚厚，并与补承信郎。缘此四方来求相者，其门如市。有朝士，其室怀妊过月，手书一也字，令其夫持问。是日座客甚多，石详视谓朝士曰："此阁中所书否？"曰："何以言之。"石曰："谓语助者，焉哉乎也，固知是公内助所书。尊阁盛年三十一否？"曰："是也。""以也字上为三十，下为一字也。""然吾官寄此，欲力谋迁动可得否？"曰："正以此为挠耳。盖也字着水则为池，有马则为驰。今池运则无水，陆驰则无马，是安可动也？又尊阁父母兄弟，近身亲人，当皆无一存者。以也字著人则是他字，今独见也字，而不见人故也。又尊阁其家物产亦荡尽否？以也字著土则为地字，今不见土，只见也。俱是否？"曰："诚如所言，然此皆非所问者。贱室怀妊过月，所以问耳。"石曰："是必十三个月也。以也字中有十字，并两旁二竖，下一画为十三也。"石熟视朝士曰："有一事似涉奇怪。欲不言，则吾官所问，正决此事。可尽言否？"朝士因请其说。石曰："也字著虫为虵字，今尊阁所妊，殆蛇妖也。然不见虫，则不能为害。谢石亦有薄术，可为吾官以药下验之，无苦也。"朝士大异其说。因请至家，以药投之，果下百数小蛇而体平。都人益共神之，而不知其竟挟何术。后复拆字，谓秦头大重，压日无光。忤相桧，死于戍。

建炎间，术者周生善相字。车驾至杭，时金骑惊扰之余，人心危疑。执政呼周生，偶书杭字示之。周曰："惧有警报。"乃拆其字，以右边一点配木上，即为兀朮。不旬日，果传兀朮南侵。当赵秦庙谟不协，各欲引退。二公各书退字示之，周曰："赵必去，秦必留。日者君象，赵书退字，人去日远；秦书人字，密附日下。日字左笔下连，而人字左笔斜贯之，踪迹固矣，欲退，得乎？"既而皆验。

耿听声者，兼能嗅衣物，以知吉凶贵贱。德寿闻其名，取宫人扇百柄，杂以上及中宫所御，令小黄门持扣之。耿嗅至后扇云："此圣人也，然有阴气。"至上扇，乃呼万岁。上奇之，呼入北宫，又取妃嫔珠冠十数示之。至一冠，奏曰："此有尸气。"时张贵妃已薨，此其故物也。后居候潮门内。夏震微时，尝为殿岩馈酒于耿。耿闻其声，知其必贵，遂以其女妻其子，子复娶其女。时郭棣为殿帅，耿谒之曰："君部中有三节

宋稗类钞

240

度使，他日皆为三衙。"扣为何人，则曰："周虎、彭辂、夏震也。"虎、辂时皆为将官，独震方为帐前佩印官。郭曰："周、彭地步，或未可知。震安得遽尔乎？"耿曰："吾所见如此，可必也。"耿因与三人结为义兄弟。一日耿谓虎曰："吾数夜闻军中金鼓有杀声，兵将动，君三人皆当此而显矣。"未几，开禧出师，虎守和州，辂为金州统戎，皆以功受赏。震则以诛韩功，相继为殿岩。虎亦参马迹，皆列节度使班。悉如其言。

灵源禅师住龙舒太平精舍。有日者能课，使之课，莫不奇中。有苏朝奉者至寺，使课无验。非特为苏课无验，凡为达官要人言，俱无验。至为市井凡庸山林之士课，则如目见。灵源问其故，答曰："我无德量。凡见寻常人，则据术而言，无所缘饰。见贵人则畏怖，往往置术之实而务为谀辞。"其不验，要不足怪。

桂林有韩生嗜酒，自云有道术，人初不大听重之也。一日欲自桂过明，同行者二人，俱止桂林郊外僧寺，而韩生亦来。夜不睡，自抱一篮，持匏杓出就庭下。众共往视之，则见以杓，酌取月光，作倾泻入篮状，争戏之曰："子何为乎？"韩生曰："今夕月色难得。我惧他夕风雨，偬夜黑，留此待缓急尔。"众笑焉。明日取视之，则空篮弊杓如故。众益哂其妄。及舟行至郃平，共坐江亭上，各命仆办治殽膳，多市酒，期醉适。会天大风，俄日暮，风益亟，灯烛不得张。坐上墨黑，不辨眉目。众大闷，一客忽念前夕事，戏嬲韩生曰："子所贮月光，今安在，宁可用乎？"韩生为抚掌而对曰："微子，我几忘之。"即狼狈走从舟中，取蓝杓一挥，则白光燎焉，见于梁栋间。如是连数十挥，一坐尽如晴夜。月色潋滟，秋毫皆睹。众乃大呼，痛饮达四鼓，韩生者又酌取而收之篮，夜复黑如故。始知韩生果异人也。

四明僧奉真，良医也。天章阁待制许元，为江淮发运使，奏课于京师，方欲入对，而其子疾亟，瞑而不食，惙惙欲绝逾宿矣。使奉真视之，曰："脾已绝不可治，死在明日。"元曰："观其疾势，固知其不可救。今方有事，须陛对，能延数日之期否？"奉真曰："如此似可。诸脏皆已衰，唯肝脏独过。脾为肝所胜，其气先绝，一脏绝则死。若急泻肝气，令肝气衰，则脾少缓，可延三日。过此无术也。"及投药。至晚乃能张目，稍稍复啜粥。明日渐苏而能食。元喜甚，奉真笑曰："此不足喜。肝气渐舒耳，无能为也。"后三日果卒。

朱师古，眉州人。年三十时，得异疾，不能食，闻荤腥气辄呕。惟用一铛旋煮汤，沃淡饭数匕食之。每用铛，亦须涤十余次，不然，更觉腥秽不可近也。食已，鼻中必滴血一点。恹恹瘦削，医莫能愈，乃趋郡谒史载之。史曰："俗医不读医经，而妄欲疗人，可叹也。君之疾在《素问经》中，其名曰食挂。凡人肺六叶，舒张如盖，下覆于脾，则子母气和，饮食甘美。一或有戾，则肺不能舒，脾为之蔽，故不嗜食。《素问》曰：'肺叶焦热，名曰食挂。盖食不下脾，瘀而成疾耳。'"遂制药服之。三日，觉肉香，啖之，无所苦。自此嗜食，宿恙顿除。

朱文公有足疾，尝有道人为施针术，旋觉轻安。公大喜，厚谢之，且赠以诗云："几载相扶借瘦筇，一针还觉有奇功。出门放杖儿童笑，不是从前勃窣翁。"道人得诗竟去。未数日，足疾大作，甚于未针时。亟令寻逐道人，已莫知所往矣。公叹息曰："某无意罪之，但欲追索其诗，恐复持此误他人耳。"是夜梦神曰："公一念动天矣。"足疾旋瘳。

赵信公在维扬制阃日，有老张总管者，北人也，精于用针。一日，信公侍姬苦脾血疾垂殆。时张老留旁郡，亟呼其徒治之，乃刺足外踝二寸余，而针为物气所留，竟不可出。其徒仓皇请罪，曰："穴虽中而针不出，此非吾师不可。请急召之。"于是命流星马宵征，凡一昼夜而张至，笑曰："穴良是，但未得吾出针法耳。"遂别于手腕之交刺之，针甫入，而外踝之针跃而出焉。即日疾愈。

李行简外甥女适葛氏而寡，更嫁朱训，忽得疾如中风状。山人曹居白视之曰："此邪疾也。"乃出针刺其足外踝上至一茶久。妇人醒曰："患平矣。"每疾作时，梦故夫引行山林中，今早梦如前，而故夫忽为棘刺刺胫间不可脱，惶惧宛转乘间乃得归。曹笑曰："适所刺者，入邪穴也（一作百邪穴）。"

章叔恭倅襄州日，尝获试针铜人全像，以精铜为之，腑脏无一不具。错金书穴名于孔旁，每用以试医，外涂黄蜡，内实以汞。俾医以分折寸，按穴投针。中穴则针入而汞出，稍差则针格而不入矣。亦奇巧之器也。后赵南仲得之，归于内府。

庞安常视孕妇难产曰："儿虽出胞，而手执母肠胃，不复脱衣。"即扪儿手所在，针其虎口，儿痛即缩手而生。及观儿虎口，果有针痕。

括之缙云有业医，挟术颇精。一日忽梦追至城隍，主者戒云："凡北之人虐南人，盖有数。若南人恃北势以虐南人者，此神明之所甚怒，罪无赦。赵某者，昔在福州，杀人至多，获罪于天。今使之得瘟疾而死，或以谷二石酒二斗，鸡四只相邀，汝慎勿往，不然，逆天之罪，不可逭也。然于次日，必有叶氏亦以此数相偿，且有重获也。"既觉，惴惴然遂往庙中炷香。甫归家，而赵氏令人果以物至相邀，遂辞以疾不往。次日叶府召医，疾愈，以物酬谢，乃鸡酒谷如梦中之数。收功获谢，而赵则殂矣。

蔡州道士杨大均善医，能默诵《素问》《本草》《千金方》，其间药石分两，皆不遗一字。或问："此有何文理，而可以记乎？"大均言："苟通其意，其文理有甚于章句偶俪，一见何可忘也！

紫霞翁精于琴，晓音律。有画鱼周大夫者，善歌，暗令写谱参订，虽一字之误，必随证其非。或叩之云："五凡工尺，有何义理，而能默诵如流？"翁笑曰："君特未究此事耳。其间义理更有甚于文章，不然，安能记之？"

贾师宪少年日，尝驰马湖山，小憩栖霞岭。忽有布裳道者，瞪视曰："官人可以爱重，将来功名不在韩魏公下。"贾意其见侮，不顾而去。既而醉博平康至于败面。他日复遇道者，顿足惊叹曰："可惜，可惜！天堂已破，必不能令终矣。"其后悉验。

李国用，登州人。尝为卒，遇神仙教以观日之法，能洞见肺腑，世称神明。兼能望气，襄阳未破时，元世祖命即其军中望气。行逾两三舍，即还奏曰："臣见卒伍中往往有台辅气。襄阳不破，江南不平，置此人于何地？"未几，果下襄阳。

金坛郎王裕，福唐人。术数颇工，常云："天运四百二十年一周，而七百甲子备位。天、地、人、江、河、海、鬼，凡七。今正行鬼。后十八年，复行天，当有异人应时而出。"又云："唐明皇时，正行天元故也。"

古方施之富贵人多验，贫下人多不验；俗方施之贫下人多验，富贵人多不验。盖富贵人平日护持甚谨，其致疾必有渐，发于中，而见于外，非以古方术求之，不能尽得。贫下人骤得于寒暑燥湿饥饱劳佚之间，未必皆真疾。不待深求其故，苟一物相对，皆可为也。而古方节度，或与之不相契，况古方分剂汤液，与今多不同，四方药物所产，及人禀赋亦异。以理推之，以俗方治庸俗人病，亦不可尽废也。

喉闭之疾，极速而烈。止用鸭嘴胆矾一味，研细，以酽醋调灌，即大吐，去胶痰，立差。然胆矾难真者，养生之家，不可不预储以备用也。熊胆善辟尘，其试法，以净水一器，尘罩其上，投胆粟许，则凝尘忽然而开。以之治目障翳极验，每以少许，净水略调，闭，尽去筋膜尘土，入冰脑一二片。或渍痒，则加生姜粉些少，时以银箸点之，绝奇。赤眼亦可用。

工　艺

进道莫非技，形下何必器，刻楮与斫轮，精出《考工记》。集工艺。

开宝寺塔，在京师诸塔中最高，而制度甚精。都料匠喻皓所造也。塔初成，望之不正，而势倾西北。人怪而问之，皓曰："京师地平无山，而多西北风，吹之不百年当正也。"其用心之精盖如此。国朝以来，木工一人而已。有《木经》三卷行于世。世传皓惟一女。每卧则交手于胸为结构状，如此踰年，撰成《木经》三卷，今行于世者是也。

钱氏据两浙时，于杭州梵天寺建一木塔，方两三级。钱帅登之，患其塔动。匠师云："未瓦上轻故如此。"乃以瓦布之，而动如初。无可奈何，密使其妻见喻皓之妻，赂以金钗，问塔动之因。皓笑曰："此易耳。但逐层布板讫，便实钉之，则定不动矣。"匠师如其言，塔遂定。盖钉板上下弥束，六幕相联如胠箧，人履其板，六幕相持，自不能动。人皆服其精练。

太平兴国中，蜀人张思训制上浑仪。其制与旧仪不同，最为巧捷。起为楼阁数层，高丈余，以木偶为七直人以直七政，自能撞钟击鼓。又为十二神，各直一时。至其时，即自执长牌循环而出。

国初，两浙献龙船，长二十余丈。上为宫室层楼，设御榻以备游幸。岁久腹败，欲修治，而水中不可施工，熙宁中。宫室黄怀信献计，于金明池北凿大澳，可容龙船。其下置柱，以大木梁其上，乃决水入澳，引船当梁上。即车出澳中水，船乃笕于空中。完补讫，复以水浮船，撤去梁柱。以大屋蒙之，遂为藏船之室，永无暴露之患。

燕龙图肃，有巧思。初为永兴推官，知府寇莱公好舞柘枝，有一鼓，甚惜之。其环忽脱，公怅然以问诸匠，皆莫知所为。燕请以环脚为锁簧内之，则不脱矣。莱公大喜从之。燕为人长者，博学。其漏刻法最精，今州郡往往有之。

陈康肃公尧咨善射，当世无双，公亦以此自矜。一日尝射于家圃，有卖油翁释担而立睨之，久而不去，见其发矢十中八九，但微颔之而已。康肃问曰："汝亦知射乎？吾射不亦精乎？"翁曰："无他，但手熟尔。"康肃忿然曰："尔安敢轻吾射？"翁曰："以吾酌油知之。"乃取一葫芦置于地，以钱覆其口，徐以杓酌油沥之，自钱孔入，而钱不湿。因曰："我亦无他，惟手熟尔。"康肃笑而遣之。此与庄生所谓斫轮解牛者何以异！

章友直伯益，以篆得名，召至京师。翰林篆字待诏数人，闻其名，心未之服。俟其至，乃共诣之，云："闻先生之艺久矣，愿一见笔法以为模式。"伯益命帖纸数张，纵笔作二图：其一纵横各作十九画，成一棋局；其一作十圆圈，成一射帖。其行笔之粗细，间架之疏密，无毫发之失。诸人见之，大叹惊服，再拜而去。

庆历中，有一术士姓李，多巧思。尝木刻一钟馗，高二三尺。右手持铁简，以香饵置左手中，鼠缘手取食，则左手扼鼠，右手运简毙之。以献荆王，王馆于门下。会大使言月当蚀于昏时，李自云有术可禳。王试使为之，是夜月果不蚀，王大神之。

陵州盐井，深五百余丈，皆石也。上下甚宽广，独中间稍狭，谓之杖鼓腰。旧自井底用柏木为干，上出井口。自木干垂绠而下，方能至水。井侧设大车绞之。岁久，井干摧败。屡欲新之，而井中阴气袭人，入者辄死，无缘措手。惟候有雨入井，则阴气随雨而不，稍可施工，雨晴复止。后有人以木盘满中贮水，盘底为小窍，酾水一如雨点，设于井上，谓之雨盘，令水下终日不绝。如此数月，井干为之一新，井利复旧。

金陵人有发六朝陵寝，得古物甚多。有得一玉臂钗，两头施转关，可以屈伸令圆。仅于无缝，为九龙绕之，功侔鬼神。世多谓前古民醇，工作率卤拙，是大不然。古物至巧，正由民醇故也，民醇则百工不苟。后世风俗虽侈，而工之致力不及古人，故物多不精。

武林有为禽虫戏者，蓄龟七枚，大小凡七等。置龟几上，击鼓以谕之，则第一等大者先至几心伏定，第二等者从而登其背。直至第七等小者，登第六等之背，乃竖身直伸其尾向上，宛如小塔状；谓之乌龟迭塔。又蓄虾蟆九枚，于席中置小墩，其最大者乃踞坐之，八小者左右对列。大者作一声，众亦作一声，作数声亦如之。既而小者一一至大者前点首作声，如作礼状而退；谓之虾蟆说法。又练细蚁黄黑二种，各有大者为之将领，插旗为号。一鼓对垒，再鼓交战，三鼓分兵，四鼓偃旗归穴。谓之蚂蚁角武。又以蜡嘴鸟作傀儡，唱戏曲以导之，拜跪起立，俨若人状。或使之衔旗而舞，或写八卦名帖，指使衔之，纵横不差，或抛弹空中，飞腾逐取。谓之灵禽演剧。虽小技，殆有神术焉。

九江有碑工仲宁，刻字甚工，黄太史题其居曰琢玉坊。崇宁间，诏郡国，刊元祐党籍姓名，太守呼仲宁使刊之。辞曰："小人家旧贫窭，止因开苏学士黄内翰词翰，遂至饱暖。今日以奸人为名，诚不忍下手。"守义之曰："贤哉！士大夫所不及也。"馈以酒而从其请。此载《挥麈录》。又正史所载颁蔡京所书元祐奸党碑刻石于州县，令监司长吏厅皆刻石。有长安石工安民当镌字，辞曰："民愚人，固不知立碑之意。但如司马相公者，海内称其正直，今谓之奸邪，民不忍刻也。"府官怒，欲加之罪。民泣曰："被役不敢辞，乞免镌安民二字于石末，恐得罪后世。"闻者愧之。

音 乐

　　柯竹谁知，焦桐莫觉。晋旷调钟，州鸠论乐。壶挈鸣韶，蕤飞清角。公子通微，聪不可学。集音乐。

　　寇莱公好柘枝舞，会客必舞柘枝，每舞必尽日，时谓之柘枝颠。今凤翔有一老尼，犹莱公时柘枝妓，云尚能歌其曲。其曲遍数极多，如羯鼓录浑脱解之类，好事者往往传之。古之善歌者有语，谓当使声中无字，字中有声。凡曲止是一声，清浊高下如萦缕耳。字则有喉唇齿舌等音不同，当使字字举本皆轻圆融入声中，令转换处无磊块。此谓声中无字。古人谓之贯珠，今谓之善过度是也。如宫声字而曲合商，用商声，则能转宫为商歌之。此字中有声也。善歌者谓之内里声，不善歌者声无抑扬，谓之念曲。声无含蕴，谓之叫曲。（舞拓枝，本出拓跋氏之国，流传误为柘枝也。）

　　欧文忠公在滁州，通判杜彬善弹琵琶。公每饮酒必使彬为之，往往酒行遂无算，故有诗云："坐中醉客谁最贤，杜彬琵琶皮作弦。"此诗既出，彬颇病之，祈公改去姓名，而人已传，卒不得讳。政和间，郎官有朱维者，亦善音律，而尤工吹笛，虽教坊亦推之。流传入禁中，上皇喻旨召维试之，使教坊善工在旁按其声，乐工皆称善，遂除维为典乐。维尝言琵琶以下拨重为难，犹琴之用指深，故本色有轹弦护索之称。文忠尝问琵琶之妙于彬，亦以此对，乃取使教他乐工试为之，下拨弦皆断，因笑曰："如公之弦，无乃皮为之耶？"故有皮作弦之句，而好事者遂传彬果以皮为弦，其实非也。唐人记贺怀智以鹍鸡筋作弦，人固疑之。筋比皮似有可作弦之理，然亦不应得许长，且所贵者声尔，安在以弦为奇耶！

范文正公喜弹琴，然平日止弹《履霜》一操，时人谓之范履霜。

高邮人桑景舒性知音。听百物之声，悉能占其灾福，尤善乐律。旧传有《虞美人操》，闻人作《虞美人曲》，则枝叶皆动。他曲不然。景舒试之，良如所传。乃详其曲声，曰皆吴音也。他日取琴试用吴音制一曲，对草鼓之，枝叶亦动，乃谓之《虞美人操》。其声调与《虞美人曲》全不相近，始末无一声相似者，而草辄应之，其律法同管也。

都下一小儿才三岁，无有难曲，按皆中节。都市观者如堵，教坊伶人皆称其妙。在母怀食乳，捻手指应节，盖宿习也。

理宗朝，张循王府有献白玉箫管长二尺者，中空而莹薄，奇宝也，内府所无，即时有旨补官。未几，韩蕲王府有献白玉笙一攒，其薄如鹅管，其声清越，真希世之珍也。此二物皆在军中日得之北方，即宣和故物也。

饮 食

观颐而衍，大欲所存；老饕用物，惟祸之门；饥不期鼎食，渴非待衢尊；饭称香积，醪出孤村，淡有至味，何必尝鼋羹。集饮食。

太宗命苏易简讲文中子，有杨素《食经》。上因问食品称珍，何物为最。易简曰："臣闻物无定味，适口者珍。臣止知齑汁为美。"太宗笑问其故。曰："臣忆一夕寒甚，拥炉烧火，乘兴痛饮，大醉就寝。四鼓始醒，以重衾所拥，咽吻燥渴。时中庭月明，残雪中覆一齑盎，不暇呼童，披衣掬雪以盥手，亟引数缶，连沃浊肺，咀齑数茎，灿若金脆。臣此时自谓上界仙厨鸾脯凤腊，殆恐不及。屡欲作《冰壶先生传》，因循未暇也。"太宗笑而然之。

前辈云："一郡之政观于酒，一家之政观于齑。"盖二事若善，则其他可知。

东坡与客论食次，取纸一幅，书以示客云："烂蒸同州羊，灌以杏酪，食之以匕不以箸。南都拨心面，作槐叶温陶糁。以襄邑抹猪，炊共城香稻，荐以蒸子鹅，吴兴庖人斫松江鲈鲙。既饱，以庐山康王谷水，烹曾坑斗品。少焉，解衣仰卧，诵东坡《赤壁前后赋》，亦一大快（一作山谷语）。"

诗人多用方言。俗谓睡美为黑甜，饮酒为软饱，故东坡诗云："三杯软饱后，一枕黑甜余。"

东坡谓晨饮为浇书，李黄门谓午睡为摊饭。放翁诗云："浇书满挹浮蛆瓮，摊饭横眠梦蝶床。莫笑山翁见机晚，也胜朝市一生忙。"

东坡自儋耳北归，临行以诗别黎子云秀才。后批云："新酿甚佳，求一具理。临行写此，以折菜钱。"（**南荒人谓瓶罂为具理**）。

世传涪翁喜苦笋。尝从斌老乞苦笋，诗云："南园苦笋味胜肉，箨龙称冤莫采录。烦君更致苍玉束，明日风雨吹成竹。"又和坡翁《春菜》诗云："公如端为苦笋归，明日青衫诚可脱。"坡得诗，戏谓坐客云："吾固不爱作官，鲁直遂欲以苦笋硬差致仕。"闻者绝倒。尝赋苦笋云："苦而有味，如忠谏之可活国。"放翁又从而奖之云："我见魏徵殊妩媚，约束儿童勿多取。"于是世以谏笋目之。及观涪翁所自跋，则其所食乃取乎甘，非贵乎苦也。南康简寂观有甜苦笋。周益公诗云："蔬食山间茶亦甘，况逢苦笋十分甜。君看齿颊留余味，端为森森正且严。"此亦取其甜耳。世人慕名忘味，甘心茶苦者果何说哉！又涪翁在戎州日，过蔡次律家，小轩外植余甘子，乞名于翁，因名之曰味谏轩。其后王子予以橄榄送翁，翁赋云："方怀味谏轩中果，忽见金盘橄榄来。想见余甘有瓜葛，苦中真味晚方回。"然则二物亦可名之谏果也。

东坡《橄榄》诗："待得余甘回齿颊，已输崖蜜十分甜。"俗谚传南人说橄榄回味清甘。北人云："待他回味时，我枣儿已甜半日矣。"坡诗盖用此意。

东坡尝约器之同参玉版，器之每倦山行，闻玉版，欣然从之。至帘泉寺，烧笋而食。器之觉笋味胜，问此何名。坡曰："玉版。此老僧善说法，令人得禅悦之味。"器之方悟其戏。

范忠宣谪居永州，以书寄人云："此中羊面，无异北方。每日闭门餐馎饦，不知身之在远也。"苏文忠五帖，其献蠔帖，极言蠔之美，至令叔党勿宣传北方君子，恐求谪海南以分其味。又云："惠州市肆寥落，日杀一羊，不敢与在官者争买。时嘱屠买其脊骨，骨间亦有微肉，熟煮热酒漉，随意用酒薄点盐，炙微焦食之，终日摘剔牙綮间，如蟹螯逸味。率三五日一餔。吾子由三年堂庖所饱刍豢灭齿而不得骨，岂复知此味乎？"（北人食面曰馎饦，俗语作不托。）

京师中下之户，不重生男。每育女，则爱护之如擎珠捧璧。稍长则随其姿质，教以艺业，用备士大夫采择娱侍。名目不一，有所谓身边人、本事人、供过人、针线人、堂前人、杂剧人、拆洗人、琴童、棋童、厨娘等称。就中厨娘最为下色，然非极豪贵家不可用。尝闻时官中有婆人某者，奋身寒素，历二倅一守，然受用澹泊，不改儒酸。偶奉祠居里，便嬖不足使令，饮馔且大粗率。守念昔留某官处晚膳，出都下厨娘烹调极可口。适有便介如京，谩作承受人书，托以物色，费不屑较。未几，承受人复书曰："得之矣。其人年可二十余，新回自府第，有容艺，晓书算。旦夕遣以诣直。"旬余果至。初憩五里头时，遣脚夫先申状来，乃其亲笔也。字画端楷，历序庆幸。即日伏事左右，末乞以四轮接取，庶成体面。辞甚委曲，殆非庸碌女子可及。守一见为之启颜。及入门，容止循雅，红裙绿裳，参视左右乃退。守益喜过望。少选，亲朋皆议举觞奉贺。厨娘遽至请曰："未可展会，明日且是常食，五杯五分。因请食品菜品资次，出书以示之，食品第一为羊头签，菜品第一为葱齑，余皆易办者。厨娘操笔疏物料：内羊头签五分，各用羊头十个。葱齑五碟，合用葱五斤。他物称是。守固疑其妄，然未欲遽示以俭鄙，姑从之，而密觇其用。翌旦，厨师告物料齐。厨娘发行奁，取锅铫盂勺汤盘之属，令小婢先捧以行。璀璨溢目，皆白金所为。大约计六七十两。至于刀砧杂器，亦一一精整。旁观啧啧。厨娘更围袄围裙，银索攀膊，掉臂而入，据坐交床。徐起取抹批脔，惯熟条理，真有运斤成风之妙。其治羊头签也，漉置几上，别留脸肉，余悉置之地。众问其故，曰："此皆非贵人所食矣。"众为拾顿他处。厨娘笑曰："若辈真狗子也。"众虽怒，无语以答。其治葱齑也，取葱微彻过沸汤，悉去须叶，视碟之大小分寸而截之。又除其外数重，取条心之似韭黄者，以淡酒醯浸渍。凡所供备，芳甘脆美，济楚细腻，难以尽其形容。食者举箸无余，相顾称善。既撤席，厨娘整衿再拜曰："此日试厨，万幸台意，须照例优给。"守方迟难，厨娘遽曰："岂非待检例耶？"探囊取数幅纸以献曰："是昨在某官处所得支赐判单也。"守视之，其例每展会，动赉绢帛或至百匹，钱或至百千，无虚拘者。守破悭勉副，私窃喟叹曰："吾辈事力单薄，此等酒筵，不宜常设。此等厨娘，不宜常用。"不两月，寻托他故善遣以还，远近闻而笑之。

《枫窗小牍》曰："旧京工伎，固多奇妙。即烹煮盘案，亦复擅名。如王楼梅花包子，曹婆婆肉饼，薛家羊饭，梅家鹅鸭，曹家从食，徐家瓠羹，郑家油饼，王家奶酪，段家爊物，石逢巴子肉之类，皆声称于时。暨南迁湖上，鱼羹宋五嫂，羊肉李七儿，奶房王家，血肚羹宋小巳之类，皆当行不数者。宋五嫂，余家苍头嫂也。每过湖上，时进肆慰谈，亦他乡寒故也。悲夫！"（宋五嫂鱼羹，常经御赏，人争赴之，遂成富媪。）

金陵士大夫渊薮，家事鼎铛，种种臻妙：斋可照面。馄饨汤可注研。饼可映字，亦可作劝盏。饭可打擦擦台。湿面可穿结带。寒具嚼着，惊动十里人。

故都李和炒栗，名闻四方。他人百计效之，终不可及。绍兴中，陈福公长卿及钱上阁恺使金。至燕山，忽有两人持炒栗各十裹来献，三节人亦人得一裹。自赞曰："李和儿也。"挥涕而去。

承平时，鄜州田氏作泥孩儿，态度无穷。虽京师工效之莫能及。一对至值十缣，一床至三十千。一床者，或五或七也。小者二三寸，大者尺余，无绝大者。陆放翁家旧藏一对卧者，背有小字云："鄜畤田玘制。"绍兴初，避地东阳山，遂失去。

金橘产于江西，以远难致，都人初不识。明道景祐初，始与竹子俱来。竹子味酸，人不甚喜，后遂不至。而金橘香清味美，置之尊俎间，光彩的砾如金弹丸。都人初亦不知贵，后因温成皇后特好食之，由是遂重京师。吉州人最珍此果，其欲久留者则于菉豆中藏之，可经时不变。云橘性热而豆性凉，故能久也。

唐邓间多大柿。初生，坚实如石而涩。凡百十柿，以一榠樝置其中（榅桲亦可），则红熟如泥而可食。土人谓之烘柿。（榠樝音冥查，人名，似梨而酸。）

淮南人藏盐酒蟹，以皂荚半挺置其中，则可经岁不沙。

周益公，洪容斋，尝侍寿皇宴。因谈肴核，上问容斋卿乡里所产。容斋，鄱阳人也，对曰："沙地马蹄鳖，雪天牛尾狸。"又问益公。公，庐陵人也，对曰："金柑玉版笋，银杏水晶葱。"上吟赏。又问一侍从，忘其名，浙人也，对曰："螺头新妇臂，龟脚老婆牙。"四者皆海鲜也。上为之一笑。张景，公安人。仁宗召见问曰："卿江陵有何胜？"曰："两岸绿杨遮虎渡，一湾芳草护龙洲。"又问："所食何物？"曰："新粟米炊鱼子饭，嫩冬瓜煮鳖裙羹。"

有唐茶品，以阳羡为上供，建溪北苑未著也。贞元中，常衮为建州刺史，始蒸焙而研之，谓研膏茶，其后稍为饼样。至本朝建溪独盛，采焙制作。士大夫珍尚鉴别，俱过于古。丁晋公为福建转运使，始制为凤团，后又为龙团。贡不过四十饼，专以上供，虽近臣之家未尝见也。天圣中，又为小团，其品迥加于大团，赐两府止于一团。惟上大斋宿，八人两府，共赐小团一饼，缕之以金。八人析归以侈非常之赐，亲知瞻玩，赓唱又诗。熙宁末，神宗诏建州制密云龙，其品又加于小团。然密云之出，则二团少粗，以不能两好也。

长沙造茶品极精致。工直之厚，轻重等白金。士大夫家多有之，置几案间，以相夸侈。初未尝用也。范蜀公与司马温公同游嵩山，各携茶以行。温公以纸为贴，蜀公用小黑木合子盛之。温公见而惊曰："景仁乃有茶具耶？"蜀公闻其言，留合与寺僧而去。

长沙茶器，精妙甲天下，每副用白金三百星，或五百星。凡茶之具悉备，外则以大银盒贮之。赵南仲帅潭日，尝以黄金千两为之，以进尚方。穆陵大喜，盖内院之工所不能为也。

惠山泉，顷岁亦可致于汴都，但未免盆盎气。须用细沙淋过，则如新汲，时号拆洗惠山泉。天台竹沥水，出于高岩。寺僧断竹梢屈而取之。若杂以他水，则亟败。苏才翁与蔡君谟失茶。蔡茶精，用惠山泉。苏劣，用竹沥水煎，方能取胜。

蔡君谟善别茶，后人莫及。建安能仁院，有茶生石缝间，寺僧采造，得茶八饼号石岩白。以四饼遗君谟，以四饼密遣人走京归遗王内翰禹玉。岁余，君谟被召还阙，访禹玉。禹玉命子弟于茶笥中选精品，碾待君谟。君谟捧瓯未尝，辄曰："此茶极似能仁石岩白，公何从得之？"禹玉未信，索茶帖验之，乃服。王荆公为小学士时，尝访君谟。君谟闻公至，喜甚，自择绝品茶，亲涤器烹点以饮公。公于夹袋中取消风散一撮投茶瓯中，并食之，君谟失色。公徐曰："大好茶味。"君谟大笑，且叹公之真率。

蔡君谟制小团，其品尤精于大团。一日福唐蔡叶丞秘教召公啜小团。坐久，复有一客至。公啜而味之曰："非独小团，兼有大团杂之。"丞惊呼童询之。对曰："本碾造二人茶，继有一客至，造不及，乃以大团兼之。"丞神服公之明审。

罗大经鹤林玉露曰："余同年李南金《三茶经》，以鱼目涌泉连珠为煮水之节。然近世瀹茶，鲜以鼎镬，用瓶煮水，难以候视，则当以声辨，一沸二沸三沸之节。又陆氏之法，以未就茶镬，故以第二沸为合量而下。未若以沸汤就茶瓯瀹之，则当用背二涉三之际为合量。乃为声辨之诗云："砌虫唧唧万蝉催，忽有千车捆载来。听得松风并涧水，急呼缥色绿瓷杯。"其论固已精矣。然瀹茶之法，汤欲嫩而不欲老。盖汤嫩则茶味甘，老则过苦矣。若声如松风涧水而遽瀹之，岂不过于老而苦哉！

惟移瓶去火，少待其沸止而瀹之，然后汤适中而茶味甘。此南金之所未讲者也。因补以一诗云："松风桧雨到来初，急引铜瓶离竹炉。待得声闻俱寂后，一瓯春雪胜醍醐。"丁晋公有《北苑茶录》三卷。世多指建州茶焙为北苑，故姚宽《丛语》谓建州龙焙面北，遂谓之北苑，此说非也。官苑非人主不可称，按建茶供御，自江南李氏始。别令取其乳作片，或号曰京挺的乳，又骨子等，每岁不过五六万斤，迄今岁出三十余万斤。其茶以京挺为名，又称北苑，亦以供奉得名可知矣。李氏都平邺，其苑在北，故得称北苑。水心有清辉殿。张泊为清辉殿学士。别置一殿于内，谓之澄心堂，故李氏有澄心堂纸。其曰北苑茶，亦犹澄心堂纸耳。李氏集有翰林学士张桥，作《北苑侍宴赋》诗序曰："北苑，皇后之胜概也。掩映丹阙，萦回绿波，珍禽异兽充其中。修竹茂林森其后。北山苍翠，遥临复道之阴。南内深严，近其帷宫之外。陋周王之平圃，小汉武之上林。"云云。而李氏亦有《御制北苑侍晏》诗序，其略云："城之北有故苑焉。遇林因薮，未愧于离宫。均乐同欢，尚惭于灵沼。"以二序观之，因知李氏有北苑，而建州造挺茶又始之，因取此名，无可疑者。

山简寂观观出苦笋，而味反甜。归宗寺造咸虀，而味反淡。山中人语曰："简寂观前甜苦笋，归宗寺里淡腌虀。"盖纪实也。

宋稗类钞　卷之八

古　玩

　　玩物玩人，至前无因。石而题璞，赝且乱真。耽奇好古，破产忘贫。溯铜狄以摩娑，不知有汉；认前朝而磨洗，如见先秦。集古玩。

　　鄱阳张世南《宦游纪闻》云："辨博书画古器，前辈盖尝著书矣。其间有论议而未详明者，如临、摹、硬黄、响拓是四者，各有其说。今人皆谓临摹为一体，殊不知临之与摹迥然不同。临，谓置纸在旁，观其大小浓淡形势而学之，若临渊之临。摹，谓以薄纸覆上，随其曲折婉转用笔，曰摹。硬黄，谓置纸热熨斗上，以黄蜡涂匀，俨如枕角，毫厘必见。响拓，谓以纸覆其上，就明窗牖间映光摹之。辨古器，则有所谓款、识、腊茶色、朱砂斑、真青、绿井口之类，方为真古。其制作有云纹、雷纹、山纹、轻重雷纹、垂花雷纹、鳞文、细纹、粟纹、蝉纹、黄目、飞廉、饕餮、蛟螭、虬龙、麟、凤、熊、虎、龟、蛇、鹿、马、象、鸾、夔、牺、蜼、凫、双鱼、蟠虺、如意、圆络、盘云、百乳、鹦耳、贯耳、偃耳、直耳、附耳、挟耳、兽耳、虎耳、兽足、夔足、百兽、三螭、穗草、瑞草、篆带（若蚪结之势）、星带（四旁饰以星象）、辅乳（钟名，用以节乐者）、碎乳（钟名大乳三十六，外复有小乳周之）、立夔、双夔之类。凡古器制度，一有合此，则以名之。如云雷钟、鹿马洗、鹦耳壶之类是也。如有款识，则以款识名，如周叔夜鼎、齐侯钟之类是也。古器之名，则有钟（大曰特，中曰镈，小曰编）、鼎、尊、罍、彝、舟（类洗而有耳）、卣（音酉，又音由，中尊器也。有攀盖，足类壶）、瓶、爵、斗（有耳有流有足。流即觜也）、卮、觯（之豉切，酒觞也）、角（类彝而无柱）、杯、敦、簠（其形方）、簋（类鼎而矮，盖有四足）、豆、甗（牛偃切。无底甑也）、锭（徒径切，又都定切）、斝、瓯、鬲（形制同鼎，《汉志》谓空足曰鬲）、镂（才宥切。似釜而大。其实类小瓮，而有环）、盉（户戈切，又胡卧切。盛五味之器也。似鼎而有盖，有觜有执攀）、壶（其类有四：曰圆、曰匾、曰方、曰温）、盦（于合切。覆盖也。似洗样而腰大，有足有提攀）、瓿（蒲后切。类壶而矮）、铺（类豆。铺陈荐献之义）、䥤（类釜）、鉴（盛水器。上方如斗，镂底如风窗，下设盘以盛之）、匜（代支切。沃盥器）、盘、洗、盆、铏（呼圆切。类洗，《玉篇》云小盆也）、杆、磬、錞、铎、钲（类钟而矮）、铙、戚、镦（饰物柄者）、衮、鉴（即镜）、节、钺、戈、矛、盾、弩、机表、坐旗铃、刀笔、杖头、蹲龙（宫庙乘舆之饰，或云阑楯间物）、鸠车（儿戏之具）、提梁、龟蛇砚、滴车、辂、托辕之属。此其大概，难于尽备，然知此者亦思过半矣。所谓疑识，乃分二义：款，谓阴字，是凹入者，刻画成之；识，谓阳字，是挺出者。正如临之与摹，各自不同也。腊茶色亦有差别。三代及秦汉间器，流传世间，岁月寝久，其色微黄而润泽。今士大夫间论古器，以极薄为真，此盖一偏之见也。亦有极薄者，有极厚者，但观制作色泽，自可见也。亦有数百年前句容所铸，其艺亦精，今铸不及。必竟黑而燥，须自然古色，方为真古器也。"赵希鹄《洞天清录集·古钟鼎彝器辨》云："夏尚忠，商尚质，周尚文。其制器亦然，商器质素无文，周器雕篆细密，此固一定不易之论，而夏器独不然。余尝见夏雕戈，于铜上相嵌以金，其细如发，夏器大抵皆然。岁久金脱则成阴纹，以其刻画者成凹也。铜器入土千年，纯青如铺翠。其色子后稍澹，午后乘阴气，翠润欲滴。间有土蚀处，或穿或剥，并如蜗篆自然。或有斧痕，则是伪也。铜器坠水千年，则纯绿色而莹如玉。未及千年，绿而不莹，其蚀处如前。今人皆以此二品体轻者为古，不知器大而厚者，铜性未尽，其重止能减三分之一，或减半。器小而薄者，铜性为水土蒸淘亦尽，至有钮击破处，并不见铜色，惟翠绿彻骨。或其中有一线红色如丹，然尚有铜声。传世古，则不曾入水土，惟流传人间，色紫褐而有朱砂班，甚者其班凸起，如上等辰砂。入釜以沸汤煮之，良久，斑愈见。伪者以漆调朱为之，易辨也。三等古铜，并无腥气，惟土古新出土，尚带土气，久则否。若伪作者，热摩手心以擦之，铜腥触鼻。所谓识纹、款纹亦不同，识乃篆字，以纪功。所谓铭书钟鼎，夏用鸟迹篆，商则虫鱼，周以虫鱼大篆，秦用大小篆，汉以小篆隶书，三国隶书，晋宋以来用楷书，唐用楷隶。三代用阴识，谓之偃蹇字。其字凹入也。汉以来或用阳识，其字凸，间有凹者，或用刀刻如镌碑，盖阴识难铸，阳识易为，决非三代物也。颜色臭味足矣。"夫二书之论铜器，固已粲然具备，然清修好古之士，又不可不读经传纪录，以求其源委。如薛尚功《款识法帖》及《重广钟鼎韵》七卷者，《宣和博古图》，吕大临《考古图》，王俅《啸堂集古录》，黄睿《东观余论》，董逌《广川书跋》等书，皆当熟味遍参，而断之以经，庶可言精鉴也。

钱思公生长富贵，而性俭约，闺门用度，为法甚谨，子弟辈非时不能辄取一钱。公有一珊瑚笔格，平生尤所珍惜，常置之几案。子弟有需钱者，辄窃而藏之。公即怅然自失，乃榜于家庭，以十千购之。居一二日，子弟佯为求得以献，公欣然，以十千与之。他日有欲钱者又窃去，一岁中率五七如此，公终不悟也。

六一居士曰："余家有玉罂，形制甚古。始得之，以为碧玉。在颖时，尝以示僚属。坐间兵马钤辖邓保吉，真宗朝老内臣也，识之，曰：'此谓之翡翠。'云禁中宝物，皆藏宜圣库，库中有翡翠盏一只，所以识也。其后余偶以金环于罂腹信手磨之，金屑纷纷如研中磨墨。"

王荆公受赐玉带，阔十四稻，号玉抱肚，真庙时赵德明所贡。至绍兴中，王氏犹藏之。曾孙奉议郎璹，始复进入禁中。

东坡为李伯时作《洗玉池铭》，曰："世忽不践，以用为急。秦汉以还，龟玉道熄。六器仅存，五瑞莫辑。赵璧归玩，鲁璜盗窃。鼠乱郑璞，鹊抵晋棘。维伯时父，吊古啜泣。道逢玉人，解骖推食。剑璲瑊珌，错落其室。晚获拱宝，遂空四壁。哀此命世，久就沦蛰。时节沐浴，以幸斯石。孰推是心，施及王国。如伯时父，琅然环玦。援手之劳，终睨莫拾。得丧在我，匪玉欣戚。抽翰铭之，维以咏德。"伯时自为跋曰："元祐八年，余时仕京师，居红桥子第。得陈峡州马台石，爱而致之斋中。一日东坡过谓余曰：'斫石为沼，当以所藏玉时出而浴之，且刻其形于四旁。予为子铭其唇，而号为洗玉池。'而所谓玉者凡一十六双，琥璩三鹿卢环琫瑍璃璕杯水苍佩螳螂钩佩柄珈瑱拱璧是也。"伯时既下世，池亦堙晦。徽宗尝即其家访之，得于积壤中。其子因避时禁，磨去铭文，以授使者。于是置宣和殿，十六玉唯鹿卢环从葬龙眠，余悉归内府。

东坡有与李方叔公据，盖恐方叔卖所遗玉鼻骍，为立公据以便之。公据，券也。山谷跋曰："子瞻妙墨作券。或责方叔当成之，安用汲汲索钱？此又不识痒痛者，从旁论砭疽尔。"

蔡君谟为欧阳文忠书《集古录》目序刻石，其字尤精劲，为世所珍。文忠以鼠须栗尾笔，铜绿笔格，大小龙茶，惠山泉等物为润笔。君谟大笑，以为太清而不俗。后月余，有人遗文忠以清泉香饼一箧者。君谟闻之，叹曰："香饼来迟，使我润笔独无此一种佳物。"清泉，地名。香饼，石炭也。用以焚香，一饼之火，可终日不灭。

王禹玉作庞颍公神道碑，其家送润笔金帛外，参以古法书名画三十种。杜荀鹤及第试卷，亦是其一。

翰林学士王宇，谢赐笔札记云："宣和七年八月二十一日，一夕凡草四制。翌日，遣中使至玉堂，赐以上所常御笔研等十三事：紫青石研一方、琴光漆螺甸匣一、宣和殿墨二、斑竹笔一、金华笔格一、涂金镇纸天禄二、涂金研滴虾蟆一、贮粘曲涂金方奁一、镇纸象尺二、荐研紫柏床一。"王方启封时，研间溃墨未干，奁中余曲犹存。承平文物之盛，可想见也。

王著，字知微，一字成象，成都人。伪蜀明经及第。蜀平赴阙，太宗以字书讹舛，辟士人删定。有以著荐者，加著作佐郎，令模阁帖。著有研格书奁铭云："爰有愚叟，栖此陋室。风雨可蔽，户庭不出。知足为富，娱老为逸。貂冠蝉冕，虎皮羊质。处之勿疑，永尔终吉。"（同时以酒失仪之王著，别是一人。）

　　虞夏而降，制器尚象。后世由汉武帝汾阴得宝鼎，因更其年元。而宣帝于扶风亦得鼎，款识曰："王命元臣，官此物色。"及后和帝时，窦宪勒燕然还，南单于遗宪仲山甫古鼎，有铭，宪遂上之。凡此数者，咸见诸史记所彰灼者，迨魏晋六朝隋唐，亦数数言获古鼎器。梁刘之遴好古爱奇，在荆楚，聚古器数十百种。又献古器数种于东宫，皆金错字，然在上者，初不大以为事，独国朝来浸乃珍重。始则有刘原父侍读为之倡，而成于欧阳文忠公，又从而和之，则若伯父、君谟、东坡数公云尔。初原父号博雅，有盛名。曩时出守长安，号多古簠敦镜甒尊彝之属，因自著一书，号《先秦古器记》。而文忠喜集往古石刻，遂又著书，名《集古录》，咸载原父所得古器铭款。由是学士大夫雅多好之，此风遂一煽矣。元丰后，又有文士李公麟者出。公麟，字伯时。实善画，性希古。则又取生平所得，暨其睹闻者作为图，状说其所以，而名之曰《考古图》，传流至元符间。太上皇即位，宪章古始，眇然追唐虞之思，因大崇尚。及大观初，乃仿公麟之考古，作《宣和殿博古图》。所藏者大小礼器，则已五百有几。世既知其贵爱，有一器，动直金钱数十万，后至百万不翅者。于是天下冢墓，破伐殆尽矣。独政和间为最盛，尚方所贮，至六千余，数百器，遂尽见三代典礼文章。而读先儒所讲说，殆有可哂者。始端州上朱成公之钟，而后得以作大晟，及是又获被诸制作，于是圣朝郊庙礼乐，一旦遂复古，跨越先代。尝有旨以所藏列崇政殿暨两廊，召百官宣示焉。当是时，天子尚留心政治，储神穆清。因从琐闼密窥听臣僚，讯知为谁，乐其博识，味其议论，喜于人物，而百官弗觉也。时所重者，三代之器而已。若秦汉间物，非殊特盖亦不收。及宣和后，则咸蒙贮录，且累数至万余。若岐阳宣王之石鼓，西蜀文翁礼殿之绘像，凡所知名，罔间巨细远近，悉索入九禁。而宣和殿后，又创立保和殿者，左右有稽古、传古、尚古等诸阁。咸以贮古玉印玺，诸鼎彝礼器，法书图画尽在。然世事则益烂漫，上志衰矣，非复前日之敦尚考验者。俄遇僭乱，都邑倾覆，所谓先王之制作，古人之风烈，悉入金营。夫以孔父子产之景行，召公散季之文辞，牛鼎象樽之规模，龙瓶雁灯之典雅者，以委敌手，供炽烹，腥鳞湿灭，散落不存。圣贤之辱，古今之耻，莫甚乎此。言之可为于邑，至于图录规模，则班班尚在。期流传于不朽云，作《古器说》。

宣和间，内府尚古器，士大夫家所藏三代秦汉遗物，无敢隐者，悉献于上。而好事者复争寻求，不较重价，一器有直千缗者。利之所趋，人竞搜剔山泽，发掘冢墓，无所不至。往往数千载之藏，一旦皆见。吴玨为光州固始令。光，申伯之国，而楚之故封也。间有异物，以僻远，人未之知。乃令民有罪，皆入古器自赎。既而罢官，几得五六十器。与余遇汴上，出以相示，其间半犹三代物。后余中表继为守，闻之，微用其法，亦得十余器。范之才为湖北察访，有绐言泽中有鼎，不知大小。耳见于外，其间可过六七岁小儿。亟以上闻，诏本部使者发民掘取，凡境内陂薮悉干之，穿地数十丈，讫无有。之才寻见谪。

崇宁中，朝廷定雅乐。下灵璧县造石磬，磬成，每沂汴进纳。县别有小河，取都下稍径。或由此河载磬以入，则磬声率不协律，此理殆不可晓。

《酉阳杂俎》曰：历城县光政寺有磬石，形如半月，腻光欲滴，扣之声及百里。北齐时，移于都内，使人击之，其声杳绝，却令归本寺，扣之声如故。时人语曰："磬神圣，恋光政。"

宣和殿所藏殷王铖，长三尺余。一段美玉，文藻精甚，三代之宝也。后归大金，今入大元。每大朝会，必设于外廷（《辍耕录》所载劈正斧，以形制考之，疑即此铖）。

宣和间，蔡州一士人，书屋中忽见小蛇，文章陆离，蜿蜒几格间。每巳时辄至，午乃隐去。士人异之，捕置铁丝篮中，迨午则坚冷化为石矣。质巧天成，鬼工不能加。明巳复蠕动，既而复为石，而屈伸蟠结之状，日日不同。士人宝之，携至京见中人梁师成。师成叹曰："此神物造化之所寓。禁中有玉鼠、玉兔，或以时见，即其类也。"士人遂献之。

章申公蓄一古铜蟾蜍研滴。每注水满中，置之研侧，不假人力，而蟾蜍口出泡，泡陨则滴水入研。已而复吐，腹空而止。米元章见而异之，求以古画博易，申公不许。

姑苏士人家有玉蟾蜍一枚，蟠腹中空。每焚香置炉边，烟尽归腹中，久之复自蟾蜍口喷出。亦异物也。毗陵士大夫有仕成都者，九日出游，偶药市见一铜鼎，已破阙，旁一人赞取之，既得，叩何所用。曰："归以数炉爇香环此鼎，香皆聚于中。"试之果然，乃名聚香鼎。初不知何代物而致此异。

刘卿任待制，言宣和时，王黼宴从官于私第，每客各出一宝器劝酒。侍儿捧一物至卿任前，宛若迭縠，俄而泻酒其中，铮然有声。随酒涨起，酒满如常杯，饮尽复如故。名破壶杯，云是南方软琉璃也。

思陵妙悟八法，留神古雅，当干戈俶扰之际，访求法书名画，不遗余力。清燕之余，展玩摹拓，不少厌怠，四方献奉无虚日。又于榷场购北方遗失物，故绍兴内府所藏，不减宣政。惜乎鉴定诸人，如曹勋、宋貹、龙大渊、张俭、郑藻、平协、刘炎、黄冕、魏茂实、任原辈，人品不高，目力苦短，凡经前辈品题者，尽皆拆去。故御府所藏，多无题识。源委授受岁月，考订邈不可求，为可恨耳。

嘉泰间，章文庄公颖，以右史直禁林。时宇文绍节挺臣为司谏，指公为谢深甫子肃丞相之党，出知温陵。既而公入为言官，遍历三院，为中执法。时挺臣以京湖宣抚使知江陵府，入觐，除端明学士，径跻宥府，而挺臣怀前日之疑，次且不敢拜。文庄识其意，乃抗疏言公论出一时之见，岂敢以报私憾，乞趣绍节受职。未几公亦登政地，相得甚欢。一日宴聚，公出所藏玉杯侑酒，色如截肪，真于阗产也，坐客皆夸赏之。挺臣忽旁睨微笑曰："异哉！先肃愍公虚中使金日，尝于燕山获玉盘径七寸余，莹洁无纤瑕，或以为宣和殿故物。平日未尝示人，今观此色泽殊似。"于是坐客咸欲快睹，趣使取之，既至，则玉色制作无毫发异。众客惊诧，以为干铘之合，不足多也。公因举杯以赠挺臣，而挺臣复欲以盘奉公。相与逊让者，久之不决。时李璧季章在坐，起曰："以盘足杯，于事为顺，金书不得辞也。"公遂谢而藏之，徐以他物为报。

　　文庄公少好雅洁，居一室，必泛扫巧饰，陈列琴书，亲朋或讥其龌龊无远志。一日大书素屏曰："陈蕃不事一室，而欲扫除天下，吾知其无能为矣。"作小词极有思致，其《小重山》云："柳暗花明春事深。小栏红药，已抽簪。雨余风软碎鸣禽。迟迟日，犹带一分阴。〇把酒莫沉吟。身闲无个事，且登临。旧游何处不堪寻，无寻处，惟有少年心。"

　　李淳风《论辨真玉》云："其色如肥物所染。敲之其声清引，若金罄之余响，绝而复起，残声远沉，徐徐方尽。"顷唐州任参政之子喻，字义可。收一璧，凝滑如脂，略无蚁缺，惟有两栗大赤黝，盖尸泌也。击之清韵悠扬，政如淳风之说。与世所见水苍玉，不可同日而语。

　　晋天福中，平居诲从使于阗，为判官作记。纪其采玉处之玉河，在国城外，源出昆仑山。西流千三百里，至国界牛头山，分为三：一曰白玉河，在城东三十里；二曰绿玉河，在城西二十里；三曰乌玉河，在绿玉河西七里。源虽一，玉随地变，故色不同。每岁五六月水涨，玉随流而至，多寡由水大小。水退乃可取，方言曰捞玉。国主未采，禁人辄至河滨。大观中，添创八宝，从于阗求大玉。一日忽有国使奉表至，故事下学士院，召译表语而后答诏。其表云："日出东方，赫赫大光，照见西方五百国，五百国条贯主师子黑汗王。表上日出东方，赫赫大光，照见四天下，四天下条贯主阿舅大官家。你前时要者玉，自家甚是用心力。只为难得似你尺寸的，自家已令人两河寻访，才得似你尺寸的，即奉上也。"当时传以为笑，后果得之。厚大逾二尺，色如截肪，昔未始有也。大抵玉分五色，惟青碧一色，高下最多端。带白色者，浆水亦分九等：上之上、之中、之下，中之上、之中、之下，下之上、之中、之下。宣和殿有玉等子，以诸色玉次第排定。凡玉至则以等子比之，高下自见。今内帑有金等子亦此法。

道君皇帝以于阗玉益八宝为九宝，其文曰："范围天地，幽赞神明。保合太和，万寿无疆。"王初寮草诏曰："太极函三，运神功于八索。乾元用九，增宝历于万年。"八索用九，可谓切事。

犀之类不一，生邕管之内及交趾者，角纹如麻，燥而少润。来自舶上出大食者，理润而倒，光采莹彻。若傅以膏，甚有花纹而尤异者，曰通天犀。或如日星，或如云月，或如葩叶，或如山水，或飞走，或龙鱼，或成神仙宫殿。至有衣冠杖屦眉目，毛羽鳞角完具，若绘画然，为世所贵，其价不资。或以为犀爱一物，玩之久，则物形渐入角中，是又不可以理推者。其纹有正插，有腰鼓插。方其未解时，虽海人亦未知其异。故波斯以象牙为白暗，犀角为黑暗，言其难识别也。犀之通天者，自顾其影则怖。故常饮浊水，不欲照见其角耳。取犀之法，多于山麓植木如羊豕栈。犀前足短，止则凭木而息。久之木蠹而折，犀亦蹄焉，土人因格杀之。犀亦岁退角，自培土埋僻处，时复发视，验其有无。人迹得之，潜易以木角，犀不能辨。若直取之，则徙窜他山，不可复得矣。

犀纹以粗细为贵贱，贵者有通天花纹，或云通天者，是其病，理不可知也。通天犀脑上角，千岁者长且锐。白星彻端，能出气通天，则能通神，可破水骇鸡。《抱朴子》曰："通天犀有白理如绵者，以盛米，鸡见即骇。"其真者刻为鱼衔入水，水开三尺，俗所谓离水犀者是也。犀以黑为本，其色黑而黄曰正透，黄而有黑边曰倒透。正者世人贵之，南中有伪者，磨之渐热乃验。犀性凉，磨之不热。

大观间，京师和剂局，一日请得内帑药犀百数。中一株，大绝常犀，因不敢用。复纳上，朝廷命工解以为带。工睹之极骇叹，以为圣德感召所致。盖倒透中反成正透，面犹黄蜡，中有异云一朵，云中天矫一金龙飞盘拏空，角爪俱全，遂为御府第一，号瑞云盘龙御带。一云犀工董进善别犀，一日御药郝随呼至其第，出数犀示之。董于内指一犀曰："此犀大异，余常物也。"郝语之曰："汝先名其中物状为何？"董曰："不知此犀曾经众工审定否？"郝曰："众工已皆具名状供证，独留以验汝精识耳。"即尽出众工所供，凡三十余状。董阅毕，内推一工所供，云："是正透牙鱼者。"且言不意此人目力至此。以进观之，乃一翔龙，所恨左角微短耳。郝未试其言，亦大异之，即令具军令状，云："若果不谬，辄当奏赏。"既刳视，悉如所言。有诏制为带，成以进御，锡赉有加。

德寿在北内，颇属意玩好。孝宗极先意承志之道，时网罗人间以供怡颜。会将举庆典，市有北贾携通犀带一，因左珰以进于内。带十三銙，銙皆正透，有一寿星扶杖立。上得之喜，不复问价，将为元日寿卮之侑。贾索十万缗，既成矣，旁有珰见之，从贾求金，不得，则掷之曰："凡寿星之扶杖者，杖过于人之首，且诘曲有奇相。今杖直而短，仅至身之半，不祥物也。"亟宣视之，如言，遂却之。此语既闻，遍国中无复售者。

韩似夫尝言出使金国，见金主所系犀带，倒透中正透如圆镜状，光彩绚日，似夫注视久之。金主云："此石晋少主归献邪律氏者，唐世所宝日月带也。"又命取瓷盆一枚示似夫，云："此亦石主所献，中有画双鲤存焉。水满则跳跃如生，覆之无他矣。"二物诚绝代之珍也。

陶器自舜时便有，三代迄于秦汉，所谓甓器是也。今土中得者，其质浑厚，不务色泽。末俗尚靡，不贵金玉而贵铜磁，遂有秘色窑器。世言钱氏有国日进奉之物，臣庶不得用，故云秘色。陆龟蒙诗云："九秋风露越窑开，夺得千峰秘色来。如向中宵盛沆瀣，共稽中散斗遗杯。"乃知唐世已有，非始于钱氏。本朝以定州白磁器有芒，不堪用，遂命汝州造青窑器，故河北唐邓耀州悉有之。以玛瑙末为油，唯供御拣退，方许出卖，世尤难得，故汝窑为魁。江南则处州龙泉窑，质颇粗厚。政和间京师自置窑烧造，名曰官窑。中兴渡江，有邵成章提举后苑，号邵局。袭故京遗制，置窑于修内司，造青器，名内窑，澄泥为范，极其精致，油色莹彻，为世所珍，后郊坛下别立新窑，比旧窑大不侔矣。余如乌泥窑、余杭窑、续窑，皆非官窑比。若谓旧越窑，不复见矣。

窑器俱谓之瓷器者，盖河南磁州窑最多，故相沿名之。柴窑最古，成器不可得。今人得其碎片，俱用以装饰玩具。世传世宗烧造时，所司请其色。御批云："雨过天青云破处，这般颜色做将来。"柴窑之外，有定、汝、官、哥四种，皆宋器也。哥窑与龙泉窑，皆出处州龙泉县。南宋时，有章生一、生二，弟兄各主一窑。生一所陶者为哥窑，以兄故也。生二所陶者为龙泉，以地名也。其色皆青，浓淡不一。其足皆铁色，亦浓淡不一。旧闻紫足，今少见焉，惟土脉网薄油水纯粹者最贵。哥窑则多断文，号曰百圾破，龙泉窑至今温处人称为章窑。

饶州景德镇，陶器所自出。大观间窑变，一旦色如丹砂，说者谓荧惑缠度照临而然。物反常为妖，窑户亟碎之，不敢以进御，以非可岁供物也。供上之磁器，惟取其端正合制，莹无瑕疵，色泽如一者耳。民间烧瓷，旧闻有一二变者，大者亦毁之。盏罂小者，藏去，鬻诸富室，价与金玉等。窑变虽珍奇，上之不得用于宗庙朝廷，而下之使人不敢用，不免毁裂，竟同瓦砾。而琐琐者以供富室私玩，奚以变为哉！

王蜀报朱梁信物，有金棱碗。越瓷器致语云："金棱含宝碗之光，秘色抱青瓷之响。"乃吴越钱镠事。梁所烧秘瓷，相沿以奉柴世宗，所谓柴窑者。其色如天，其声如磬，精妙之极，今不可复睹矣。

宣和中，宫中重异香。广南所进笃耨、龙涎、亚悉、金颜、雪香、褐香、软香之类。笃耨有黑白二种，黑者每贡数十斤，白者止三斤，以瓠壶盛之，香性薰渍，破之可烧，号瓠香。白者每两直八十千，黑亦三十千。外庭得之，以为珍异。又贡猫儿眼睛，能息火，燃炭方炽，投之即灭，亦云能解蛊毒之药。

政和四年，太上于奉宸库中，得龙涎香二琉璃缶，多分锡大臣近侍。其形制最大，而外视无甚佳。每以一豆许爇之，辄作异花气，芬郁满座，终日略不歇。于是大上始奇之，命籍被赐者，随数多寡复收归禁中，因号曰古龙涎。诸大珰争取一饼，可直百缗。金玉为穴，而以青丝贯之，佩于颈，时于衣领间摩挲相示以为夸炫。

龙涎出大食国。近海旁常有云气罩山间，即知有龙睡其下。

或半载，或二三载。土人更相守视，俟云散，则审龙已去，往视必得龙涎。涎遗石上，为太阳所烁，则结聚成片。随守视人多寡均给之。或不平，更相厮杀。

一云：龙涎入香，能收敛脑麝气，虽经数十年，香味仍在。

一云：龙涎于香本无损益，但能聚烟耳。和香而用真龙涎焚之，则翠烟浮空，结而不散，坐客可用一剪以分篆缕。所以然者，蜃气楼台之余烈也。

宣和时尝造香于睿思东阁。南渡后如其法造之，时号东阁云头香。

今日燕集，往往焚香以娱客，盖亦有谓黄帝云："五气各有所主，惟香气凑脾。"汉以前无焚香者，自佛入中国然后有之。《楞严经》云："纯烧沉水，无令见火，此正佛烧香法。"

孔雀毛着龙脑则相缀，禁中以翠尾作帚。每幸诸阁掷龙脑以避秽，过则以翠尾扫之，皆聚无有遗者。

玫瑰油出北朝，色莹白而气芬馥不可名状。法用众香煎炼。北人极珍之，每报聘礼物中止一合，奉使者例获一小罂，其法秘不传也。宣和间，周武仲宪之使金，过磁州。时叶著宜远为守，祝周云："回日愿以此油分饷。"既反命，以油赠之。叶云："今不须矣。比禁中厚赂金使，遂得其法，煎成赐近臣，色香更胜北来者。妇翁蔡京新寄数合，且云：公还朝必有索者，今反献一合周亦不受也。"方珍国篚，所输不过一合，而贵近之家馈遗数倍，足以知其侈靡之甚也。

端研下岩色紫如猪肝，密理坚致，理润而泽。储水发墨，扣之有声，但性质坚矿断裂，尤多瑕疵。秋枫岩石，色微淡，可亚下岩，坚润不及。梅根岩一名中岩，桃花岩一名上岩，二岩石俱皆沙壤相杂。无水泉，色淡而燥，肌理稍粗，然中岩又胜上岩。新坑石，色带红紫，其文细密，材质厚大无瑕，然止是崖石，颇乏坚润。后历石与新坑略相似，又处其次。西坑六崖石，色青微黑，佳者如歙石粗罗纹，而发墨过之。石眼圆晕数重，青白黄黑相间，极大者为最胜。土人以晶莹圆明，无瑕翳者为活眼。形模相类，不甚鲜明者为泪眼。形体略具，内外皆白，殊无光彩者为枯眼。

端溪砚有三种：曰岩石，曰西坑，曰后历石。石色深紫，衬手而润，扣之清远，石上有点，青绿间晕，圆小而紧者，谓之鸲鹆眼。此岩石也，采于水底，最为贵重。其次色赤，呵之乃润，亦有鸲鹆眼，色紫文慢而大，乃西坑石。其下青紫色，向明侧视，有碎星光点，如沙中云母，石理极慢，干而少润，鸲鹆眼反大，类偏斜不紧，谓之后历石。西坑研三，当岩石之一。后历砚三，当西坑之一。

李后主尝买一研山，径长才逾尺，前耸三十六峰，皆大犹手指，左右则引两阜坡陀，而中凿为研。及江南国破，研山因流传数十家，为米老元章所得。后米归丹阳，念将卜宅，久未就，而苏仲恭学士之弟，素称好事，有甘露寺下并江一古基，多群木，唐晋人所居。时米欲得宅，而苏觊得研，于是王彦昭侍郎兄弟，与登北固，为之和会，苏米竟相易。米后号海岳庵者是也。研山藏苏氏未几，索入九禁矣（《云眼过眼录》曰：米氏研山后归宣和御府，今在台州戴觉民家，极珍秘，不可见之）。

晏元献夫人，宋初功臣王超女，枢密使德用妹也。有一研甚奇，王氏旧物也，号传婿研。初传晏元献，次传富郑公，三传冯文简，四传史圣予，五传滕子济，皆登二府，真盛事也。又有古犀带一，亦元献旧物，并归滕氏。

丁晋公自海外徙光，临终以巨箧寄郡帑中，上题云："后五十五年，有姓丁者来此作通判，可付开之。"至是岁，有丁侨者来佐郡政，即晋公之孙。计其所留年月，尚未生，启视之，乃黑匣贮端研一枚。上有小窍，以一棋子覆之。揭之有水一泓流出，无有歇时，温润不可名状，丁氏子孙世宝之。又陈公密子缜知端州日，闻部内有富民蓄一研甚奇，至破其家得之，研面世所谓熨斗焦者，成一黑龙奋迅之状。二鸲鹆眼以为目，每遇阴晦，则云雾辄兴。公密殁，归于张仲谋询。政和间，遂归内府。祐陵置于宣和殿，为书符之用。靖康之乱，龙德宫服御多为都监王殊藏匿，事露，思陵欲诛之。王子裳为棘卿，为之营救，以此研为谢，至今藏于家。二研真希世之宝也。又闻北客云；"今内府有佳研名苍龙横沼。"其说正与前所云相合，疑即此研云。

大观东库物，有入而无出，只端研有三千余枚。张滋墨，世谓胜李廷珪，亦无虑十万斤。

高平吕老，造墨常山，遇异人传烧金诀，煅出视之，瓦砾也。有教之为研者，研成，坚润宜墨，光溢如漆。每研首必有一白书吕字为志。吕老死，法不授子，而汤阴人盗其名而为之甚众，持至京师，每研不满百钱之值。至吕老所遗，好奇之士，有以十万钱购一研不可得者。研出于陶，而以金铁物划之不入为真。悟靖处士王衮天诱所藏沉泥研，正紫色，而坚泽如端溪石，扣之铿然有声，以金铁划之，了无痕衅。或疑是泽州吕之所作，而研首无吕字，其制巧妙，非俗士所能为。天诱云："米元章见之，名孙真人研。"是非故无所稽考，自是一种佳物也。

歙之大姓汪氏，一夕山居，涨水暴至，迁寓庄户草庐。庄户，砚工也。夜有光起于支床之石，异而取之，使琢为研。石色正天碧，细罗文中涵金星七，布列如斗宿状，辅星在焉，因目之为斗星研。汪自是家道饶益，惧为强者所夺，秘不语人。每为周旋人一出，必焚香再拜而视之。方腊之乱亡之矣。

周仁熟与米元章交契。一日米言得一研非世间物，殆天地秘藏待我而识之。答曰："公虽名博识所得之物，真赝居半，特善夸耳。"米起取于笥，周亦随起，索巾涤手者冉，若欲敬观状。米喜出研，周称赏不已，且云："诚为尤物，未知发墨如何。"命取水，未至，亟以唾点磨墨。米变色曰："公何先恭后倨？研污矣，不可用，为公赠。"继归之，竟不纳。

米自言春和便思弄笔札。手龟不作，乃可自涤研。若不自涤者，书皆不成。

曾公衮见黄实师是，尝言生平有二事稍堪自慰。元丰甲子，为淮东提举，除夜泊汴口，见苏子瞻植杖立对岸，若有所俟。归舟中，以扬州厨酿二尊、瓮酥一奁遗之。后十五年为发运使，时大暑，泊清淮楼，见米元章衣犊鼻，自涤研于淮口。索箧中独得小龙团二饼，亟遣人送入，趁其涤研未毕也。

柳公权记青州石未研墨易冷。凡顽石捍坚，磨墨者用力太过而疾，则两刚相拒，必热而沫起。俗言把笔如壮夫，磨墨如病儿，贵其轻也。石末本瓦研，唐世尚未知有端歙石，当是以瓦质不坚，磨墨无沫耳。今或急于磨墨而沫起，但取耳中塞一粟许投之，不过一蓑，磨即不复见。物性相制，固有不可知者。

研之美者，无过于端溪，而唐询彦猷作《研录》乃以青州黑山红丝石为冠。以为红丝石，理黄者其丝红，理红者其丝黄，文之美者，则有旋转。其丝凡十余重，次第不乱，资质润美。发墨久为水所浸渍，即有膏液出焉。此石之至灵者，非他石可与较议，故列之于首。米元章则以唐州方城山葛仙公岩石为冠，以为方城岩石，石理白者，视之如玉，莹如鉴光，而着墨，如澄泥不滑。稍磨之则已下，而不热生泡。发墨生光，如漆如油，岁久不退，常如新成。有君子一德之操，色紫可爱，声平而有韵。二公俱于翰墨留意者，其说俱未当也。红丝石文彩诚如彦猷之说，但石理粗慢，殊不发墨，特堪为几案之玩耳。方城石色如端溪，坚重缜密，作研极剙墨，不数磨而已盈研。元章性急，以磨墨甚易为快耳，然多损笔墨，士人谓之笔墨剑子。

上古无墨，竹挺点漆而书。中古方以石磨汁，或云是廷安石液。至魏晋时始有墨丸，乃漆烟松煤夹和为之。所以晋人用凹心砚，欲磨墨贮沉耳。自后有螺子墨，亦墨丸之遗制。唐高丽岁贡松烟墨，用多年老松烟和麋鹿胶造成。至唐末，墨工奚超与其子廷珪，自易水渡江，迁居歙州，南唐赐姓李氏。廷珪父子之墨，始集大成，然亦尚用松烟。廷珪初名廷邦，故世有奚廷邦墨，又有李廷珪墨。或有作"庭珪"字者，伪也，墨亦不精。熙丰间张遇供御墨，用油烟入脑麝金箔，谓之龙香剂。元祐间，潘谷墨见称于时。自后蜀中蒲大韶、梁杲、徐伯常、及雪斋、齐峰、叶茂实、翁彦卿等出，世不乏墨。惟茂实得法，清黑不凝滞，彦卿莫能及。中统至元以来，各有所传，可以仿古。

近世墨工多名手，自潘谷、陈赡、张谷名振一时之后，又有常山张顺、九华朱觐、嘉禾沈珪、金华潘衡之徒，皆不愧旧人。宣政间，如关珪、关瑱、梅鼎、张滋、田守元、曾知惟，亦有佳者。唐州桐柏山张浩，制作精致，胶法甚奇，遂压京都之作。前者数工所制，好墨者往往韬藏，至今存者尚多。予旧有此癖，收古今数百笏，种种有之。渡江时，为人疑箧之重，以为金玉，窃取之，殊可惜也。今尚余一巨挺，极厚重，印曰河东解子诚，又一圭，印曰韩伟升。胶力皆不乏，精采与新制敌，可与李氏父子甲乙也。士人夫留意词翰者，往往多喜收蓄，唯李格非文叔独不喜之，尝著《破墨癖说》云："客有出墨一函，其制为璧、为丸、为手握，凡十余种，一一以锦囊之。诧曰：'昔李廷珪为江南李国主父子作墨，绝世后二十年，乃有李承晏，又二十年有张遇，自是墨无继者矣。'自吾大父始得两丸于徐常侍铉，其后吾父为天子作文章、书碑铭，法当赐黄金，或天子宠异，则以此易之。余于是以两手当心，捧研惟谨，不敢议。然余私怪余用薛安潘谷墨三十余年，皆如吾意，不觉少有不足。不知所谓廷珪墨者，用之当何如也？他日客又出墨，余又请其说，甚辨。余曰：'吁！余可以不爱墨矣。'且子之言曰：'吾墨坚，可以割。'然余割当以刀，不以墨也。曰：'吾墨可以置水中，再宿不腐。'然吾贮水当以盆罃，不用墨也。客复曰：'余说未尽，凡世之墨不过二十年，胶败辄不可用。今吾墨皆百余年不败。'余曰：'此尤不足贵，余墨当用二三年者，何苦用百年墨哉？'客辞穷，曰：'吾墨得多色，凡用墨一圭，他墨两圭不逮。'余曰：'余用墨，每一二岁不能尽一圭，往往失去，乃易墨，何尝苦少墨也？唯是说刷碑印文书人，乃常常少墨耳。'客心征取胜，曰：'吾墨黑。'余曰：'天下固未有白墨。虽然，使其诚异他墨，犹足尚，乃使取研，屏人杂错以他墨书之，使客自辨，客亦不能辨也。'因恚曰：'天下奇物，要当自有识者。'余曰：'此正吾之所以难也。'夫碔砆之所以不可以为玉，鱼目之所以不可以为珠者，以其用之才异也。今墨之用在书，苟有用于书，与凡墨无异，则亦凡墨而已焉，乌在所宝者。嗟乎！非徒墨也，世之人不考其实用，而眩于虚名者多矣，此天下寒弱祸败之所由兆也，吾安可以不辨于墨！"

世人论墨，多贵其黑，而不取其光。光而不黑，固为弃物，黑而不光，索然无神采，亦复无用。要使其光清而不浮，湛湛如小儿目睛，乃为佳也。茶欲其白，墨欲其黑。方求黑时嫌漆白，方求白时嫌雪黑。然墨磨隔宿则色暗，茶碾过日则香减，颇相似也。茶以新为贵，墨以古为佳，又相反也。茶可于口，墨可于目。蔡君谟老病不能饮，则烹而玩之。吕行甫好藏墨而不能书，则时磨而小啜之，此又可以发来者之一笑也。

彭门寇钧国家，其先世所藏李廷珪，下至潘谷十三家墨，断珪残璧，粲然满目。东坡先生临郡日，取试之，为书杜诗十三篇，各于篇下书墨工姓名，因第其品次云。

子瞻云："未知一生当着几两屐。吾有佳墨七十枚，而犹取不已，不近愚耶！石昌言蓄李廷珪墨，不许人磨。或戏之云：'子不磨墨，墨将磨子。'今昌言墓木拱矣，而墨故无恙。李公择见墨辄夺，公卿间抄取殆遍。近有人从渠许来，云悬墨满堂。此亦通人之一蔽也。余尝有诗戏之云："非人磨墨墨磨人。"此语殆可凄然云。"

昭陵晚岁内宴，与大臣侍从，从容谈笑，且以香药名墨遍赉焉。一人得李超墨，而蔡君谟所得乃廷珪。时觉其人窃叹，有不足色，因密语能易之乎，其人唯唯。盖但习闻廷珪为贵，而不知有超也。既易，辄欣然。及宴罢，骑从出内门去，将分道，君谟于马上长揖曰："还知廷珪是李超儿否？"

何蘧春《渚记闻》曰："余尝于章序臣家见一墨，背列李承宴、李惟益、张谷、潘谷四人名氏。序臣云：'是王量提学所制。患无佳墨，取四家断碎者，再和胶成之，自谓胜绝。'此其见遗者，因谓序臣曰：'此亦好奇之过也。'余闻制墨之妙，正在和胶，今之造佳墨者，非不择精烟，而不能佳绝者，胶法谬也。如不善为文，而取五经之语以己意合而成章，望其高古，终不能佳也。序臣曰：'东坡先生亦尝欲为雪堂义墨何也？'余曰：'东坡盖欲与众共之，而患其高下不一耳，非所为集众美以为善也。'"

宣州笔工诸葛氏，自右军以来，世其业，其笔制散卓也。当元符崇宁时，士大夫如米元章辈之好事者，争所宝爱，亦皆散卓耳。及大观间，已有黄鲁直样，作枣心者。蔡鲁公不独喜毛颖，亦多用长须主簿，遂有鲁公笔毫样。俄又为蔡元度出观文样，既数数更其调度，奔走时好。至与挈竹临间阁贷鸡子入奴台，手抄圭撮者，争先步武矣。政和后，诸葛之名，于是顿息。

周弁阳言先君善书，体兼虞柳。余书学柳不成，学欧又不成，不自知其拙，往往归过笔墨。谚所谓不善操舟，而恶河之曲也。虽然，前辈善书者，亦莫不留意于此焉。王右军少年多用紫纸，中年用麻纸，又用张水义制纸，取其流丽，便于行笔。蔡中郎，非流纨丰素，不妄下笔。韦诞云："用张芝笔，左伯纸，任及墨，兼此三具，又得巨手，然后可以建经丈之字，方寸千言。"韦昶善书而妙于笔，故子敬称为奇绝。汉世郡国贵兔，惟赵为胜。欧阳通用狸毛笔。皇象云："直措毫笔委曲宛转，不叛散滑，密沾汗墨，须多胶绀黟者。如此逸豫余日，手调适而心嘉娱，正可小展试。世惟米家父子，及薛绍彭留意笔札。元章谓笔不可意者，如朽竹篙舟，曲箸哺物，此最善喻。然则古人未尝不留意于此，独率更令临书不择笔，并得如意，要是古今能事耳。"

八　法

　　用笔者天，流美者地。凡庸岂知，严放随诣。妙悟八法，专精一艺。画被书衣，泅深雅嗜。集八法。

　　本朝能书，世推蔡君谟，然得古人元妙者，当逊米元章。米亦自负如此。尝有《论书》一篇及《杂书》十篇，皆中翰墨之病。用鸡林纸书赠张太亨嘉甫，盖米老得意书也。其《论书》云：历观前贤论书，征引迂远，比况奇巧，如龙跳天门，虎卧凤阙，是何等语。或遣辞求工，去法愈远，无益学者。故吾所论，要在入人，不为溢词。吾书小字行书，有如大字，惟家藏真迹跋尾，间或为之，不以与求书者。心既注之，随意落笔皆得自然，备其古雅。壮岁未能立家，人谓吾书为集古字，盖取诸家长处总而成之。既老始自成家，人见之，不知以何为祖也。江南吴峣、登州王子韶，大隶题榜有古意。吾小儿尹仁，大隶题榜与之等。又幼儿尹知，代吾名书碑，及手书大字，更无辨。门下许侍郎，尤爱其小楷，云每小简，可使令嗣书之，谓尹知也。老杜作《薛稷惠普寺》诗云："郁郁三大字，蛟龙岌相缠。"今有石本，得而视之，乃是勾勒倒收笔锋画画如蒸饼，普字如人握两拳，伸臂而立，丑怪难状，以是论之，古无真大字明矣。葛洪天台之观飞白，为大字之冠，古今第一。欧阳询道林之寺，寒俭无精神。柳公权国清寺，大小不相称，费尽觚骨。裴休率意写碑，乃有真趣，不陷丑怪。真字甚易，惟有体势难为，不如画算匀而势活也，字之八面，惟尚真楷见之，大小各自有分。智永有八面，已少钟法。丁道护欧虞始匀，古法亡矣。柳公权师欧，不及远甚，而为丑怪恶札之祖。自柳始，世有俗书。唐官诰在世为褚陆徐峤之体，殊有不俗者。开元以来，缘明皇字体肥俗，始有徐浩以合时君所好，经生字亦自此肥。开元以前古气无复有矣。唐人以徐浩比王僧虔，甚失当。徐浩大小一伦，是犹吏楷也。僧虔萧子云传钟法，与子敬无异，大小各有分，不一伦。徐浩为真卿辟客书韵，自张颠血脉来，教颜大字促令小，小字展令大，非古也。石刻不可学，但自书使人刻之，已非己书也。故必须真迹观之，乃得趣。如颜真卿每使家僮刻字，不会主人意，修改波撇，致大失真。惟吉人庐山题名，题讫而去，后人刻之，故皆得其真，无做作凡俗差佳，乃知颜出于褚也。又真迹皆无蚕头燕尾之笔。与郭知运争坐位帖，有篆籀气，颜杰思也。柳出欧阳，为恶丑怪札之祖。自此世人始有为俗书，盖缘时君所好。其弟公绰乃不俗于其兄。筋骨之说出于柳，世人但以怒张为筋骨，凡大字要如小字，小字要如大字，唯褚遂良小字如大字。其后经生祖述，间有造妙者，大字如小字，未之见也。世人多写大字时用力捉笔，字愈无筋骨神气。作圆笔如蒸饼，大可鄙笑。要须如小字锋势备全，都无刻意做作乃佳。自古及今，余不敏，实得之。榜字固已满世，自有识者知之。石曼卿作佛号，都无回互转折之势，小字展令大，大字促令小，是张颠教颜真卿谬论。盖字自有大小相称，且如写太一之殿，作四窠分，岂可作一字肥满一窠，以对殿字乎？盖自有相称大小，不当展促也。予尝书天庆之观，天之二字皆四笔，庆观多画在下，各随其相称写之，挂起气势自带过，皆如大小一般，虽真有飞动之势也。书至隶与大篆，古法大坏矣。篆籀各随字形大小，放百物之状，活动圆健，各各自足。隶乃始有展促之势，而三代法亡矣。

其《杂书十篇》云：欧、虞、褚、柳、颜，皆一笔书也。安排费工，岂能垂世。李邕脱子敬体，乏纤浓。徐浩晚年用力过，更无气骨，不如作郎官时婺州碑也。董孝子不空，皆晚年恶札，全无妍媚，此自有识者知之。沈传师变格，自有超世真轨，徐不及也。御史萧诚书太原题名，唐人无出其右。为司马系南岳真君观碑，极有钟王轨辙，余皆不及矣。智永临集书于文，秀润圆劲，八面具备，有真迹。自颠沛字起，在唐林夫处，他人收不及也。

半山庄台上故多文公书，今不知存否？文公学杨凝式书，人鲜知之。予语其故，公大赏其见鉴。

金陵幕山楼台榜，乃关蔚宗二十年前书，想六朝宫殿榜皆如是。智永砚心成臼，乃能到右军，若穿透，始到钟繇也。可不勉之。

一日不书，便觉思涩，想古人未尝片时废书也。因思苏之才桓公至洛帖，字字用意相钩连，非复便一笔直到底也。若旋安排，即亏活势耳。

字要骨格，肉须裹筋，筋须藏肉。贴乃秀润生布置，稳不俗，险不怪，老不枯，润不肥。变态真形不贵苦，苦生怒，怒生怪。贵形不贵作，作入画，画入俗，皆字病也。

颜鲁公行字可教，真便入俗。品万等古人书不如此学。吾家多小儿作草字，大段有意思。

"少存若天性，习惯如自然"，兹古语也。吾梦古衣冠人授以折纸法，书自此差进，写与他人却不晓。蔡元度见而惊曰："法何太遽异耶？"此公亦具眼人。章子厚以真自名独称吾行草，欲吾书如排算子，然真草须有体制乃佳耳。

薛稷书慧普寺，老杜以为蛟龙岌相缠。今见其本，乃如奈重儿台蒸饼势，信老杜不能书也。学书须得趣，他好俱忘乃入妙。别为一好萦之，便不工也。

世之论书者，多谓书不必有法，各自成一家，此语得其一偏。譬如西施、毛嫱，容貌虽不同，而皆为丽人。然手须是手，足须是足，此不可移者。作字虽形不同，掠须是掠，磔须是磔，千变万化，此不可移也。若掠不成掠，磔不成磔，纵其精神筋骨，犹西施、毛嫱，而手足乖戾，终不为完人。尽得师法律度备全，犹是奴书，然须自此入。过此一路，乃涉妙境。无迹可窥，然后入神。

书贵劲健瘦硬，忌肥厚重浊。老杜云："书贵瘦硬方有神。"欧阳永叔评书亦曰："书之肥者，譬如厚皮馒头，食之味必不佳，而命之为俗物矣。"江南李后主善书，尝与近臣语书，有言颜鲁公端劲有法者。后主鄙之曰："真卿之书，有法而无佳处，正如叉手并脚田舍翁耳。"慎伯筠工书，王逢原赠之诗，有曰："铁索急缠蛟龙僵。"盖言其笔法老劲也。东坡见其题壁曰："此有何佳，但似篾束枯竹耳。"丹阳有戴叔伦碑，是其遗迹。

宣和间，蔡宝臣致君，收南唐后主书数轴来京师，以献蔡儵约之。其一乃王师攻金陵城垂破时，仓皇中作一疏祷于释氏，愿兵退之后，许造佛像若干身，菩萨若干身，斋僧若干万贯，建殿宇若干所，其数皆甚多。字画潦草，然皆遒劲可爱，盖危逼窘急中书也。又有看经发愿文，自称莲峰居士李煜。又有长短句《临江仙》云："樱桃结子，春光归尽，蝶翻金粉双飞。子规啼月小楼西。钩罗幕，惆怅卷金泥。○门巷寂寥人去后，望残烟草迷离。"而无结尾，元延仲为补之云："何时重听玉骢嘶，扑帘飞絮，依约梦回时。"

江南李后主常于黄罗扇上书以赐宫人庆奴云："风情渐老见春羞，到处魂消感旧游。多谢长条似相识，强垂烟态拂人头。"读之可想见其风流也。扇至今传在一贵人家。

太宗留意字书。淳化中，尝出内府及士大夫家所藏汉晋以下古帖，集为十卷，刻石于秘阁，世传为阁帖是也。中间晋宋帖多出王贻永家，贻永祁公之子。国初藏名书画，最多奇迹，而当时摹勒出待诏手，笔多凝滞，间亦有伪本。如李斯书乃李阳冰王密德政碑文也。石后于禁中被烬，绛人潘师旦取阁本再摹，藏于家，为绛本。庆历间，刘丞相沆知潭州，亦令僧希白摹刻于州廨，为潭本。绛本杂以五代近世人书，微出潭下。希白自善书，潭本差能得其行笔意。元祐间，徐王府又取阁本刻于木板，无甚精彩。建中靖国初，曾丞相布当国，命刘焘为馆职，取淳化所遗与近出者，别为《续法帖》十卷。字多作焘体，又愈下矣。

仁宗万几之暇，惟亲翰墨，而飞白尤神妙。凡飞白以点画象形物，而点最难工。至和中，有书待诏李唐卿，撰飞白三百点以进，自谓穷尽变态。上亦佳之，乃特为"清净"二字以赐之。其六点又出三百点外，尤为奇绝。

欧阳文忠公云："作字要熟，熟则神，气完实而有余。于静坐中，自是一乐事。"又云："自苏子美死后，遂觉笔法中绝。近年君谟独步当世，然谦让不肯主盟。往年余尝戏谓君谟学书，如沂急流，用尽气力，不离故处。君谟颇笑以为能取譬。今思此语已二十余年，竟何如哉！"又云："学书费纸，犹胜饮酒费钱。往时王文康公戒其子弟云：'吾生平不以全幅纸作封皮。'

文康太原人，世以晋人喜啬，资谈笑。信有是哉！吾年向老，亦不欲多好耗用物。诚未足以有益于人，然衰年志思不壮，于事少能快然，亦其理耳。"

张公观家藏有唐柳公权手笔启草二纸。其一云："上翰林柳学士：某谬至显荣，皆承阙乏。昨者玺书慰勉，兰省迁超，虽上意欲壮于军威，在外臣转深于官谤。此皆学士曲垂奖会，潜为扶持。继音容于北风，为主人于东道。况兼姻媾，早接清华。推魏公感外家之情，用何氏奉诸姨之敬。念深外妹，亦爱愚夫。道已隔而分更敦，官转尊而志愈下。藏之不忘，佩以弥芳。思奉冰霜，邀同云汉。仰计亘霄路于台阁，隔人烟于禁垣。啸傲霞高，从容日近。闲挥彩笔，时弄紫泥。益彰叔宝鸾鹤之姿，转映王恭神仙之状。便当遨乘颢气，濯弄瑶池。乘阴阳之垆锤，辅天地之橐钥。异时获赐，今日先知。瞻望风猷，常在魂梦。某再拜。"其二曰："侍郎颉颃重霄，腾凌迥汉；列名仙馆，绝迹人寰。润饰洪猷，承迎中旨。金茎瑞露，云表先尝。玉辇灵桃，窗间暗识。方矜独步，谁敢争衡？况艺奋神工，时推妙翰。凤鸾异态，龙虎殊姿。白首何人，墨池谁予？后生是畏，前圣有言。若非思与神凝，韵无俗累，则安能致兹道逸，超彼等彝，穷钟蔡之楷模，入王张之阃域。往者韦相公尝谓侍郎能以笔谏者，今则行执陶钧，坐登台辅。终提一笔，以绝百僚。后命之来，延颈而俟。某素无勋效，叨滥宠荣。一授藩垣，两迁官秩。犹以据床操扇，粗识孤虚。跨马弯弓，未为迟暮。誓将丹恳，以奉休明。所冀侍郎猥录孤微，终垂庇遇，使其晚节，无愧平生。下情云云。"两帖前辈皆跋为柳笔，然非公权亦不能作此。但启中有笔谏语，或他人遗柳启，柳自书之耳。

长安今府宇，即唐尚书省，府篆厅前石幢，即郎官题名石也。张长史书序，笔画端严。张平生作字诡怪颠倒，殆难辨识，至为楷法，整若军阵。乃知能事之极，无所不可。

苏才翁笔法妙天下，不肯下一世人，惟称范文正书与乐毅论同法。黄山谷谓才翁傲睨一世，众人皆侧目，而文正公待之甚厚，故才翁评书，少曲董狐之笔耳。山谷此评，似非君子之言。文正公字法，实入书家之品，才翁非佞语也。王荆公字本无所解，评者谓其作字似忙，世间那得如许忙事。而山谷阿私所好，谓荆公字法出于杨虚白。又谓金陵定林寺壁，有荆公书数百字，惜未见赏音者。何荆公字在当时无一人赏音，而山谷独称之耶？才翁曲笔于范文正公，不犹愈山谷献谀于王安石乎？

章丞相申公子厚，以能书自负。性喜挥翰，虽在政府，暇时日书数幅。尝书《论书九事》，其内一则云："吾每论学书，当作意使前无古人，凌厉钟王，直出其上，始可即自立少分。若直尔低头，就其规矩之内，不免为之奴矣。纵复脱洒至妙犹当在子孙之列耳，不能雁行也，况于抗衡乎？此非苟作大言，乃至妙之理也。禅家有云：'见过于师，方堪传授。见与师齐，减师半德。'悟此语者，乃能晓吾言矣。夫于师法不传，字学废绝。数百年之后，欲兴起之以继古人之迹，非至强神悟不能至也。"又云："力在手中，而不在手中；必须用力，而不得用力；应须在意，而不得在意；此可以神遇而不可以言传者也。学佛悟吾此语，可以撒手到家矣。"

徐州有营妓马盼者，甚慧丽。东坡守徐日，极喜之。盼能学公书，得其仿佛。公尝书《黄楼赋》未毕，盼窃效公书"山川开合"四字。公见之大笑，略为润色，不复易之。今碑中四字，盼之书也。

黄鲁直戏东坡曰："昔右军书为换鹅字。近日韩宗儒性饕餮，每得公一帖，于殿帅姚麟家换羊肉数斤，可名公书为换羊书矣。"公在翰苑，一日以生辰制作纷冗，宗儒致简相寄，以图报书。来人督索甚急，公笑曰："传语本官，今日断屠。"

东坡云："刘十五孟父论李十八公择草书谓之鹦哥娇。"谓鹦鹉能言，不过数句，大率杂以鸟语十八。其后稍进，以书问仆："近日书如何？"仆答之："可作秦吉了矣。"然仆此书，自有公在乾侯之态也。（谓鸲鹆也）。

黄山谷跋东坡帖曰："东坡带圆劲成就。所谓怒猊抉石，渴骥奔泉，恐不在会稽之笔，而在东坡之年矣。"此数十行，又兼董孝子碣禹庙诗之妙处。士大去多言东坡用笔不合古法，彼盖不知古法从何出尔。杜周云："三尺安在哉？前王所是以为律，后王所是以为令。余尝以此论书，而东坡辄绝倒也。"往时柳子厚、刘禹锡讥评韩退之平淮西碑。当时道听涂说者，亦多以为然。今日观之，果何如耶？或云："东坡作字，多成病笔。又腕着而笔卧，故左秀而右枯。"此又见其管中窥豹，不识大体。殊不知西施捧心而颦，虽其病处，乃自成妍。今人未解爱重。此书远付百年，公论自出，但恨封德彝辈无如许寿及见之耳。余书虽不工，而酷喜论书。固不能如经生辈，左规右矩，形容王氏，独得其义味。旷百世而与之友，故作决定论耳。山谷又评东坡帖曰："学问文章之气，郁郁葱葱，散于笔墨之间。此所以他人终莫能及。"东坡尝自云："吾酒后乘兴作数十字，觉气拂拂从十指中出也。"赵子俊孟吁，有东坡书迹甚佳。

后有一人题云："观此真迹，始觉伪者为可笑也。"最善下语。先生翰墨之妙，既经崇宁大观焚毁之余，人间所藏，盖一二数也。至宣和间，内府复加搜访。一纸定直万钱，而梁师成以三百千，取英州石桥铭。谭稹以五万钱，掇沈元弼月林堂榜名三字。至于幽人释子，所藏数纸，皆为利诱，尽归诸贵近，并输积天上矣。

晁无咎言，苏公少时，手抄经史皆一通。每一书成，辄变一体，卒之学成而已。乃知笔下变化，皆自端楷中来尔。不端其本，而欺以求售，吾知书中孟嘉，自可默识也。

黄山谷云："苏翰林用宣城诸葛齐锋笔，作字疏疏密密，随意缓急，而字间妍媚百出。"古来以文章名重天下，例不工书，所以子瞻翰墨，尤为世人所重。今日市人持之，以得善价。百余年后，想见其风流余韵，当万金购藏耳。卢州李伯时，近作子瞻按藤杖坐盘石，极似其醉时意态。此纸妙天下，可乞伯时作一子瞻像，吾辈会聚时，开置席上，如见其人。亦一佳事也。

评东坡书者众矣。剑拔弩张，骥奔猊抉，则不能无。至于尺牍狎书，姿态横生，不矜而妍，不束而庄，不轶而豪。萧散容与，霏霏如零春之雨；森疏掩敛，熠熠如从月之星；纡徐婉转，缅缅如抽茧之丝。恐学者所未到也。

张友正邓公之季子，少喜学书，不出仕。有别业价三百万，尽鬻以买纸。笔迹高简，有晋宋人风味。尤工于草书。故庐在甜水巷，一日弃去，从水柜街僦小屋，与染工为邻。或问其故，答曰："吾欲假其缣素学书耳。"于是与约，凡有欲染皂者先假之，一端酬二百钱，如是日书数端。米元章书自得于天资，然自少至老，笔未尝停。有以纸饷之者，不问多寡，入手即书，至尽乃已。元祐末，知雍丘县苏子瞻自扬州召还，乃具饭邀之。既至则对设长案，各以精笔、佳墨、纸三百列其上，而置馔其旁。子瞻见之，大笑就坐。每酒一行，即伸纸共作字。以二小史磨墨，几不能供。薄暮，酒行既终，纸亦尽。乃更相易携去，俱自以为平日书莫及也。友正既未尝仕，其性介，不多与人通，故其书知之者少，但不逮元章。

黄山谷与王立之柬，有云："来日恐子瞻来，可备少纸，于清凉处设几案陈之。如张武笔，其所好也。"

徽皇闻米芾有字学，一日于瑶林殿张绢图，方广二丈许，设玛瑙研、李廷珪墨、牙管笔、金砚匣、玉镇纸永滴，召米书之。上映帘观赏，令梁守道相伴，赐酒果。米反系袍袖，跳跃便捷，落笔如云，龙蛇飞动。闻上在帘下，回顾抗声曰："奇绝陛下。"上大喜，即以御筵笔研之属赐之，寻除书学博士。一日崇政殿对事毕，手执札子。上顾视，令留椅子上。米乃顾直殿云："皇帝叫内侍要唾盂。"阁门弹奏，上云："俊人不可以礼法拘。"上尝问本朝以书名世者数人，芾各以其人对，曰："蔡京不得笔，蔡卞得笔而乏逸韵，蔡襄勒字，黄庭坚描字，苏轼画字。"上曰："卿书如何？"曰："臣书刷字。"

芾为书学博士。一日，上与蔡京论书艮岳，复召芾至，令书一大屏。顾左右乞宣取笔研，上指御案间研使就用之。书成，捧砚跪请曰："此研经赐臣芾濡染，不堪复以进御，取进止。"上大笑，因以赐之。芾舞蹈以谢，即抱负趋出，余墨沾渍袍袖而喜见颜色。上顾京曰："颠名不虚得也。"京奏曰："芾人品诚高，所谓不可无一，不可有二。"

米芾行书效羲之，诗追李白，篆宗史籀，隶法师宜官。晚年出入规矩，深得意外之旨。自谓善书者只得一笔，我独有四面。识者然之，寸纸数行，人争售之，以为珍玩。至于请求碑榜，而户外之屦常满。家藏古帖，由晋以来者甚富，乃名其所居为"宝晋斋"。簪缨好事之流，出其所有奇迹，以求跋语增重其书。而芾或喜之，即为作古纸临效，便与真者无辨，兼以伟岸不羁，口无俗语，顾然束带一古君子。故赠其诗者，有"衣冠唐制度，人物晋风流"之句。然议者谓其书神锋太峻，如强弩射千里，又如仲由未见孔子时风气。

米芾得能书之名，似无负于海内。芾于真草隶篆不甚工，惟于行草诚入能品。以芾如六朝翰墨，副在笔端，故沉著痛快。如乘骏马，进退裕如，不烦鞭勒，无不当人意。然意效其法者，不过得外貌，高视阔步，气若轩昂。殊未究其中，本六朝妙处酝酿，风骨自然超逸也。又芾之诗文无蹈袭，出风烟之上，觉其词翰固有凌云之气。览者当自得之。

黄山谷在宜州，尝为余若著书《后汉书·范滂传》，字径数寸，笔势飘动，盖悼党锢之汉祸也。后百年，真迹逸人间，赵忠定得之，宝置巾箧。缙绅题跋，如牛腰焉。既乃躬蹈其祸，可谓奇谶。忠定之子崇宪，字履常。守九江，刻石郡治四说堂。

若著倅宜州日，黄鲁直谪居是邦。时党禁甚严，士大夫例削扎扫迹。若著慨然为之经理馆舍，敬遇不怠，遣二子滋浒奉几杖，执诸生礼。一日携纸求书，鲁直问所欲，拱而对曰："先生今日举动，无愧东都党锢诸贤，愿写范孟博一传。"许之，遂默诵大书尽卷，仅有二三字疑误，二子相顾愕然。鲁直顾曰：

"《汉书》非能尽记也。如此等传，岂可不熟？"闻者敬叹。

王荣老尝官于观州，欲渡观江，七日风作不得济。父老曰："公箧中必蓄宝物。此江神极灵，当献之得济。"荣老自顾无所有，唯一玉麈尾，即以献之，风如故。又以端研献之，风愈作。又以宣州包鼎画虎障子献之，皆不验。夜卧念曰："犹有黄鲁直草书扇头题韦应物诗。"即取视之。侥恍之际曰："我犹不识，鬼宁识之乎？"试持献之。香火未收，天水相照，如两镜展对。南风徐来，张帆一饷而济。窃计江神必元祐迁客所为，不然，何嗜之深耶！

携李一士人，耽嗜古遗墨。购得龙眠归去来卷，顺事布景，绘境神妙。子瞻书其词。曾入胜国内府，有虞赵诸公跋。恒展玩不释手，后为楚中学博携以自随。迁秩将渡洞庭，夜梦一神人冠裳斋速，告曰："君有东坡龙眠手迹，愿出视可乎？"士人呈卷，神掀髯动色，颂赞不已，随拱手而别。既觉怀疑。及过湖，冲风倏起，崩浪刮天，舟几覆。士人悟昨梦，乃惶遽拜祝曰："神欲吾卷邪？"举箧投之，风浪顿息。乃知神踪异迹，鬼神亦重之也。

高庙尝临兰亭，赐寿皇于建邸，后有批字云："可依此临五百本。"盖两宫笃学如此。世传智永写《千字文》八百本，于此可信矣。

宋诸王孙赵孟坚，字子固，号彝斋，居嘉禾之广陈。修雅博识，善笔札，工诗文。酷嗜法书，多藏三代以来金石名迹。遇其会意时，遂倾家易之不靳也。又善作梅竹，往往得逃禅石室之妙。如水仙为尤奇，时人珍之。襟度潇爽，有六朝诸贤风气，时比之米南宫。东西薄游，必挟所有以自随。一舟横陈，仅留一席为偃息之地。随意左右取之，抚摩吟讽，至忘寝食。所至识与不识，望而知其为米家书画船也。庚申岁客辇下，会菖蒲节。一时好事者，邀子固各携所藏，买舟湖山，相与评赏、饮酬。子固脱帽，以酒晞发，箕踞歌《离骚》，旁若无人。薄暮入西泠，掠孤山，舣棹茂树间。指林麓绝茂处瞪目绝叫曰："此真洪谷子董北苑得意笔也。"邻舟数十皆惊骇绝叹，以为真谪仙人。异时萧千岩之侄浣，得白石旧藏五字不损本禊叙，后归之俞寿翁。子固复从寿翁善价得之，喜甚，乘舟夜泛而归。至雪之弁山，风作舟覆。幸值支港，行李淹溺无余。子固方被湿衣立浅水中，手持禊帖示人曰："兰亭在此，余不足介意也。"因题八言于卷首云："性命可轻，至宝是保。"其帖后归之悦生堂，今复出人间矣。

丹 青

云汉北风，觉热觉寒。难忘金粟，不朽齐纨。绘牛推戴，画马宗韩。独艰写照，偏易索瘢。好古君子，亦慎鉴观。集丹青。

唐张彦远著《历代名画记》十卷。自轩辕时至会昌元年，能画者三百七十余人。其叙画之源流曰："夫画者，成教化，助人伦，穷神变，测幽微，与六籍同功。古先圣王，受命膺箓，则有龟字效灵，龙图呈宝。自巢燧已来，皆有此瑞。庖牺氏发于荥河中，典籍图画萌矣。轩辕氏得于温洛中，史皇苍颉状焉。是时也，书画同体而未分，象制肇创而犹略。无以传其意，故有书；无以见其形，故有昼。"按字学之部，其六曰："鸟书，在幡信上，书端象鸟头者，则画之流也。"颜光禄云："图载之意有三：一曰图理，卦象是也；二曰图识，字学是也；三曰图形，绘画是也。"又周官教国子以六书其三曰："象形，则画之意也。"是故知书画异名而同体也。洎乎有虞作绘，绘画明矣。既就彰施，仍深比象，于是礼乐大阐，教化由兴，故能揖让而天下治。《广雅》云："画，类也。"《尔雅》云："画，形也。"《说文》曰："画，畛也。"《象》曰："畛畔所以画也。"《释名》云；"画，挂也。"以采色挂物象也。故钟鼎刻则识魑魅而知神奸，旗章明则昭轨度而备国制，清庙肃而尊彝陈，广轮度而疆理辨。以忠以孝，尽在于云台；有烈有勋，皆登于麟阁。见善足以戒恶，见恶足以思贤，故陆士衡云："宣物莫大于言，存形莫善于画。"此之谓也。其《论画六法》曰："昔谢赫云画有六法：一曰气韵生动，二曰骨法用笔，三曰应物象形，四曰随类传采，五曰经营位置，六曰传模移写。"自古画人罕能兼之。彦远试论之曰：古之画，或能遗其形似，而尚其骨气。以形似之外求其画，此难可与俗人道也。今之画纵得形似，而气韵不生。以气韵求其画，则形似在其间矣。上古之画，迹简意淡而雅正，顾陆之流是也。中古之画，细密精致而臻丽，展郑之流是也。近代之画，焕烂而求备。今人之画，错乱而无旨，众工之迹是也。夫象物必在乎形似，形似须全其骨气。骨气形似，皆本乎立意，而归乎用笔。顾恺之曰："画人最难，次山水，次狗马。其台阁一定器耳，差易为也。"斯言得之。至若见神人物，有生动之可状，须神韵而后全。故韩子曰："狗马难，鬼神易。狗马乃凡俗所见，鬼神乃谲怪之状。"斯言得之。至于经营位置，则画之总要。然今之画人，粗善写貌，得其形似，则无其气韵；具其采色，则失其笔法。岂曰画也？其《论画体工用拓写》曰："夫画物特忌形貌采章，历历具足。甚谨甚细，而外露巧密，所以不患不了而患于了。既知其了，亦何必了，此非不了也。若不识其了，是真不了也。夫失于自然而后神，失于神而后妙，失于妙而后精，精之为病也，而成谨细。自然者为上品之上，神者为上品之中，妙者为上品之下，精者为中品之上，谨而细者为中品之中。余今立此五等，以包六法，以贯众妙。其间诠量，可有数百等，孰能周知？非夫神迈识高，情超心慧者，岂可议乎知画！"宋郭若虚著《图画见闻志》六卷。自唐会昌元年，至神宗熙宁七年，能画者二百七十四人。其《论制作楷模》曰："大率图画风力气韵，固在当人。其如种种之要，不可不察。画人物必分贵贱气貌，朝代衣冠。释门有善功方便之颜，道像具修真度世之范，帝王崇上圣天日之表，外译得慕华钦顺之情，儒贤见忠信礼义之风，武士多勇悍英烈之貌，隐逸识肥遁高世之节，贵戚尚纷华侈靡之容，天帝明威福严重之仪，鬼神作魈魃驰趡之状，士女宜秀色媵婧之态，田家有醇甿朴野之真。画衣纹林石，用笔全类于书。衣纹有重大而条畅者，有缜细而劲健者。勾绰纵掣，理无妄下，以状高侧深斜卷折飘举之势。林木有樛枝挺干，屈节皴皮，纽裂多端，分敷万状，作怒龙惊虺之势，耸凌霄霴日之姿。山石多作矾头，亦为棱面，落笔便见坚重之性，皴淡即生凹凸之形。破墨之功尤难。画畜兽，全要停分向背，筋力精神，肉质肥圆，毛骨隐起。画龙，穷游泳蜿蜒之妙，得回蟠升降之宜。画水，汤汤若动，使观者有浩然之气。画屋木，折算无虧，笔画匀壮，深远透空。画花竹，有四时景候，阴阳向背。笋箨老嫩，苞萼先后，自然艳丽闲野。逮诸园蔬野草，咸有出土体性。画禽鸟，识形体各件之异，悟翔举飞集之态。"其《论气韵非师》曰："谢赫六法，精论万古不移，然而骨法用笔以下五法可学。如其气韵，必在生知，固不可以巧密得，复不可以岁月到。默契神会，不知然而然。"其《论用笔得失》曰："凡画，气韵本乎游心，神采生于用笔。意在笔先，笔周意内，画尽意在，像应神全。夫内自足，然后神闲意定；神闲意定，则思不竭而笔不困也。画有三病，皆系用笔。一曰版；二曰刻；三曰结。版者，腕弱笔痴，全亏取与，物状平褊，不能圆混也。刻者，运笔中疑，心手相戾，勾画之际，妄生圭角也。结者，欲行未行，当散不散，似物凝滞，不能流畅也。"其《论古今优劣》曰："佛道人物，士女牛马，近不及古。山水林石，花竹禽鱼，古不及近。何以明之？且顾恺之、陆探微、张僧繇、吴道元，及阎立德、立本，皆纯重雅正，性出天然。吴生之作，为万世法，号曰画圣。张萱、周昉、韩幹、戴嵩，气韵骨法，皆出意表。后之学者，终莫能到，故曰近不及古。如李成、关仝、范宽、董源之迹，徐熙、黄筌、居采之踪，前不借师资，后无复继踵者。借使二李三王之辈复起，边鸾陈庶之伦再生，亦将何以措手于其间哉？故曰古不及近。"邓椿著《画继》十卷。自熙宁七年，至孝宗干道三年，能画者一百一十九人。其论述曰："画之为用大矣。盈天地间者万物，悉皆含毫运思，曲尽其态。而所以能曲尽者，止一法耳。一者何也？曰传神而已矣。世徒知人之有神，而不知物之有神。此若虚深鄙众工，谓虽曰画而非画者。盖止能传其形，不能传其神也。故画法以气韵生动为第一，而若虚独归于轩冕岩穴，有以哉！"又曰："自昔鉴赏家分品有三：曰神，曰妙，曰能。"独唐朱景真撰《唐贤画录》，三品之外，更增逸品。其后王休复作《益州名画记》，乃以逸为先，而神、妙、能次之。景真虽云逸格不拘常法，用表贤愚，然逸之高，岂得附于三品之末？未若复休首推之为当也。又有《画继补遗》一卷，不知谁所撰。则自乾道以后，至理度间，能画者八十余人。尔后陈德辉著《续画记》一卷，再自高宗建炎初，至幼主德祐乙亥，能画者一百五十一人，然与《画继补遗》则相出入者耳。二书仅可考阅姓名，无足观也。赵希鹄《洞天清录集》云："古画多直幅，至有画身长八尺者。双幅亦然。横披始于米氏父子，非古制也。河北绢经纬一等，故无背面。江南绢则经粗而纬细，有背面。唐人画或用捣熟绢为之，然止是生捣，令丝匾不碍笔，非如今煮炼加浆也。古绢自然破者，必有鲫鱼口与雪丝。伪作者则否。古画色墨或淡黑，则积尘所成，自有一种古香可爱。若伪作者，多作黄色，而鲜明不尘暗。此可辨也。"米芾《画史》云："古画若得之，不脱不须背裱。若不佳，换裱一次，背一次，坏屡更矣，深可惜。"盖人物精神发采，花之秾艳蜂蝶，只在约略浓淡之间。一经眂多，或失之也。古画至唐初，皆生绢，至吴生周昉、韩幹。后来皆以熟汤。汤半熟，槌如银版，故作人物，精采入笔。今人收唐画必以绢辨，见纹粗便云不是唐，非也。张僧繇阎令画皆生绢，南唐画皆粗绢，徐熙绢或如布。绢素百破，必好画，裂文各有辨。长幅横卷，裂纹横；横幅直卷，裂纹直，各随轴势裂也。直断不当一缕，岁久卷自两头苏开断不相合，不作毛，掐亦苏，不可伪作。其伪者，快刀直过，当缕两头，依旧生作毛起，掐又坚纫也。湿染者色栖缕间，干熏者烟臭上深下浅。古纸素有一般古香。真绢色淡，虽百破而色明白，精神采色如新。惟佛像多经香烟熏损。本色染绢作温香色栖尘文间，最易辨，仍盖色上，作十重古。破不直裂，须连两三经，不可伪作。国朝东楚汤垕，字君载，号采真子。著《画鉴》一卷，论历代名画，悉有依据。其《杂论》曰："古人作画，皆有深意，运思落笔，莫不各有所主，况名下无虚士。相传既久，必有过人处。今人看画，出自己见，不经师授，不阅记录，但合其意者为佳，不合其意者为不佳。及问其如何是佳，则茫然失对。仆自十七八岁时，便有迂阔之意，见图画爱玩不去手。见鉴赏之士，便加礼问，遍借记录，仿佛成诵。详味其言，历观名迹，参考古说，始有少悟。若不留心，不过为听声随影，终不精鉴也。灯下不可看画，醉于酒边不可看画，俗客尤不可示之。卷舒不得其法，最为害物。至于庸人孺子，见画必看，妄加雌黄品藻。本不识物，乱订真伪，令人短气。古人画稿谓之粉本，前辈多宝蓄之。盖其草草不经意处有天然之妙。宣和绍兴所藏粉本，多有神妙。古人作画，有得意者，多再作之。如李成《寒林》，范宽《雪山》，王诜《烟江迭嶂》，不可枚举。看画如看美人，其风神骨相，在体肌之外者。今人看古迹，必先求形似，次及传染，次及事实，殊非赏鉴之法也。元章谓好事家与赏鉴家，自是两等。家多资力，贪好名胜，遇物收置，不过听声，此谓好事。若鉴赏则天资高明，多阅传录。或自能画，或深画意。每得一图，终日宝玩，如对古人，不能夺也。观六朝画，先观绢素，次观笔法，次观气韵，大概十中可信者一二。有御府题印者，尤不可信。古画东移西掇，持补成章，此弊自高宗朝庄宗古始也。余友人吴兴夏文彦，字士良，号兰渚生。其家世藏名迹，鲜有比者。朝夕玩索，心领神会，加以游于画艺，悟入厥趣，是故鉴赏品藻，万不失一。因取各《画记》《图画见闻志》《画继》《续画记》为本，参以《宣和画谱》《南渡七朝画史》，齐梁魏陈唐宋以来诸家画录，及传记杂说百氏之书，搜潜剔秘，网罗无遗。自轩辕时至宋幼主德祐乙亥，得能画者一千二百八十余人，又女真三十人；本朝自至元丙子至今九十余年间，二百余人，共一千五百余人。其考核诚至矣，其用心良勤矣，所论画之三品，盖扩前人所未发，论曰：'气韵生动，出于天成。人莫窥其巧者，谓之神品。笔墨超绝，传染得宜，意趣有余者，谓之妙品。得其形似，而不失规矩者，谓之能品。'古人画，墨色俱入绢缕，精神迥出。伪者虽极力仿佛，而粉墨皆浮于缣素之上，神气亦索然。盖古人笔法圆熟，用意精到。初若率易，愈玩愈佳。今人虽极工致，一览而意尽矣。唐及五代绢素粗厚，宋绢轻细，望而可别也。御题画真伪相杂，往往有当时名笔临摹之作，故秘府所藏临摹本，皆题为真迹，惟明昌所题最多，具眼自能识也。吁！可谓真知画者哉！"

夫画家各有传派，不相混淆。如人物，共白描有二种：赵松雪出于李龙眠，李龙眠出于顾恺之，此所谓铁线描也。马远则出于吴道子，此所谓兰叶描也。其法固自不同。画山水亦有数家：关仝、荆浩，其一家也；董源、僧巨然，其一家也；李成、范宽，其一家也；至李唐，又一家也。此数家笔力神韵兼备。后之作画者，能宗此数家，便是正脉。若南宋马远、夏圭，亦是高手。马人物最胜，其树石竹，笔甚遒劲。夏圭若用焦墨，是画家特出者，然只是院体。

山水之为物，禀造化之秀。阴阳晦暝，晴雨寒暑，朝昏昼夜，随行改步，有无穷之趣。自非胸中丘壑汪洋如万顷波者，未易学也。如六朝至唐初，画者虽多，笔法位置，鲜得古意。自王维、张璪、毕宏、郑虔之辈出，深造其理。五代荆关，又别出新意，一洗前习。迫于宋朝，董源、李成、范宽三家鼎立。前无古人，后无来者，山水之法始备。三家之下，各有入室弟子二三人，终不逮也。

唐明皇令韩幹观御府所藏画马。幹曰："不必观也。陛下厩马万匹，皆臣之师。"李伯时工画马，曹辅为太仆卿。太仆廨舍，国马皆在焉。伯时每过之，必终日纵观，至不暇与客语。大概画马者，必先有全马在胸中，若能积精储神，赏其神骏，久久则胸中有全马矣。信意落笔自超妙，所谓用意不分，乃凝于神也。山谷诗云："李侯画骨亦画肉，笔下马生如破竹。"生字下得最妙。东坡文与可竹记云："竹之始生，一寸之萌耳，而节叶具焉。自蜩腹蛇蚹以至于剑拔十寻者，生而有之也。今画者节节而为之，叶叶而累之，岂复有竹乎？故画竹者必先得成竹于胸中，执笔熟视，乃见其所欲画者。急起从之，振笔直遂，以追其所见，如兔起鹘落，少纵则逝矣。"东坡善于画，故其论精确如此。曾巢云无疑工画草虫，年迈愈精。尝自言其少时取草虫笼而观之，穷昼夜不厌。又恐其神之不完也，复就草地之间观之，于是始得其天。方其落笔之际，不知我之为草虫耶？草虫之为我邪？此与造化生物之机缄，盖无以异，非有法之可传也。

江南中主时，有北苑使董源善画，尤工秋岚远景。多写江南真山，不为奇峭之笔。其后建业僧巨然，祖述源法，皆臻妙理。大抵源及巨然画笔，皆宜远观。其用笔甚草草，近视之，几不类物象，远观则景物粲然，幽情远思，如睹异境。如源画落照图，近视无功，远观村落，杳然深远，悉是晚景。远峰之顶，宛有返照之色，此妙处也。

郭熙，河阳温县人，以画得名。其子思后登科，熙喜甚，乃于县庠宣圣殿内图山水窠石。四壁雄伟清润，妙绝一时。自云平生所得，极意于此笔矣。熙能为远景，意趣益新，略不相杂。贵人家收熙一景山水二十四幅挂高堂上，森然若在林壑间。未易得也。思后为待制，乃重资以收父画，欲晦其迹也。

庐州东林寺，有画须菩提像。梵相奇古，笔法简易，真奇画也。题曰"戊辰樵人王翰作"。此乃国朝开宝四年也。南唐自周显德五年用中原正朔，国中士大夫以为耻，故江南诸寺观中碑，多不题年号，但书甲子而已。

国初，江南布衣徐熙、伪蜀翰林待诏黄筌，皆以善画著名，尤长于花竹。蜀平，黄筌并弟居宝惟亮，皆隶翰林图画院，擅名一时。其后江南平，徐熙至京师，送图画院品其画格。诸黄画花，妙在着色。用笔极细，殆不见墨迹，但以轻色染成，谓之写生。徐熙以墨笔画之，殊草草，略施丹粉而已。神气迥出，别有生动之意。筌恶其轧己，言熙粗恶不入格，罢之。熙之子乃效诸黄之格，更不用墨笔，直以粉色图之，谓之没骨。图工与诸黄不相下，筌等不复能瑕疵，遂得齿院品，然其气韵皆不及熙远甚。

国初修老子庙，庙有吴道子画壁，老杜所谓"冕旒俱秀发，旌旆尽飞扬"者也。官以其壁募人买，有隐士以三百千得之，于是闭门不出者三年。乃以车载壁沉之洛河，庙亦落成矣。壁当再画，郡以请隐士，隐士弗辞。有老画工夤缘以至者，众议谁当画东壁。隐士以让画工，画工不敢当，让者再三。隐士遂就东壁画天帝，初落笔，作前驱二人。工就视之，不语而去。工亦画前驱二人，隐士往观，亦不语而去。于是各解衣盘礴，惨淡经营，不复相顾。及成，工来观，其初有不相许之色，渐观其次，迤逦咨嗟击节。及见辇中人，工愧骇下拜曰："先生之才，不可当也。某自是焚作具，不敢复言画矣。"或问之，工曰："前驱，贱也。骨相当瞋目怒髯，可比驺驭。近侍，清贵也。骨相当清奇庞秀，可比台阁。至于辇中人，则帝王也。骨相当龙姿日表也，可比至尊。今先生前驱乃作清奇庞秀，某窃谓贱隶若此，则何以作近侍。近侍继可强力少加，则又何以作辇中之人也。若贵贱之状一等，则不足以为画矣。今观先生所画前驱，乃吾近侍也。所画近侍，乃吾辇中人也。洎观辇中之人，其神宇骨相，盖吾生平未尝见者。此所以使吾惭愧骇服。"隐士曰："此画天上人也。尔所作怒目虬髯，则人间人耳。人间人则面目气象皆尘俗。虽尔艺与他工不同，要之但能作人间画耳。"工往自毁其壁，以家赀偿之，请隐士毕其事。

武宗元，真庙朝比部员外郎也。画手妙一时。中岳告成，召宗元图羽仪于壁，以名手十余人从行。既至，武独占东壁，遣群工居西，幕以帏帐。群工规模未定，武乃画一长脚幞头执挝者在前。诸人愕然，且怪笑之，问曰："比部以上命至，乃画此一人何耶?"武曰:"非尔所知。"既而武画先毕,其间罗列森布,大小臣僚,下至厮役,贵贱形止,各当其分,几欲飞动。诸人始大服。

名画李成,以山水供奉禁中。然以子姓饶资,为宫市珠玉大商,不易为人落笔。惟性嗜香药名酒,人亦不知。独相国寺东宋药家最与相善。每往,醉必累日,不特纸素挥洒,盈满箱箧,即铺门两壁,亦为淋漓泼染。识者谓画壁最入神妙,惜在白垩上耳。

神宗禁中忽得吴道子画钟馗像,因使镂板赐二府。吴冲卿时为相,欲赠以常例。王禹玉曰:"上前未有特赐,此出异恩,当稍增之。"乃赠五千,其后遂为故事。明年除日复赐,例授五千,冲卿因戏同列曰:"一馗足矣。"众皆大笑。宣和间,一二大臣恩幸既殊。将命之人,有饮食果实而得五十千者,日或至一再赐也。

藏书画者,多取空名。偶传为钟、王、顾、陆之笔,见者争售,此所谓耳鉴。又以观画而以手模之,相传以为色不印指者为佳画,此又在耳鉴之下,谓之揣骨听声。欧阳公尝得一古画牡丹丛,其下有一猫,永叔未知其精妙,丞相正肃吴公与欧公家相近,一见曰:"此正午牡丹也。何以明之?其花披哆而色燥,此日中时花也。猫眼黑睛如线,此正午猫眼也。有带露花,别房敛而色泽,猫眼早暮则睛圆,正午则如一线耳。"此亦善求古人之意也。

范忠宣旧藏一江都王马,李伯时见之,称叹失措。借归累日，用意模写，竟不能下手，复还之。但以粉牌榜其上云："神妙上上品，江都王马。某看之累日，不能下手。聊留数字，以见归白之意。"时米元章为郎，每到相府求观，不与言，唯绕屋狂叫而已。

宣和间，李伯时画几与吴生等。有持其一二纸取美官者踵相继，而伯时无恙时，但诸名士鉴赏得好诗数十篇尔。

赵广，合淝人。本李伯时家小史。伯时作画，每使侍左右。久之遂善画，尤工作马，几能乱真。建炎中陷贼，贼闻其善画，使图所掠妇人。广毅然辞以实不能画。胁以白刃，不从。遂断右手拇指，遣去，而广画实用左手。乱定，惟画观音大士而已。又数年乃死。今士大夫所藏伯时观音，多广笔也。

元祐间，黄秦诸君子在馆，暇日观画。山谷出李龙眠所作《贤己图》，博弈樗蒲之俦咸列焉。博者六七人，方据一局投迸，盆中五皆六，而一犹旋转不已。一人俯盆疾呼，旁观皆变色起立。纤浓态度，曲尽其妙，相与叹赏以为卓绝。适东坡从外来，睨之曰："李龙眠天下士，顾效闽人语耶？"众贤怪请其故。东坡曰："四海语音，六皆合口，惟闽音则张口。今盆中皆六，一犹未定，法当呼六，而疾呼者乃张口，何也？"龙眠闻之，亦笑而服。

蓬省群玉堂屏，有坡翁所作石竹。相传淳熙间南安县某人取之长乐僧寺壁间。去其故土，而背施髹漆，匣以持献曾海野，曾后复献韩平原。韩诛，籍录送官。

唐韩晋公滉，鉴古好书。闻建业古壁，余萧子云一萧字，迁置南徐海榴堂右壁，朝夕对玩。后李约载以入洛，特建精室藏之，因题为萧斋。

米元章酷嗜书画，尤工临写。尝从人借古画自临拓。拓竟，并以真赝本归之，俾其自择而莫辨也。巧偷豪夺，故所得为多。

元章知涟水日，客鬻戴嵩《牛图》，元章借留数日，以摹本易之，而不能辨。后客持图来，乞还真本，元章怪而诘之曰："尔何以别之？"客曰："牛目中有牧童，此则无也。"又在真州谒蔡攸于舟中，攸出右军王略帖示之。元章惊叹，求以他画易之，攸意以为难。元章曰："公若不见从，某不复生，即投此江死矣。"因大呼据船舷欲堕，攸遽与之。

蜀中杜处士好书画，所宝以百数。有戴嵩牛一轴，尤所爱。锦囊玉轴，常以自随。一日曝书画，有牧童见之，抚掌大笑曰："此画斗牛也。牛斗力在角，尾搐入两股间。今乃掉尾而斗，谬矣。"处士笑而然之。古语云："耕当问奴，织当问婢。"不可改也。

黄筌画飞鸟，颈足皆展。或曰："飞鸟缩颈则展足，缩足则展颈，无两展者。"验之信然。乃知验物不审，虽画师且不能，况其大者乎？

翟院深，北海人，工画山水。年少时，为本郡伶人。一日郡守宴集，方在庭执乐，忽游目若有所寓，顿失鼓节。乐工举其过而劾之。守诘其故，院深具以情对曰："性本善画，操挝之次，忽见浮云在空，宛若奇峰绝壁，真可以为画范。目不两视，因失鼓节。"守叹而释之。

戴琬，京师人。在翰林，恩宠特异，工画翎毛花竹。尝得入阁供奉。后因求画者甚众，徽宗闻之，封其臂不令私画，故其画传世者鲜。唐吴道元入供奉，为内教博士，非有诏不得画。

王晋卿家旧宝徐处士《碧槛蜀葵图》，但二幅，晋卿每叹阙其半。徽庙一旦访得之，乃从晋卿借半图，晋卿惟命，但谓端邸爱而欲得其秘尔。徽宗令匠者裱成全图，招晋卿以观。因卷以赠，一时盛传，人已悚异。厥后禁中谓之《就日图》者是也。太上天纵雅尚，已着龙潜之时矣。及践祥后，酷意访求。自崇宁始命宋乔年掌御前书画。乔年后罢去，而继以米芾辈。至末年，上方所藏率举千计，实熙朝盛事也。曩于宣和岁癸卯，尝得见其目。若唐人用硬黄临二王帖至三千八百余幅，颜鲁公墨迹至八百余幅，欧、虞、褚、薛，及唐名臣李太白、白乐天等书，不可胜会，独两晋人则有数矣。至二王破羌洛神诸帖，真奇绝，盖亦为多焉。又御府所秘古来丹青，其最高远者，以曹不兴《元女授黄帝兵符图》为第一，曹髦《卞庄子刺虎图》第二，谢稚《烈女完节图》第三，自余始数顾陆僧繇而下。不兴者，吴孙权时人。曹髦，乃高贵乡公也。谢稚，亦晋人。烈女，谓绿珠。实当时所笔。又如顾长康《古贤图》、戴逵《破琴图》、黄龙《负舟图》，皆神绝不可一二纪。次则郑法士展子虔有《北齐后主幸晋阳图》《文书法从图》之属，大率奇特。甚至唐人图牒已不足数。然度人经乃褚河南所书，而阎博陵绘。其相类多有此，于今无复兹睹矣，每令人气短。

刘夫人，建炎中掌内翰文字。善画人物，师古人笔法。及写宸翰酷似，高宗甚爱之。画上用奉华堂印（印有大小），又有一印云："闭关颂酒之裔。"盖用刘伯伦事。又有瑞文图书。

宋稗类钞

308

刘贵妃，临安人。入官为红霞帔迁才人，累迁婕好、婉容。绍兴二十四年，进贤妃，颇恃宠骄侈。尝因盛夏，以水晶饰脚踏，帝见之，命取为枕。妃惧，撤去之。金主亮大举南侵，谓其幸臣秘书监张仲轲曰："向者梁珫尝为朕言，宋有刘贵妃者，姿质美艳，今一举而两得之。所谓因行掉臂也。"

王直方《诗话》云，欧阳公《盘车图》诗云："古画画意不画形，梅诗咏物无隐情。忘形得意知者寡，不若见诗如见画。"东坡作《韩幹画马》诗曰："韩生画马真是马，苏子作诗如见画。世无伯乐亦无韩，此诗此画谁当看。"又云："论画求形似，见与儿童邻。赋诗必此诗，定非知诗人。"又云："少陵翰墨无形画，韩幹丹青不语诗。此画此诗今已矣，人间驽骥谩争驰。"余以为若论诗画，于此尽矣。然晁以道和公诗云："画写物外形，要物形不改。诗传画外意，贵有画中态。"又足补坡公之未备也。

度支员外郎宋迪工画，尤善为平远山水。其得意者，有《平沙雁落》《远浦帆归》《山市晴岚》《江天暮雪》《洞庭秋月》《潇湘夜雨》《烟寺晚钟》《渔村落照》，谓之八景，好事者多传之。往岁小窑村陈用之善画，迪见其画山水，谓之曰："汝画信工，但少天趣。"用之深服其言，曰："常患其不及古人者，正在于此。"迪曰："此不难耳。汝先当求一败墙张绢素讫，倚之败墙之上，朝夕观之。观之既久，隔素见败墙之上，高平曲折，皆成山水之象。心存目想，高者为山，下者为水，坎者为谷，缺者为涧，显者为近，晦者为远。神领意造，恍然见其有人禽草木飞动往来之象，了然在目，则随意命笔，默以神会，自然境皆天就，不类人为。是谓活笔。"

用之自此画格得进。

刘斯立《学易堂记》云："图画对面稍熟，似觉厌之。则别展挂，行步徙倚玩之，忽漫惊目，更有新意。家所藏甚俭，由此常若有余。"东坡跋《画苑》云："君厚《画苑》，处不充箧笥，出不汗牛马。明窗净几，有坐卧之安。高堂素壁，无舒卷之劳。而人物禽鱼之变态，山川草木之奇姿，粲然陈前，亦好事者之一适也。"

草　木

昔人经疏，博及残丛。万花为谷，百果有宗。国香兰畹，浴美桃秾。相矜言树，丞喜哦松。咏桧君子，休题蛰龙。集草木。

张约斋《种花法》云："春分和气尽，接不得。夏至阳气盛，种不得。立春正月中旬，宜接樱桃、木樨、徘徊黄、蔷薇。正月下旬，宜接桃、梅、李、杏、半丈红、腊梅、梨、枣、栗、柿、杨、柳、紫薇。二月上旬，可接紫笑、绵橙、匾橘。以上种接，并于十二月间，沃以粪壤二次。至春时，花果自然结实。立秋后，可接金林檎、川海棠、黄海棠、寒球、转身红、祝家棠、梨叶海棠、南海棠。以上接种法，并要接时将头与木身，皮对皮，骨对骨，用麻皮紧缠。上用箬叶宽覆之。如萌苗稍长，即撤去箬叶，无有不成也。"

滕处士昌祐，字胜华，工书画。画花竹鸟兽，体物像形，巧妙入格。所居州东北隅，竹树交荫，景像幽寂。有园圃池亭，遍莳花果。凡壅培种植，皆得其法。以药苗为蔬，药粉为馔。年八十五，书画未尝辍焉。厅壁悬一大粉板，题园中花草品格名目百余件。亦有远方怪草奇花，盖欲资其画艺尔。园中有一柿树，夏中团坐十余人。敷张如盖，无暑气。云柿有七绝，颇宜种之。一有寿，二多阴，三无禽窠，四无虫蠹，五有嘉实，六本固，七霜叶，红而堪玩。有一盆池，云初埋大盆，致细土拌匀，入生葱、酒糟各少许，深二尺余，以水渍之。候春初掘取藕根粗者和颠三节以上四五茎，埋入深泥，令近盆底。才及春分，叶生，当年有花。夫藕有四美：根为菜，花为玩，实为果，叶为杓。池沼亭槛之前为瑞草，萍蘋藻荇，不得与侔也。园中有慈竹丛生，根不离母，故名以慈也。有钓丝竹，以其弱杪低而垂至地也。有丝竹，叶细而青，茎瘦而紫，亦谓之墨竹。有对青竹，身黄色，有一脉青，节节相对，故谓之对青也。有苦竹，叶秾多阴，笋高之时，粉香箨翠。有柱竹，扶疏丛茂。潇洒亭台，无出此数君也。俗以五月十三日种竹，多遭烈日晒干。园中竹以八月社前后，是月天色多阴，土润，竹以此月行根也。凡欲移竹，先掘坑令宽大，以水调细土作稀泥，即掘竹四面，凿断大根科，连根以绳绲定。异时勿令动著根须间土，异入坑致泥浆中，令泥浆周匝遍满，乃东西摇之，复南北摇之，令泥浆入至须间，便以细土覆之，勿令土壅过竹本根也。若竹稍长者，芟去颠叶，缠竹架之，恐风摇动即死，每窠相去二尺余。不须实砑，只以一脚踏之，则来年生笋速也。宜于园东北软土上种之，竹性多西南行。根不用频浇水，水多则肥死。园中有梨，名车毂，围一尺。摘时先以布囊盛之，落地即碎。有金桃色深黄剖之至核，红翠如金，味美为桃之最。有林檎，色如玉，向阳处有朱点如缬，颗有重四两者。其栽果法：以冬至后，立春前，砑美果直枝，须有鹤膝大如母指者。长可二尺，扎千芋魁中。掘泥令宽，调泥令细。切生葱一升许，搅于泥中。将芋块致泥中，以细土覆之，勿令坚实。即当年有花，来年始实，绝胜种核接果树法。凡欲接果，先得野树子酸涩不美者，如臂以上。然后寻美果枝，选隔年有鹤膝向阳者。枝长不过二尺，过则难治。至时剪下，便扎于萝卜中，欲不泄其气也。冬至后十日，立春前七日，其野树皮润，萌芽未发时，将野树以锯截之，去地五七寸。中心劈破，深二寸许，取美枝或一枝，或两枝，斜剺勿伤其皮，插于野树罅中。外与野树皮紧密相齐，用牛粪泥封之。与笋箨包裹其接处，以麻纫缠定，上更以黄土泥塔头裹之，勿使雨水透入。野树或旁生芽叶，即取去之。若依此法，则当年有花必矣。

杨文公《谈苑》记江南后主患清暑阁前草生，徐锴令以桂屑布砖缝中，宿草尽死。《吕氏春秋》云："桂枝之下无杂木。"盖桂枝味辛螫故也。《雷公炮炙论》云："以桂为丁，以钉木中，其木即死。"一丁至微，未必能螫大木，自其性相制耳。

元丰间，禁中有果名鸭脚子者，四大树皆合抱。其三在翠芳亭之北，岁收实至数斛，而托地阴翳，无可临玩之所。其一在太清楼之东，得地显旷，可以就赏，而未尝着一实。裕陵尝指而嘉叹，谓事有不能适人意者如此。明年，此木遂花，而得实数斛。上大悦，命宴太清以赏之，仍分颁侍从。又朝廷问罪西夏，五路举兵秦凤路图上师行营憩形便之次，至关岭，有秦时柏一株。虽质干不枯，而枝叶略无存者，既标图间。裕陵披图顾问左右，偶以御笔点其枝间，而叹其阅岁之久也。后郡奏秦朝柏忽复一枝再荣。殿中有记当时奏图叹赏之语，私相耸异。谓天人笔泽所加，回枯起死，便同雨露之施。昔唐明皇晓起临苑中，时春候已深，而林花未放，顾视左右曰："是须我一判断耳。"亟命取羯鼓，一曲未终，而桃杏尽开。即弃杖而诧曰："是岂不以我为天公耶！"由是观之，凡为人君者，其一言动，固自与造化密契。虽于草木之微，偶加眷瞩，而荣谢从之，若响应声。况于升黜贤否，意所与夺生杀贵贱之间哉！

马塍艺花如艺粟，橐驰之技名天下，非时之品，真足以侔造化，通仙灵。凡花之早放者，名曰堂花。其法以纸饰密室，凿地作坎，编竹置花其上。粪土以牛溲硫黄，尽培溉之法，然后笈沸汤于坎中。少俟汤气熏蒸，则扇之以微风，盎然盛春融淑之气，经宿则花放矣，若牡丹、梅、桃之类无不然。独桂花则反是，盖桂必凉而后放。法当置之石洞岩窦间，暑气不到处，鼓以凉风，养以清气，竟日乃开。此虽揠而助长，然必适其寒温之性，而后能臻其妙耳。

洛阳牡丹之品，见于《花谱》，然未若陈州之盛且多也。园户植花如种黍粟，动以顷计。政和壬辰，园户牛氏家忽开一枝，色如鹅雏而淡，其面一尺三四寸，高尺许，柔葩重迭，约千百叶，其木姚黄也。而于葩英之端，有金粉一晕缕之，其心紫蕊，亦金粉缕之，牛氏乃以缕金黄名之。以籧篨作棚屋围幛，复张青帟护之于门首，遣人约止游人。人输千钱，乃得入观。旬日间，其家获数百千。郡守闻之，欲剪以进内，众园户皆言不可，曰："此花之变易者，不可为常。他时复来索此品，何以应之？"又欲移其根，亦以此为辞，乃已。明年花开，果如旧品矣。

闽广多异花，悉清芬郁烈，而末利花为众花之冠。岭外人或云，抹丽，谓能掩众花也。至暮则尤香。今闽人以陶盎种之，转海而来。浙中人家，以为嘉玩。然性不耐寒，极难爱护，经霜雪则多死，亦地主之异宜也。颜博文持约谪官岭表，爱而赋诗云："竹梢脱青锦，榕叶随黄云。岭头暑正烦，见此萼绿君。欲言娇不吐，藏意久未分。最怜月初上，浓香梦中闻。萧然六曲屏，西施带微醺。丛深珊瑚帐，枝转翡翠裙。譬如追风骑，一抹万马群。铜瓶汲清泚，聊复为子勤。愿言少须臾，对此髯参军。"观此诗则花之清淑、柔婉，风味不言可知矣。

凡松叶皆双股，故世以为松钗。独栝松每穗三须，而高丽所产。每穗乃五鬣焉，今所谓华山松是也。李贺有《五粒小松歌》。陆龟蒙诗云："松斋一夜怀贞白，霜外空闻五粒风。"李义山诗："松暗翠粒新。"刘梦得诗："翠粒照晴露。"皆以粒言松也。《酉阳杂俎》云："五粒者，当言鬣。自有一种名五粒，皮无鳞而结实多，新罗所种云。"然则所谓粒者鬣也。（凡欲松偃盖，栽时当去松中大根，惟留四旁须根，则无不偃盖。）

竹有雌雄，雌者多笋，故种竹当种雌。自根生上至生稍一节发者为雌。物无逃于阴阳，可不信哉？

梅之早花者皆嫩树，故得春最早。树老则得春渐迟，亦犹人之气血衰旺，老少之异也。此说前所未闻。

朝议大夫李冠卿说扬州所居，堂前杏一株极大，花多而不实。适有一媒姥至，见如此，笑谓家人曰："来春与嫁了此杏。"冬深忽携酒一尊来，云是婚家撞门酒。索处子裙一腰系杏上，已而奠酒辞祝再三，家人莫不笑之。至明春，此杏结子无数。江浙间亦闻有嫁橘法。

南方虽产橘，然亦畏霜。吴中洞庭霜最多，即无所损。询彼人。云："洞庭四面皆水，水气上腾，尤能辟霜。所以洞庭橘最佳，岁收不耗。"

朝奉郎刘国均，言侍其父吏部公罢官成都。行李中有水银一箧，偶过溪渡，箧塞遽脱，急求不获，即揽取渡旁丛草塞之而渡，至都久之，偶欲汞用，倾之不出，而斤重如故。破箧视之，尽成黄金矣。国初征泽潞时，军士于泽中镰取马草，晚归，镰刃透成金色。

临安僧法坚，言有歙容经于潜山中，见一蛇，其腹胀甚，蜿蜒草中。徐遇一草，便啮破，以腹就磨。顷之，胀消如故，蛇去。客念此草必消涨药也，取置箧中。夜宿旅邸，邻房有过客方呻吟床笫间。客就询之，云为腹胀所苦。即取药就釜煎一杯汤饮之，顷之，不复闻声，意谓良已。至晓，但闻邻房滴水声，呼其人不复应。急起排户视之，则其血肉俱化为水，独遗骸卧床。客大骇，挈装而逃。逮明，主人视之，了不测其所以。及洁釜炊饭，则釜通体成金矣。乃密瘗其尸。既久经赦，客至邸语其事，方传外人也。

菌不可妄食。建宁县山石间忽生一菌，大如车盖，乡民异之，取以为馔，食者辄死。凡菌为羹，照人无影者，不可食，食之杀人。

菌每生于幽隐下湿之地，或蛇虺嘘气所成，食之皆能害人。人每轻不资之身以尝试之。嘉定乙亥，杨和王坟上感慈庵僧德明，游山得奇菌，归作糜供众，毒发，僧行死者十余人。德明亟尝不洁，获免。有日本僧定心者，宁死不污，至肤理折裂而死。其度牒尚藏庵中，年有久定、保安、治象等号。僧衔有法势大和尚、威仪、从仪、少属、少录等称。是岁，其国度僧万人，定心姓平氏，日本国京东相州行香县上守乡光胜寺僧也。咸淳壬申，临安民家，因出郊得佳菌，作羹恣食。是夜，邻人闻其家撞突有声，久乃寂然。疑有他故，遂率众排闼而入，则其夫妇一女，皆殒越呕血，倚壁抱柱而死矣。案间尚余杯羹，以俟其子。适以未还，幸免于毒。

回回国数千里地产一物极毒，全类人形，若人参之状，其国名之曰押不芦。生土中，深数丈，人或误触其毒气必死。取之法，先于四旁开大坎可容人，然后以皮条络之。皮条之系，则系于犬之足，既而用杖击逐犬，犬逸而根拔起。犬感毒气随毙，就埋土坎中。经岁然后取出，曝干，别用他药制之。每以少许磨酒饮入，则通身麻痹而死。虽加以刀斧，亦不知也。至三日后，别以少药投之，则活。盖古华佗能刳肠涤胃以治疾者，必用此药也。今闻御药院中亦储之。

宋景文《笔记》谓蜀中有莲大如雀彀，叶舒如钱，干亦有丝，其萼盛开则向日，朝指东，停午溯南，夕则西指，随日所至。蜀人名曰朝日莲。按郑熊《番禺杂记》，海南有向日莲花，似木芙蓉，而极香。其花东西向日，至暮而谢。一呼夜合。然则朝日莲不特蜀中有也。

京师中太乙宫道士房有楮，结子如杨梅。徽宗车驾临观之，题拟梅轩。李似矩、吴正仲皆有诗。正仲诗云："阴阴绿叶不胜垂，着子全多欲压枝。却得君王留一顾，故应雨露亦饶滋。""五月霏霏雨不开，若耶溪畔摘楞梅。朱丸忽向灵窗见，疑是云根越岭来。""虽将蜜渍借微酸，小摘曾闻饤玉盘。争似江南风致在，瓶红初向绿阴看。"越中杨梅最佳，土人谓之楞梅。又北人以梅汁渍楮实，益以蜜，假作杨梅，故仲至后二篇皆及之。

鸟 兽

鹤衔书，虎识字。鹦鹉能言，猩猩善醉。莫谓二虫何知，盖亦得气之始。灵犹介族之龙，逸若空群之骥。庶窥多识之一斑，用饱便便之腹笥。集鸟兽。

彭蠡小龙显异至多，人人能道之。熙宁中，王师南征。有军仗数十船，泛江而南。自离真州，即有一小蛇登船。船师识之，曰："此彭蠡小龙也，当是来护军仗耳。"典者以洁器荐之，蛇伏其中。船乘便风，日棹数百里，未尝有波涛之恐。不日至洞庭，蛇乃附一商人船回南康。世传其封域止于洞庭，未尝逾洞庭而南也。有司以状闻，诏封神为顺济王。遣官林希言子中致诏，子中至祠下焚香毕，空中忽有一蛇坠祝肩上。祝曰："龙君至矣。"其重一臂不能胜，徐下至几案间。首如龟，不类蛇首也。子中致诏意曰："使人至此，斋三日，然后致祭。王受天子命，不可以不斋戒。"蛇径入银香奁中，蟠三日不动。祭之日，既酹酒，蛇乃自奁中引首吸之。俄出循案行，色如湿胭脂，烂然有光。穿一剪绒花过，其尾尚赤，其前已变为黄矣，正如雌黄色。又过一花，复变为绿，如嫩草色。少顷行上屋梁，复乘纸旛脚而下，轻若鸿毛。倏忽入帐中，遂不见。明日，子中还，蛇在船后送之，逾彭蠡而回。此龙恒游舟楫间，与常蛇无辨，但蛇行必蜿蜒，而此乃直行，江人以此辨之。

《铁围山丛谈》曰：小龙灵异，见诸传说甚悉。崇宁中，淮水暴涨，而汴口樯舟不能进。一日昧爽，小龙出运纲之舟尾，有舵工之妇不识也，谓是蜥蜴，拨置之，则又缘舵而上。妇怒，举火柴击其首，随击，霹雳大震一声，汴口官私船七百只，皆自相撞击至碎，死数十百人。朝廷闻而不乐，第命官为赈恤焉，会发运使上计，而小龙复出，大漕窘惧，乃焚香祝之："愿与王偕上计入觐天子可乎？"龙即作喜悦状，因举身入香奁中不动。大漕遂携至都辇，先以示鲁公，得奏闻。上遣使索入内，为具酒核以祝之。龙辄跃出奁中，两爪据金杯饮几釂。于是天子异之，取大琉璃缶贮龙，为亲加封识焉。降付都门外汴水龙祠中。一夕，封识宛如故，视缶中则已变化去矣。上喜，加封四字，仍大敞其祠宇。至大观末，鲁公谪东南。舟行始抵汴口，而小龙又出迓鲁公，然小龙所隶，南北当江湖间，素不至两浙也。政和壬辰，鲁公在钱塘，居凤山之下私第。以正月七日，小龙忽出佛堂中，于是家人大小咸叹异，疑必有故。明日而召命至，复加六字王。及靖康之初，家破鲁公，贬岭外。余从行至江陵，将遵陆。至鼎澧间，公畏暑，因改舟行。憩渚宫之沙头，一仓官廨舍。才弛担，则小龙复出见，鲁公为之涕下，且感念龙神乃不忘恩旧如此。余戏公曰："固知小龙之必来尔。"公愕，询其故。余曰："此亦出公之门也。苟每每加意于是无世情者，则今日必来。使此龙一出世间有世情，当又不来，是乌足辱人怀抱耶！"公乃收泪而笑。

处士李璞居寿春。一日登楼，见淮滩雷雨中一龙腾挈而上。雨霁行滩上，得一蚌颇大。偶拾视之，其中有龙蟠之迹宛然，鳞鬣爪角悉具。雁宕山中有潭，深窅不测，石壁上镌"螺龙郡"三字，不知何时书也。晴昼日光下注，仿佛见一螺壳，大如数石瓮。龙出其中，与此政类。

横海清池县尉张泽，居于郓州东城。夜自庄舍还，而月色昏暗，殆不辨迹。偶遇道旁木枝，烨然有光，因折以烛路。至家插壁间，醉不复省矣。晨起取视，则枝间一龙蜕，大如新蝉之壳，头角爪尾皆具。中空而坚，扣之有声如玉石，且光莹夺目，遇暗则光烛于室。遂宝之，传玩好事。沈中老云：绍圣间，其从兄为青州幕官，因修庭前葡萄架，亦得一蜕，形体皆如张者，独无光彩耳。神龙变化，故无巨细，但不知有光无光，又何谓也？

成都府园西楼，有大蟒居之，率尝扃锁。虞经臣作帅，宴客楼下，蟒忽遗溺，正中一武臣之肩，须臾皮肉溃烂成疮，得妙药治之方愈。经臣为文遣吏祭之。即日毁楼，蟒亦不见。

太宗朝，府州折御卿贡马特异。格不甚高，而日行千里。口旁有碧纹如云霞，因名曰碧云霞。上征太原，往来乘之。上下山岭，如履平地。上则屈前足，下则屈后足。上下如坐安舆，不知登降高下之劳。圉人供刍粟或少偃，则嘶鸣奋跃，蹑啮不已，此尤异他马也。上崩，悲鸣不食，骨立，人不忍视。真宗遣从灵驾至永熙陵，乃毙。诏与桃花犬同坎瘗。

义骢者，九江戍校王成之铠骑也。成家世隶赤籍，开禧间，金大入淮甸，成以卒从戎四方山，屡战有功，稍迁将候骑。方淮民习安，仓卒间贼至而逃，畜孽满野。成徇地至花靥，见病骢焉，疥而瘵，骨如堵墙，行逐水草，步且僵。乌鸢啄其上，流血赭髀，莫适为主。絷而得之。会罢兵归，润以丰秣，几半年，肤革仅完，毛髵复生。日置之槽枥，蔌蔌然与群马不相顾。时一出系庑下，顾景嘶鸣，若自庆其有所遇。成亦未始异之。

牙治在城陬，每旦与同列之隶帐下者，率夜漏未尽二刻，骑而往，屏息庭槐下，执挝候晨。雁鹜行立，俟颐指，午退，以为常。马或嘁齕不任，相通融为假借。一日有告马病，从成请骠往。始命鞍，踶鸣人立，左右骧拒不可制。易十数健卒，莫能孰何，乃以归之成。成曰："安有是？"呼常驭羸卒持鞯来，则帖耳驯服如平时。振迅通衢，磬控缓亟，无少忤者。自是惟成乘则受之，他人则复弗受。虽日浴于河，群马皆裼而骑，相望后先。骠之驭者，终莫敢窃睨其膺鬣，稍前即噬啮之。军中咸指为驽悍，摈弗齿。嘉定庚午，峒寇李元砺盗弄潢池兵，庚符下统府调兵三千人以往，成与行，崎岖山泽坦若方轨。至吉之月余，寇来犯龙泉栅，成出搏斗四五合，几败之矣。或以钩出其腋，及鞬而坠死焉。官军亟鸣钲，骠屹立不去，踯躅徘徊，悲鸣尸侧。贼将顾曰："良马也。"取之。元砺有弟，悍狠恃势，每出掠，率强取十二三。适见之，色动曰："我欲之。"将不敢逆，遂试之。蹴踘进退，折旋良慭，即不胜喜。贮以上厩，煮豆粟濯泉剪鬐。用金玉为铠，华韅沃续，极其鲜明。群渠皆酾酒来贺。辎重卒有为贼掠取者，知之曰："骠他日未尝若是。彼畜也，而亦畏贼邪？"窃怪之。于是日游其骠于峒峡间，上下峻坂，无不如意，恨得之晚。思一快意驰骋，而地多阻，且不可得。后旬浃，复犯永新栅。官军闻有寇至，拔鹿角出迎击。鼓声始殷，果乘骠以来。骠识我军旗帜，亟驰。贼觉有异，大呼挽勒不止，则怒。以铁槊击之，胯尽伤，骠不复顾，冒阵以入。军士识之者曰："此王校之骠也，是异服者必其魁。"相与逐之。执以下，讯而得其实，则缚以徇于军曰："得元砺之弟矣。"噪而进，贼军大骇。军士踊跃争奋，遂败之。急露羽书，以出奇获丑闻。槛送江右道。朝廷方患其跳梁，日徯吉语，闻而嘉之，第赏有差。众耻其功之出于马也，没骠之事，骠之义遂不闻于时。居二日，验归病伤，不秣而死。稗官氏曰："孔子曰：骥不称其力，称其德也。"今视验之事信然。夫不苟受以为正，报施以为仁，巽以用其权，而决以致其功，又卒不失其义以死，非德，其孰能称之耶？彼仰秣而恋豆，历跨下而不知耻，因人而成事者，虽有奔尘绝居之技，才不胜德。媲之驽骀，何足算乎！余意君子之将有取也，而居是乡，详其事，故私掇取著于篇。

　　唐兴元有知马者曰李幼清，暇日常取适于马肆。有致骨马于肆者，结缧交落其头，二力士以木挺义其颐，三四辈执挝而从之，马气色如将噬，有不可驭之状。幼清迫而察之，讯于主者，且曰："马恶无不具也，将货焉。惟其所酬耳。"幼清以三万易之，马主惭其多。既而聚观者数百辈，诘幼清。幼清曰："此马气色骏异，体骨德度，了非凡马。是必主者不知，俾杂驽辈，槽栈陷败，粪秽狼籍，刷涤不时，刍秣不适，蹄啮蹂奋，蹇跋唐突，志性郁塞，终不得伸。久无所赖，发而狂躁，则无不为也。"既晡，观者少间，乃别市一新络头。幼清自持，徐而语之曰："尔才性不为人知，吾为汝易是锁结秽杂之物。"马弭耳引首。幼清自负其知，乃汤沐剪刷，别其槽栈，异其刍秣。数日而神气小变，逾月而大变。志性如君子，步骤如俊乂，嘶如龙，颜如凤，乃天下之骏乘也。

　　毕再遇，兖州骁将也。开禧用兵，屡立战功。金人认其旗帜，即避之。屡迁至镇江都统制、扬州承宣使骁卫上将军。后以老病致仕，始居于雪。有战马号黑大虫，骏駔异常，独主翁能驭之。再遇既死，其家以铁绲羁之阑中。适遇岳祠迎神，闻金鼓声，意为赴敌，于是长嘶奋迅，断绲而出。其家虑伤人命，健卒十余挽之而归，乃好言戒之云："将军已死，汝莫生事累我家。”马耸耳以听，汪然出涕，喑哑长鸣，数声而毙。

熊居山中，虽行数千里，悉有潜伏之所，必在石岩枯木中，山民谓之熊馆。惟虎出百里外，则迷不知路。

世传补助奇僻之品，有所谓山獭者。云以少许磨酒饮之，立验。然《本草医方》皆所不载。止见桂海《虞衡志》，云："出宜州溪峒，峒人云：獭性淫毒，山中有此物。凡牝兽悉避去，獭无偶，抱木而枯。峒獠尤贵重之。能解箭毒，中箭者研其骨少许傅之，立消。其土人号之曰插翘，一枚值黄金数两。抱木枯死者，土人自稀得之，杀死者功少劣，私货出界者罪至死。方春时，猺女数十，歌啸山谷，以寻药挑菜为事。獭一闻妇人气，辄跃升其身，粘骨而入，牢不可脱，因扼杀而藏之。土人验之之法，令妇人摩手极热，取置掌心，以气呵之，即跃然而动。然其地亦不常有，或累数岁得其一，则其人可立致富矣。"

范忠宣宰襄邑。有二鸟类鹳，灰羽赤喙，数游圃中。众见其异，以计罗得，畜而驯之。爱食蛇虺，才入口中即为水。半年，一县蛇虺几尽，竟不知其名也。有广南贾者过，见之曰："此檀鸡，毒鸟也。"后其一死。居无何，忠宣阅《广南异物志》，曰："檀鸡，鸩鸟之别名。"始大骇，即命杀而焚瘗之。

至和中，彭乘赴任邕。至金城驿，方具食，闻如以手搭腰鼓声，问邮卒曰："何处作乐？"曰："非也。乃鸩鸟禁蛇。"

鬼车，俗称九头鸟，陆长源《辨疑志》，又名渠逸鸟。世传此鸟昔有十首，为犬噬其一，至今血滴人家为灾咎。故闻之者必叱犬灭灯，以速其过。泽国风雨之夕，往往闻之。六一翁有诗，曲尽其悲哀之声，然鲜有睹其形者。淳熙间，李寿翁守长沙，尝募人捕得之。身圆如箕，十脰环簇，其九有头，其一独无，而鲜血点滴，如世所传。每脰各生两翅，当飞时，十八翼霍霍竞进，不相为用，至有争拗折伤者。景定间，周汉国公主下降，赐第嘉会门之左。飞楼复道，近接禁籞。主尝得疾，一日正昼，忽有九头鸟踞主第捣衣石上，其状类野凫，而大如箕，哀鸣啾啾，略不畏惮。命弓射之，不中而去，是夕主薨。

鼓山有老僧，曾登灵源洞，见一禽自海上至，身大如牛，翼广二丈余。下村疃间，低飞掠食，俄攫二大羖羊，复望海而去。识者云是虎鹰，能捉捕虎豹。

绍兴二十六年，淮宋之地将秋收，粟稼如云，而蝗虫大起。翻飞蔽天，所过田亩顷刻而尽。未几有水鸟名曰鹜，形如野鹜，而高且大。脰有长嗉，可贮数斗物。千百为群，更相呼应。其啄蝗盈其嗉不食而吐之，既吐复啄，连城数十邑皆若是。才旬日，蝗靡孑遗，岁以大熟。徐泗上其事于金廷，下制封鹜为护国大将军。

万安军南并海石崖中有道士，年八九十岁。自言本交趾人，渡海船坏于此崖，因庵焉。养一鸡，大如倒挂。目置枕中，啼即梦觉。又畜玉狮，小于虾蟆，风度清癯。以线系几案间，道士唤，则跳踯登几唇危坐，分残颗而食之。又有龟，状如钱，置盒中。时揭其盖，使出戏衣袖间。予谒之，出此三物从予乞诗。余熟视曰："公小人国中引道者，吾诗俚，讵能摹写高韵。"

邕宜以西南丹诸蛮，皆居穷崖绝谷间。有兽名曰野婆，黄发椎髻，跣足裸形，俨然一媪也。上下山谷如飞猱，自腰以下，有皮累垂盖膝，若犊鼻。力敌数壮夫。喜盗人子女，然性多疑，畏骂，已盗必复至失子家窥伺之。其家知为所窃，则集邻里大骂不绝口。往往不胜骂者之众，则挟以还之。其群皆雌，无匹偶。每遇男子，必负去求合。尝为健夫设计挤之大壑中，展转哮吼，胫绝不可起。集众刺杀之，至死，以手护腰间不置。剖之，得印方寸，莹若苍玉。字类符篆不可识，非镌非镂，盖自然之文，然亦竟莫知其所宝何用也。

河州有禽名骨托，状类雕，高三尺许，常以名自呼，能食铁石。郡守每置酒，辄出以示坐客。或疑铁石至坚，非可食之物，乃取三寸白石，系以丝绳掷其前，即啄而吞之。良久牵出，视石已软烂如泥矣。

夔峡间有子母鹊，比常鹊差大。雌雄未尝相离，虞者必双得之。闭雌于笼中，纵雄出食，食饱辄归，纵雌亦然。若双纵，则径去不复返矣。

高庙驻跸建康，有大赤鹦鹉自江北来，集行在承尘上，口呼万岁。宦者以手承之，鼓翅而下。足系小金牌，有"宣和"二字。因以索架置之，略不惊怪。比上膳时，行在草草无乐，鹦鹉大呼，卜尚乐起方响。久之，曰："卜娘子不敬万岁。"盖道君时掌乐宫人，以方响引乐者，故犹以旧格相呼。高庙为罢膳泣下。后此鸟持至临安，忽死。高宗亲为文祭之云："金距绛裳，何意朱紫。乘轩骇散，缠罗斗死。不远长江，来自汴水。匪饥则附，曰忠自矢。谢迹云端，投身禁里。每呼旧人，以励近侍。禽言若斯，鸟官谁似。云胡委羽，归魂鹡尾。借号有乌，来朝无雉。渐肯为仪，历仍辉纪。尚飨。"宸翰洒洒，一时大手，当为阁笔。

高宗宫中养鹦鹉数百。高宗一日问之曰："颇思乡否?"鹦鹉曰："思乡。"遂遣中使送归陇山。后数年，有使臣过陇山，鹦鹉问曰："上皇安否?"使臣曰："上皇崩矣。"鹦鹉闻之，皆悲鸣不已。使臣赋诗曰："陇口山深草木黄，行人到此断肝肠。耳边不忍听鹦鹉，犹在枝头说上皇。"

蔡丞相持正谪新州，侍儿从焉。善琵琶，遂名之。素养一鹦鹉，甚慧，丞相欲召琵琶，即一扣响板，鹦鹉传呼。琵琶逝后，一日误扣响板，鹦鹉犹传言。丞相大恸，感疾不起。尝为诗云："鹦鹉言犹在，琵琶事已非。伤心瘴江水，同渡不同归。"

宋时有秦吉了能人言，倭裔欲以钱十万货之。主人告吉了曰："贫故货汝。"吉了云："我汉禽不愿入蛮裔。"因不食死。又崖山宋亡时，有白鹇在笼，见帝入水，遂踯躅哀鸣，竟与笼同坠水中。

竹鸡之性，遇其俦必斗。取之者扫落叶为城，置媒其中，而隐身于后操网焉。激媒使之鸣，闻者随声必至。闭目飞入城，直前欲斗，而网已起，无脱者。盖目既闭，则不复见人。鹧鸪性好洁，猎人于茂林间净挥扫地，稍散谷于上。禽往来行游，且步且啄，则以粘竿取之。麂行草莽中，畏人见其迹，但循一径，无问远近也。村民结绳为缴，置其所行处，麂足一绊，则倒悬于枝上，乃生获之。闽中好食蜂子，人不能识其穴往来。以长纸带粘于肉，蜂见之，必衔入穴。乃蹑寻得之，熏取其子。

虫鸟之智，自谓周身矣，如人之不仁何！

漻濑能敕水，故水宿而物莫能害。鹳能巫步禁蛇，啄木遇蠹穴，以嘴画字成符印，虫自出。鹊有隐巢木，故鸢莫能见。燕衔泥避戊巳日，故巢不倾。鹳有长水石，故能于巢中养鱼而水不涸。燕恶艾，雀欲夺其巢，即衔艾置巢中，燕辄避去。

淮南谚曰："鸡寒上树，鸭寒下水。"验之皆不然。有一媪曰："鸡寒上距，鸭寒下嘴耳。"上距，谓缩一足。下嘴，谓藏其咮于翼间。

广陵牛氏家堂燕方育雏，而雌为猫所毙。雄啁唶久之，翻然而逝。少选，引一雌偕来，共哺其子。明日，有雏坠地。至晚，群雏毕死。取视之，满吭皆卷耳实，盖为雌所毒也。嗟乎，禽鸟嫉其前雏，一至于此。

罗州山中多孔雀，雌者尾短无金翠。雄者尾大而绿，光翠夺日，然自爱其尾。欲栖息，必先择致尾之地。南人捕者，先施网罟。须俟甚雨，尾沾而重，不能高翔。初为所擒，则雀欲展其翅，恐伤其尾，至死尚爱护之。土人有活取其尾者，持刃于丛篁幽圜处，藏蔽其身，伺其过，则急断其尾。不急断，回首一顾，即金彩无复光翠。故生者为贵也，为妇人首饰及扇拂之类。或生擒获者，饲馈如京洛间鹅雁。以充口腹，其味亦如之。解百毒，人食其肉，饮药无验。其首与血解大毒。蛇与孔雀偶，得其卵者，使鸡伏即成，其名曰都护。初年生绿毛，三年生小尾，生小火眼。五年生大火眼，大尾乃成。始春而生，三四月后复雕，与花萼相荣衰。每至晴明，轩翥其尾，自回顾视之，谓之朝尾。须以一间房，前开窗牖，面向明方，东西照映，向里横一木架，令栖息。其性爱向明。饲之以米谷豆麦，勿令阙水，与养鸡无异。每至秋夏，于田野中拾螽斯蟋蟀活虫喂饲之。凡欲喂饲，引于厅事上，令惯见宾客。又盛夏或患眼痛，可以鹅翎筒子，灌少生油，以新汲水洗之。如眼不开，则擘口啖以小鱼虾，不尔饿损，及切薤少许啖之，贵其凉冷。如食有余则愈。切不可与咸酸物食，食则减精神，昏暗毛色。驯养颇久，见妇女童竖彩衣绶带，必逐而啄之。或芳时媚景，闻丝竹歌吹之声，必舒张翅尾，昤睞而舞，若有意焉。

五台山有鸟名寒号虫，四足有肉翅，不能飞，其粪即五灵脂。当盛暑时，文彩绚烂，乃自鸣曰："凤凰不如我。"比至深冬严寒之际，毛羽脱落，索然如𪃹雏，遂自鸣曰："得过且过。"嗟夫，世之人中无所守者，率不甘湛涪乡里，必振拔自豪，求尺寸各。诧九族侪类，则便志满意得，出肆入扬，以为天下无复我加矣。及乎稍遇贬抑，遽若丧家之狗，垂首贴耳，摇尾乞怜，惟恐人不之恤。视寒号虫何异哉！是可哀已。

北方有皂雕作巢，所在有司，必令人穷巢探卵，较其多寡。如一巢而三卵者，置卒守护，日觇视之。及其成𪃹，一乃狗耳。取以饲养，进之于朝。其状与狗无异，但耳尾多毛羽数根而已。田猎之际，雕则戾天，狗则走陆，所逐同至，名曰鹰背狗。

养鹰鹞者，其类相语，谓之咮㵼。咮音以麦反。三馆书有《咮㵼》三卷，皆养鹰鹞法度，及其医疗之术。

杜诗:"江湖多白鸟,天地亦青蝇。"人多指白鸟为鹭,非也。说者谓是蚊蚋。梁元帝《金楼子》云:"齐威公卧干柏寝,白鸟营饥而求饱。公开翠纱之厨而进焉,有知礼者不食而退,有知足者隽永而退。有不知足者,长嘘短吸而食,及其饱也,腹为之溃。"盖戒贪食也。

南唐书中《金楼子》,有李后主手题曰:"梁元帝谓王仲宣昔在荆州,著书数十篇。荆州坏,尽焚其书。"今在者一篇,知名之士咸重之。见虎一毛,不知其斑。后西魏破江陵,帝亦尽焚其书曰:"文武之道,尽今夜矣。"何荆州焚书一语,前后一辙也。诗以吊之曰:"牙签万轴裹红绡,王粲书同付火烧。不是祖龙留面目,遗篇那得到今朝?"卷皆薛涛笺所钞,惟今朝字误作金朝。徽庙恶之,以笔抹去。后书竟如谶入金也。

处士刘易隐居王屋山,尝于斋中见一大蜂,罥于蛛网。蛛往逼蜂,反为所螫,坠地。俄顷,蛛鼓腹欲裂,乃徐徐行入草,啮芋梗微破,以疮就啮处磨之。良久渐消,轻捷如故。

关中无螃蟹。元丰中,秦州人家收得一干蟹,土人怖其形状,以为怪物。每人家有病疟者,借去挂门户上,往往遂差。不但人不识,鬼亦不识也。

蝗飞或坠陂浸中,辄化为虾。有渔人置网湖侧,蝗坠压网,至没。渔人辄有喜色。明日举网,得虾数斗。

狗最畏寒,凡卧必以尾掩其鼻,方能熟睡。或欲其夜警,则剪其尾,鼻寒无所蔽,则终夕警吠。

搜　遗

披沙拣金，岂无遗珍。临流网鱼，客有逸鳞。耳目有限，见闻日新。穷搜罗网之外，以慰求备之心。集搜遗。

颜之推曰："人足所履，不过数寸。然而咫尺之途，必颠蹶于崖岸，拱抱之梁，必沉溺于川原者，何哉？为其旁无余地也。君子之行己也，抑亦如之。"至诚之言，人未必信，至洁之言，物或致疑，皆由言行声名无余地也。或问吕居仁，天下归仁如何。居仁作韵语答之曰："面前径路无令窄，路径窄时无过客。无过客时径益荒，眼前满地生荆棘。"黄山谷云："面前径路，常须令宽。路径窄，则无着足处，况能使人行也。"以上三言相符。彼立己于峻，及离人而立于独者，可以警矣。

吕献可以追尊濮园事击欧公，如曰："首开邪议，妄引经证，以枉道悦人主，以趋利负先帝者。"凡十四章，具载奏议中。司马文正作序，乃首载欧公谏臣论，以为诚言文正之意，以献可能尽欧公所书谏臣之事，使欧公得以无怨欤？抑亦欧公但能言之，献可实能行之邪？不然。献可排欧公为邪，反以欧公之论，序献可之奏，又以为诚言，可乎？欧公晚著《濮议》一书，专与献可诸公辨，独归过献可，可为甚矣。

五代时有姓吕为侍郎者三人，皆名族。俱有后，仕本朝为相。吕琦晋天福中为兵部侍郎，曾孙文惠端相太宗。吕梦奇后唐长兴中为兵部侍郎，孙文穆蒙正相太宗，曾孙文靖彝简相仁宗，衣冠最盛。吕咸休周显德中为户部侍郎，七世孙正愍大防相哲宗。异哉！

太祖以归德军创业，升宋州为归德府，后为应天府。太宗以晋王即位，升并州为太原府。真宗以寿王建储，升寿州为寿春府；又尝为襄王，升襄州为襄阳府。仁宗以升王建储，升建业为江宁府；又尝为庆国公，以庆州为庆阳府。英宗以齐州防御使入继，以齐州为兴德军；又尝为宜州刺史，巨鹿郡公、岳州防御使，以宜州为庆远军，邢州为信德府安国军，岳州为岳阳军。神宗自颍王升储，以汝阴为顺昌府；又尝为安州观察使、光国公，以安州为德安府，光州为光山军。哲宗自延安郡王升储，升延州为延安府；又尝为东平军节度使、均国公，以郓州为东平府，均州为武当军。徽宗自端王入继，升端州为肇庆府；又尝为宁国公、平江镇江军节度使，以宁州为兴宁军，平江镇江并升为府。钦宗自定王建储，升定州为中山府。高宗以康王中兴，升康州为德庆府。孝宗以建王建储，升建安为建宁府，并升隆兴宁国常德崇庆诸府。皆以其潜藩分建之地也。

苏子容闻人语故事，必令人检出处。司马温公闻新事，即便钞录，且记所言之人。故当时谚曰："古事莫语子容，今事勿告君实。"

宣和间，申禁东坡文字甚严。有士人窃携坡集出城，为门者所获，执送有司。见集后一诗云："文星落处天地泣，此老已亡吾道穷。才力漫超生仲达，功名犹忌死姚崇。人间便觉无清气，海内何曾识古风。平日万篇谁爱憎，六丁收拾上瑶宫。"京尹义其人，乃阴纵之。

王荆公在金陵，有僧清晓，于钟山道上见有童子数人，持幡幢羽盖之属。僧问之。曰："往迎王相公。"幡上书云："中含法性，外习尘氛。"到寺未久，闻荆公薨。

或问李伯纪后来当国，蔡京如不死，如张邦昌正典刑否？晦庵曰："靖康名流，多是京晚年牢笼出来的人才，伯纪亦所不免。如李泰发是极硬底人，亦为京所罗致，他可知已。"

宣政间凡危亡乱字，皆禁不得用。

有人问尹和靖："靖康中孰可以为将？"曰："种师道。"又问："孰可以为相？"良久曰："也只教他做。"

秦桧一日在某寺中庆圣节，一树上贴一榜子云："秦相公是细作。"是时陈应之到庙堂问和亲之故。秦云："某意无他，但人主有一六十岁老亲在远，须要取来相聚。"因顾左右取国书看，桧掩其前后，中间有云："不求而得，可谓大恩。"盖指河南也。

徐师川微时尝游庐山，遇一宦者郑谌，与之诗曰："平生不喜刘蕡策，色色门中皆有人。"后徐入枢府，郑时适用事，似有力焉。

二苏文未出，学者争传诵徐禧之文。禧，师川之父，黄鲁直之妹婿也。永乐之败，禧死难。

岳太尉本是韩魏公家佃客，每见韩家子弟必拜。

李清言：有一乡人卖文字，遇虎，其人无走处。耳曾闻人言虎识字，遂铺开文字与虎看，虎遂去。

靖康京城不守，王时雍尽搜取妇女与金人，时号雍为金人外公。

南渡后，福建赋税犹易办。浙中全是横敛，丁钱有至三千五百者。人由此多去计会中使，作宫中名字以免税。辛幼安云："曾见粪船亦插德寿宫旗字。"

王介甫欲行保伍法，以去天下坐食之兵，独此法不曾行得。

晦庵云："有一等人能谈仁义之道，做事处却乖。此与鬼念大悲咒一般，更无奈他何。"

胡文定，少时性最急。尝怒一兵士，至亲殴之，兵辄抗拒，无可如何。遂回入书室，作小册，尽写经传中文有宽字者以观玩。从此遂不复卞急。

文潞公尝曰："人但以彦博长年为庆，独不知阅世既久，内外亲戚皆亡，一时交游，凋丧殆尽，所接皆邈然少年，无可论旧事者。"

董敦逸，吉水永丰村落人，哲宗时为吏部侍郎。招乡人之寓太学者以训童稚，童稚业不精进，董责之。自言："幼入上庠，甘齑盐者凡几年。今汝若此，何以有成耶？"其乡人答曰："公言过矣。侍郎乃董十郎儿，贤郎乃董侍郎儿。"盖董起白屋，父行第十。

仁宗庆历初，急于用贤。当时有声望者，王兵部素，欧阳校理修，余校理靖，鱼工部周询四人并命作谏官，朝野相庆。时惟鱼望不及三人。蔡君谟时为校勘，为诗庆之曰："御笔亲除三谏官，士林相贺复相欢。"鱼闻之乃曰："予不与士论，何颜复当谏列。"遂乞辞职，朝廷从之，乃过台御史，即除蔡代知谏院。是时谏院号称得人。鱼在台亦称职，旋拜中丞而卒。

李端懿，字端愿。问卜人李易简曰："富贵吾不忧，但问寿几何？"易简曰："二君大长公主之子，生而富贵，穷奢极欲，又求长寿，当如贫者何？造物如此，无乃太不均乎？"遂不与卜。

冯当世丞相有答伯庸诗云："孔子之文满天下，孔子之道满天下。得其文者公卿徒，得其道者为饿夫。"

锦州诸邑，各有所出，谓之八子：巴西纱子、魏城扇子、罗江犬子、神泉榛子、彰明附子、龙安杏子、盐泉丝子、石泉猴子。巴西纱，一匹重二两，妇人制为夏服，甚轻妙。魏城以一茧造一扇，谓之绵扇，轻而可爱。

绍圣初，陆农师、曾子固俱以曾预修《神宗实录》被谪。中书舍人林希子中草词云："谓尔同为谤讪，则于今其稿不存。谓尔有所建明，则未尝争论而去。"人以为得实。

元丰中，光禄卿危拱辰为进士时，遇五台山僧号称知人。拱辰以前程问之，僧以手帕裹一大钱赠之曰："谨守终有所见。"拱辰秘而识之。其后登第，死于江南饶州铸钱监。

真宗朝，签书枢密院马公知节，武人方直真诚。真宗东封，下至从臣皆斋戒。至岳下，抚问执政曰："卿等在路素食不易。"时宰相臣僚有私食驴肉者。马乃对曰："亦有打驴子吃的。"及还都设宴，开封府先命巡吏屏出贫民于城外。上御楼见人物之盛，喜顾宰臣曰："今都城士女繁富，皆卿等辅佐之力。"马乃奏曰："贫者总赶在城外。"左右皆失色。真宗以为诚而亲之，事多类此。马公一日从驾游幸，群臣皆赋诗。马素不习文，真宗强之。奉诏诗成，乃奏曰："臣不善书，乞宣陈尧叟与臣书。"真宗如其言。时陈为首相，议者惜之。

徽宗在藩邸，杨震给事左右，最为周慎。尝有双鹤降于中庭，左右皆贺。震急逐去，云："是鹳，非鹤也。"又一日，芝生寝阁，左右复称庆。震急刈除，曰："是菌非芝。"由此信任弥笃。

"葑草尚能拦浪，藕丝不解留连。"此一联，东坡在黄时戏书也。又云："湖上秋风聚萤苑，门前春浪散花洲。"王文甫所居，在黄之车湖，即武子故居。宅枕大江，即散花洲也。东坡屡过其家，戏书此。

秦少游南迁，舟过南康宫亭庙下。见湖月光彩特异，因忆昔在云老惜竹轩所见景色，与此不殊。其夜梦美人自称维摩散花天女，以维摩像求赞。少游爱其画，谓非吴道子不能作。天女戏赠诗曰："不知水宿分风浦，何异秋眠惜竹轩。闻道诗词妙天下，庐山对眼可无言。"少游赞曰："竺仪华梦，瘴面囚首。口虽不言，十分似九。应笑荫覆大千作狮子吼，不如博取妙喜似陶家手。"既瘥，因自书之。其真迹落雷州天宁寺。

齐州城西张意谏议园亭有金线泉，石甃方池，广袤丈余。泉乱发其下，东注城濠中，澄澈见底。池心南北，有金线一道，隐起水面。以油滴一隅，则线纹远去。或以纹乱之，则线辄不见，水止如故。天阴亦不见。齐为东方名郡，而张氏济南盛族。园池乃郡之胜游，泉之出百年矣。士大夫过济南至泉上者不可胜数，而无能究其所以然，亦无一人题咏者。独苏子瞻有诗曰："枪旗携到齐西境，更试城南金线奇。"然亦不能辨泉之所以有金线也。曾南丰亦有《金线泉》诗曰："玉甃常浮颢气鲜，金丝不定路南泉。云依美藻争成缕，月照寒漪巧上弦。已绕渚花红灼灼，更萦沙竹翠娟娟。无风到底尘埃尽，界破冰绡一片天。"又范讽自给事中谪官，数年方归，游张氏园亭。饮泉上有金线珍珠之目，水木环合，乃历下之胜景。园亭主人，乃张寺丞聪也。尝邀范晏饮于亭，范题一绝于壁云："园林再到身犹健，官职全抛梦乍醒。惟有南山与君眼，相逢不改旧时青。"

英州雷震一山梓树尽枯，而生龙脑。京师龙脑，为之顿贱。时熙宁元年七月也。王禹玉言于司马文公，使人就市买之，信然。一两直钱千四百，味苦而香酷烈。又言潭州益阳雷震山裂，出米可数十斛。炊之成饭，而腥不可食。有赍其米至京师者，禹玉以相赠。其状信米也，而色黑如炭。又言荆襄之间，天雨白氄如马尾，长者尺余，弥漫山谷。亦有赍至京师者。管辂所谓天雨毛，贤人逃者也。

山谷守当涂日，郭功父尝寓焉。一日遇山谷论文，山谷传少游《千秋岁》词，叹其句意之善，欲和之，而海字难叶。功父连举数海字，若孔北海之类。山谷颇厌，而未有以却之。次日又过山谷问焉，山谷答曰："昨晚偶得一海字韵。"功父问其所以，山谷云："羞杀人也爷娘海。"自是功父不复论文于山谷矣，盖山谷用俚语以却之也。

闽贾郁，性峭直，不容人吏文过。为仙游令，及受代，有一吏酣醉，郁怒曰："吾当再典此邑，以惩此辈。"吏扬言公欲再作县令，犹造铁船渡海也。郁闻之不言，后复典旧邑。时醉吏为库吏，盗官钱数万下狱。具状，郁批榜之尾曰："窃铜锾以润家，非因鼓铸。造铁船而渡海，不假炉锤。"因决杖徒之。未几移治郐清，召为御史中丞。

宋太祖改元乾德，窦仪辩其为亡蜀年号，太祖叹其博综。及见《宋朝类苑》，江南保大中，浚秦淮得石志。按其刻，有大宋乾德四年凡六字，他皆磨灭不可识。令诸儒参验，乃辅公祐反江东时年号也。此不惟年号同，并国号亦同矣。

宋太宗谋伐燕，赵普一代宗臣，极论争抗，至曰："此际官家何须留意？不须留意四字，浸入士大夫之心腹，幼而闻，壮而行，而宋之社稷断送金元之手矣。"然中令疏云："所得者少，只于得少之中，犹难入手。所失者多，更于失多之外，别有关心。"自是奏疏名语。

世传王荆公与程明道论新法，其子元泽囚首跣足，携妇人冠以出，大声曰："枭韩琦、富弼之首于市，法乃得行。"其气象失措，是一纨裤无赖子弟。熙宁中，神宗再召荆公，却问公来否。元泽乃言："大人亦不敢不来，然未有一居处。"众言居处何难。元泽曰："不然，大人之意，乃欲与司马十二丈卜邻。以其修身齐家，事事可为子孙法也。"其雅驯谨厚又如此，何一人迥别乃尔。又尝闻荆公每独处，论量天下人才，首屈指于元泽曰："大哥是一个。其次即吕吉甫、章子厚、蔡元度兄弟以下十余人。"皆至卿相，而元泽则早亡。荆公虽偏，不至溺爱不明至此。岂毁誉成败，皆未足以尽人耶。

靖康金退之后，吴敏、孙敏等秉政。有十不管之谣云："不管太原，却管太学；不管防秋，却管春秋；不管炮石，却管安石；不管肃王，却管舒王；不管燕山，却管聂山；不管子界，却管举人免解；不管河东，却管陈东；不管二太子，却管立太子。"腐儒之误国，又岂下于妖人贼子乎！

建炎时谣曰："仕途捷径无过贼，上将奇谋是受招。"又曰："欲得官，杀人放火受招安。"

司马温公独乐园之读书堂，文史万余卷。晨夕翻阅，虽累数十年皆新，若手未触者。尝谓其子公休曰："贾竖藏货贝，儒家惟此耳。然当知宝惜。吾每岁以上伏及重阳间，视天气晴明日，即设几案于当日，所侧群书其上，以曝其脑。所以年月虽深，终不损动。至于启卷，必先视比案洁净，藉以茵褥，然后端坐看之。或欲行看，即承以方版，未尝敢空手捧之。非惟平污渍及，亦虑触动其脑。每至看竟一版，即侧右手大指面衬其沿，随覆以次指面捺而挟过，故得不至揉熟其纸。每见汝辈多以指爪撮起，甚非吾意。今浮屠老氏辈每尊敬其书，岂以吾儒反不如乎？当宜志之。"